Rückkehr

Heinrich Rust

Zuverlässigkeit und Verantwortung

DUD-Fachbeiträge
herausgegeben von Karl Rihaczek, Paul Schmitz, Herbert Meister

Lieferbare Titel der Reihe sind:

2 Einheitliche Höhere Kommunikationsprotokolle – Schicht 4
   Hrsg.: Bundesministerium des Innern

6 *Karl Rihaczek*
   Datenverschlüsselung in Kommunikationssystemen

10 *Hans-Albert Lennartz*
   Datenschutz und Wissenschaftsfreiheit

13 *Ulrich Pordesch, Volker Hammer, Alexander Roßnagel*
   Prüfung des rechtsgemäßen Betriebs von ISDN-Anlagen

14 *Hans-Jürgen Seelos*
   Informationssysteme und Datenschutz im Krankenhaus

15 *Heinzpeter Höller*
   Kommunikationssysteme – Normung und soziale Akzeptanz

16 *Gerhard Weck und Patrick Horster (Hrsg.)*
   Verläßliche Informationssysteme
   Proceedings der GI-Fachtagung VIS'93

17 *Hans-Albert Lennartz*
   Rechtliche Steuerung informationstechnischer Systeme

18 *Georg Erwin Thaller*
   Computersicherheit

19 *Günther Cyranek, Kurt Bauknecht (Hrsg.)*
   Sicherheitsrisiko Informationstechnik

20 *Wilfried Dankmeier*
   Codierung

21 *Heinrich Rust*
   Zuverlässigkeit und Verantwortung

Heinrich Rust

Zuverlässigkeit und Verantwortung

Die Ausfallsicherheit von Programmen

Alle Rechte vorbehalten
© Friedr. Vieweg & Sohn Verlagsgesellschaft mbH, Braunschweig/Wiesbaden, 1994

Der Verlag Vieweg ist ein Unternehmen der Verlagsgruppe Bertelsmann International.

Das Werk einschließlich aller seiner Teile ist urheberrechtlich geschützt. Jede Verwertung außerhalb der engen Grenzen des Urheberrechtsgesetzes ist ohne Zustimmung des Verlags unzulässig und strafbar. Das gilt insbesondere für Vervielfältigungen, Übersetzungen, Mikroverfilmungen und die Einspeicherung und Verarbeitung in elektronischen Systemen.

Druck und buchbinderische Verarbeitung: W. Langelüddecke, Braunschweig
Gedruckt auf säurefreiem Papier
Printed in Germany

ISBN 3-528-05451-4

Inhaltsverzeichnis

Vorwort	**1**
I Umfeld und Grundbegriffe	**3**
1 Zum Umfeld der Sicherheitstechnik	**5**
1.1 Einflüsse auf die Sicherheitstechnik	5
1.2 Der wertzentrierte Ansatz	7
1.3 Kollektive Verantwortung	13
1.4 Der personale Ansatz	15
1.5 Der methodische Ansatz	19
1.6 Bezug der Ergebnisse auf Programme	24
2 Grundbegriffe	**27**
2.1 Verläßlichkeit	28
2.2 Unfallsicherheit von Programmen	38
2.3 Sicherheit und DIN-Normen	48
2.4 Sicherheit in Meß- und Regeltechnik in der DIN-Norm	51
2.5 Sicherheit von Rechnern	58
II Sicherung der Zuverlässigkeit	**75**
3 Vermeidung von Spezifikationsfehlern	**77**
3.1 Formalismen	77
3.2 Prototypen	86
4 Vermeidung von Entwurfs- und Implementierungsfehlern	**93**
4.1 Inspektionen	93
4.2 Programmierstil	101
4.3 Große Entwerfer	110
4.4 Die Brookssche These	117

5 Beweise — 121
- 5.1 Drei Beweisbegriffe 121
- 5.2 Die axiomatische Basis 122
- 5.3 Die garantierte Einsicht 129
- 5.4 Soziale Prozesse 134
- 5.5 Beweise für die Unfallsicherheit von Programmen 135

6 Tests — 139
- 6.1 Tests in Analogie zu einem naiven Bild der Physik 140
- 6.2 Tests als mangelhafte Beweise 147
- 6.3 Vorzüge von Tests gegenüber Beweisen 153
- 6.4 Vergleich der drei Rechtfertigungstypen 156

7 Statistische Zuverlässigkeitsuntersuchungen — 159
- 7.1 Statische Modelle 159
- 7.2 Ein statisches Modell 159
- 7.3 Dynamische Modelle 161
- 7.4 Rechtfertigung kritischer Anwendungen 162
- 7.5 Ausfallrate 164
- 7.6 Das Modell von Jelinski und Moranda 165
- 7.7 Das Modell von Littlewood und Verrall 167
- 7.8 Modelle von Downs und Garrone 169
- 7.9 Zur Bewertung von statistischen Modellen 172

8 Redundanz — 177
- 8.1 Redundanz in der Rechnerhardware 178
- 8.2 Softwarefehler versus Hardwarefehler 180
- 8.3 Zur Abhängigkeit der Ausfälle von den Eingaben 181
- 8.4 Statistische Modellierung der Eingabe 181
- 8.5 Zur Veränderung von Programmen 184
- 8.6 Verschiedene Redundanztechniken 185
- 8.7 Die Rücksetz-Technik 186
- 8.8 N-Versionen-Programmierung 188
- 8.9 Das Modell von Knight und Leveson 189
- 8.10 Das Modell von Eckhardt und Lee 191
- 8.11 Das Modell von Littlewood und Miller 196
- 8.12 Das Experiment von Eckhardt et al. 198
- 8.13 Self Checks 198

8.14 Softwareredundanz in der Praxis 201
8.15 Statistische Programmodellierung 202
8.16 Kombination üblicher Verfahren mit Redundanzverfahren 204
8.17 Resümee 206

III Folgerungen   **207**

9 Fazit   **209**

IV Anhang   **213**

Literatur   **215**

Index   **225**

Vorwort

Das Thema dieses Buches ist die Verantwortbarkeit des praktischen Einsatzes von Programmen. Die Grundthese lautet: Verantwortung muß einzelnen Menschen zugeordnet werden, und Voraussetzung der Wahrnehmung von Verantwortung ist die Einsicht in die zu verantwortenden Eigenschaften des technischen Systems.

Dieser Standpunkt wird durch einen Vergleich von Techniken erläutert, die in der Informatik für die Rechtfertigung des Einsatzes von Programmen in Bereichen vorgeschlagen und benutzt werden, in denen besonders hohe Anforderungen an die verwendeten Programme gestellt werden. Es wird versucht, den Stärken und Schwächen dieser Techniken gerecht zu werden, indem der Begriff der Verantwortung für die Beurteilung fruchtbar gemacht wird. Damit wird die Hoffnung verbunden, daß bei der Weiterentwicklung der vorhandenen und bei der Neuentwicklung neuartiger solcher Techniken zukünftig die persönliche Verantwortung des einzelnen Menschen, der ein mit Hilfe dieser Technik evaluiertes Programm für seine praktische Tauglichkeit beurteilen muß, explizit berücksichtigt wird.

Ich danke W. Benjes, R. Gmehlich, Th. Worsch und R. Vollmar sehr für Diskussionen und Verbesserungsvorschläge. Ohne ihre ständige Kritik und Unterstützung hätten meine Gedanken nie diesen wenigstens halbwegs deutlichen Ausdruck gefunden.

Teil I
Umfeld und Grundbegriffe

1 Zum Umfeld der Sicherheitstechnik

Die Sicherheitstechnik ist keine selbstgenügsame Disziplin, die ihre Rechtfertigungen aus sich selbst bezieht. Sie muß ihre Leistungen an außerwissenschaftlichen Ansprüchen messen lassen. Um die Angemessenheit sicherheitstechnischer Begriffe und Methoden erörtern zu können, müssen daher sicherheitstechnische Grundbegriffe in einen gesellschaftlichen und kulturellen Kontext eingeordnet werden. Dies wird in den folgenden Abschnitten geschehen.

1.1 Einflüsse auf die Sicherheitstechnik

Sonnenberg[106] macht verschiedene Einflüsse auf das Auftreten sicherheitstechnischer Initiativen deutlich. Zum einen ist die Einführung neuer Technologien wichtig: Der Erfolgszug der Dampfmaschine im vergangenen Jahrhundert beispielsweise hat, wegen der mit dem Betrieb verbundenen neuartigen Gefahren durch berstende Kessel, zur Gründung von Überwachungsvereinen geführt, aus denen in Deutschland die Technischen Überwachungs-Vereine hervorgingen.

Ein anderes Moment sind Verschiebungen im Wertesystem von politischen Entscheidungsträgern. Die harten Arbeitsbedingungen, wie sie in Fabriken Mitte des letzten Jahrhunderts üblich waren, und die Vorstellung, daß jeder Arbeitnehmer für seine Gesundheit selbst verantwortlich sei, wurden im Laufe der Jahrzehnte durch die Vorstellung abgelöst, daß auch die Arbeitgeber für die Gesundheit der von ihnen Beschäftigten Sorge zu tragen hätten. Solche Auffassungen schlugen sich auch in der Gesetzgebung nieder. Moderner ist das Beispiel des Umweltschutzes: Auch wer persönlich die Umweltgefährdungen durch unsere Zivilisationsform nicht sieht, glaubt an den Schutz der Umwelt als an ein wichtiges Gut (ohne daß allerdings die Bereitschaft zum eigenen Beitrag, etwa in Form eines gewissen Konsumverzichts, vorhanden sein muß). Zuweilen kann erhöhte Sicherheit technischer Systeme auch ökonomische Vorteile bringen, etwa als Werbeargument oder als notwendige Vorbedingung für den Einsatz eines Produktes.

Entwicklung von Techniken und von Wertvorstellungen sind die Antriebe für sicherheitstechnische Zielsetzungen. Texte, die sich mit der Erreichung solcher Ziele befassen, setzen verschiedene Schwerpunkte. Besonders auffällig sind die drei Schwerpunkte, die sich in den Texten von Sonnenberg[106], Hofmann[44] und Rodgers[95] finden.

Sonnenberg betont die Entwicklung von Werten einer Zivilisation und deren Ausdruck in sicherheitstechnischen Richtlinien und in Gesetzen. Ein solcher Schwerpunkt soll „wertzentriert" genannt werden.

Rodgers betont die Rolle eines Sicherheitsingenieurs in einem Entwicklungsprojekt für ein gefahrenträchtiges technisches System. Er bespricht die Bedeutung der Fachkenntnis des Sicherheitsingenieurs und die über das fachliche hinausgehenden Fähigkeiten, die ein Sicherheitsingenieur aufweisen muß, damit er seine Aufgabe erfüllen kann. Diese Schwerpunktsetzung nennen wir „personal", weil die Person des Sicherheitsingenieurs im Mittelpunkt steht.

Hofmann betont die Begriffe, die zur technischen Analyse der gefahrenträchtigen technischen Systeme hilfreich sind. Dabei nennt er mathematische Begriffe und physikalische Kenngrößen, die zur Quantifizierung der Sicherheit eines technischen Systems hilfreich sind. Eine solche Schwerpunktsetzung soll „methodisch" genannt werden, denn es geht hier in erster Linie um verschiedene Analysemethoden eines technischen Systems.

Jede dieser drei Schwerpunktsetzungen verlegt die wichtigsten Kriterien für den Erfolg sicherheitstechnischer Maßnahmen auf eine andere Ebene. Der methodische Ansatz betont den bestimmenden Wert physikalischer und mathematischer Analysen des gefahrenträchtigen Systems. Unter dieser Schwerpunktsetzung tritt die Bedeutung der Befähigung der Menschen, die die Analyse durchführen, und die der Werte, von denen diese Menschen geleitet werden, zurück. Es wird davon ausgegangen, daß die leitenden Werte angemessen und die Systemanalytiker hinreichend befähigt sind, die Analyse durchzuführen und deren Ergebnisse in die Praxis umzusetzen.

Der personale Ansatz glaubt in erster Linie an die Abhängigkeit des Erfolgs von der Persönlichkeit des Sicherheitsingenieurs; die angewendeten Techniken sind in dieser Sichtweise eines unter vielen Mitteln zum Zweck, die Sicherheit eines technischen Systems zu erhöhen; letztendlich hängt der Erfolg davon ab, ob ein umfassend befähigter Mensch diese Sicherheitsanalysen durchführt und die Ergebnisse in die Praxis – das sind der Entwurf, die Fertigung und der Einsatz des technischen Systems – einbringen kann. Die Werte, denen sich die

Sicherheitsingenieure verpflichtet fühlen, werden auch hier nicht zum Thema gemacht, sondern als sinnvoll gegeben vorausgesetzt.

Der wertzentrierte Ansatz schließlich stellt die verschiedenen Werte, die bei sicherheitstechnischen Aktivitäten eine Rolle spielen können, in den Mittelpunkt, und erörtert, wie sich Wertwandlungen in sozialen Strukturen und damit im menschlichen Verhalten niederschlagen. Bei dieser Schwerpunktsetzung wird davon ausgegangen, daß bei Geltung angemessener Werte sich verantwortungsvolle Personen, etwa in bestimmten Institutionen, finden, die die Beachtung dieser Werte in der Praxis sichern, und die zu diesem Zweck angemessenen Analysemethoden entwickeln.

1.2 Der wertzentrierte Ansatz

1.2.1 Menschliche Gesundheit

Der Einsatz sicherheitstechnischer Verfahren wird besonders häufig mit dem Wert der Erhaltung menschlicher Gesundheit begründet. In der Darstellung von Sonnenberg zieht sich das Thema der menschlichen Gesundheit als roter Faden durch die Zeiten: Von der Antike bis in die Neuzeit waren es immer wieder gesundheitliche Anliegen, die Menschen dazu brachten, sich mit sicherheitserhöhenden Maßnahmen zu befassen. Auch bei Hofmann spielt die Gesundheit bei sicherheitstechnischen Anliegen eine besondere Rolle; dieser unterscheidet Betriebssicherheit und Unfallsicherheit. Unfallsicherheit definiert er dabei als (S.1) *die Gewähr dafür, daß unvermeidbare Störungen im Betriebsablauf sich nicht in einer Schädigung von Teilen der Anlage und von Objekten der Umgebung auswirken, insbesondere aber in einer Schädigung von Personen.* Auch Rodgers weist bereits zu Beginn auf diesen grundlegenden Wert hin (S.2).

1.2.2 Wirtschaftlicher Nutzen

Bei Rodgers dominiert allerdings nicht im ganzen Buch der Wert der menschlichen Gesundheit als Motivation. Er stellt die Sicherheitstechnik in einen betrieblichen, von marktwirtschaftlichen Kriterien dominierten Kontext, und auch die Gesundheit scheint er solchen Kriterien unterzuordnen (S.71f): *There is a biblical principle that is fundamental to our way of life and that is—**we are our***

brother's keeper. *If management is concerned with the welfare of their employees and provides a pleasant and safe environment for them to work in, then the employees will put forth their best effort in performing their assigned tasks. [...] If you are a manager, remember, [...] the national occupational accident annual rate is 13,800 deaths, 1,960,000 disabling injuries, and 235,000,000 lost man-days of productive work. This can be equated to dollars and the lost work alone is over the $2 billion mark. The figure alone should convince all of us that a good industrial and system safety effort pays off in a big way.*

1.2.3 Abwägung von Gesundheit und Nutzen

Rodgers geht, wie auch Hofmann, nur wenig auf die nötige Abwägung von Aufwand für Sicherheitstechnik für die Gesundheit und den zu erwartenden Nutzen ein. An einem Beispiel läßt sich dieses Problem verdeutlichen: Rodgers hält einerseits mathematische Modellierungstechniken für besonders leistungsfähig (S.39), weist aber andererseits darauf hin, daß ihr Einsatz kosteneffektiv sein sollte (S.29). Er gibt keine Hinweise, wie im konkreten Fall des Einsatzes mathematischer Analysemethoden die beiden Ziele, so gut wie möglich Gesundheit zu erhalten und maximalen Profit zu erwirtschaften, gegeneinander abgewogen werden sollen.

Ein solcher Vergleich ist schwierig, weil die verschiedenen Werte nicht mit denselben Maßstäben gemessen werden. Rodgers legt jedoch eine Lösung nahe: Im achten Kapitel beschreibt er die Zunahme der Produkthaftungsklagen und die enormen Verluste, die ein Unternehmen durch einen verlorenen Prozeß erleiden könne. Dieses achte Kapitel bei Rodgers legt den Standpunkt nahe, die Gesellschaft sollte dafür sorgen, daß die gesundheitlichen Risiken eines technischen Produkts durch Monetarisierung mit den möglichen Gewinnen auf einer gemeinsamen Skala vergleichbar gemacht würde. Dieser Standpunkt ist pragmatisch, schiebt aber, wenn er ernstgenommen wird, die Verantwortung vollständig von den Unternehmen auf Gesetzgebung und Rechtsprechung ab; Unternehmen könnten sich darauf beschränken, nur noch für größtmöglichen Profit zu sorgen, ohne Rücksicht auf nicht monetarisierte Verluste.

Ein solcher Standpunkt mag besonders pragmatisch wirken; er ist zugleich zynisch. Eine bessere Möglichkeit wäre es, Entscheidungsträger in Unternehmen in ihre allgemeine moralische Pflicht zu nehmen, wie es trotz der angesprochenen Passagen auch bei Rodgers gefordert wird. Auch bei Hofmann findet sich

1.2 Der wertzentrierte Ansatz

dieser Standpunkt deutlich (S.121f): *In Fällen, wo die Fehlfunktion einer Anlage Menschen gefährden kann, hat die Wirtschaftlichkeit aber eine untergeordnete Rolle zu spielen. Bei der Konstruktion kann man je nach Höhe der geforderten Zuverlässigkeit eine Rangordnung einführen.* Er unterscheidet dann zwischen

- erstens: der Zuverlässigkeit, daß kein Mensch zu Schaden kommt,
- zweitens: der Zuverlässigkeit der wirtschaftlich primär relevanten Funktionen des Systems, und
- drittens: der Zuverlässigkeit bloßer „Bequemlichkeitsfunktionen", die nicht einmal wirtschaftlich besonders relevant sind.

Es bleibt aber bei Hofmann bei einem bloßen Appell, die menschliche Gesundheit als ein höheres Gut anzusehen als den wirtschaftlichen Erfolg. Auf welche Weise man im Konfliktfall die Abwägung vornehmen kann, dies beschreibt Hofmann ebensowenig wie Rodgers.

Die beiden Werte „Wirtschaftlichkeit eines technischen Systems" und „menschliche Gesundheit" werden in den betrachteten Texten als die bestimmenden dargestellt. Über ihre Abwägung wird in keinem der Texte ein klares Urteil gefällt. Eine solche Abwägung rührt an eine der zwiespältigeren Grundlagen unserer Gesellschafts- und Wirtschaftsform, es ist daher nicht zu erwarten, daß es ein einfaches Patentrezept für die Lösung dieses Konfliktes gibt. Sowohl Rodgers als auch Hofmann versuchen sich aber daran, die beiden Werte in Beziehung zu setzen.

Rodgers versucht einerseits, auf verschiedene Weise plausibel zu machen, warum sicherheitstechnische Maßnahmen beiden Werten gleichermaßen zuträglich sind (etwa im sechsten Kapitel), andererseits aber erkennt er das Vorhandensein einer Aufwandsgrenze an, ab der manche gesundheitsfördernden Maßnahmen nicht mehr kosteneffektiv seien, und scheint zu implizieren, daß man diese dann zu unterlassen habe. Ähnlich trennt Hofmann einerseits (siehe letztes Zitat) den Wert der Gesundheit von dem der Wirtschaftlichkeit, macht aber an anderer Stelle auch deutlich, daß er die Unfallsicherheit der allgemeinen Betriebssicherheit, die in erster Linie dem Zweck der Wirtschaftlichkeit dient, unterordnet (S.2).

Diese Beschreibungen des Zusammenhangs des Gesundheitswertes und des Wertes wirtschaftlichen Erfolgs sind bei Rodgers und Hofmann unentschlossen. Die Verantwortung gegenüber der Allgemeinheit muß in gewissen Fällen gegen die Verantwortung gegenüber dem Chef und dem Arbeitgeber abgewogen werden.

Aber auch dann, wenn die Verantwortung gegenüber dem Arbeitgeber derjenigen gegenüber der Allgemeinheit klar untergeordnet wird, können sich Konflikte ergeben. So sind die Gefahren für Menschen, die durch eine technische Entwicklung neu entstehen, gegenüber den positiven Folgen abzuwägen, die dieselbe technische Entwicklung für Menschen haben kann, und die nicht eintreten könnten, wenn aufgrund von Sicherheitsbedenken eine technische Möglichkeit nicht ausgeschöpft wird. Man kann sich also auch dann in einem Dilemma befinden, wenn man – realitätsfern – ökonomische Werte generell niedriger ansetzt als gesundheitliche.

1.2.4 Selbstbestimmung

In unserer Werteordnung spielt neben der Gesundheit und dem wirtschaftlichen Wohl die Möglichkeit der Selbstbestimmung eine für die Bewahrung der menschlichen Würde besondere Rolle. Dieser Wert wird weder von Rodgers noch von Hofmann genannt. Selbstbestimmung, also die Möglichkeit und das Bewußtsein der Handlungsfreiheit, bedeutet auf die Technik bezogen die Entscheidungsfreiheit, sich den Vorteilen und Risiken gewisser technischer Produkte und Prozesse auszusetzen oder zu entziehen. Dieser Wert verbietet Techniken, deren Auswirkungen sich Menschen nicht entziehen können, die nicht über die Anwendung diese Techniken entschieden haben.

Der Einsatz technischer Artefakte wird oft durch die Segnungen gerechtfertigt, die sie den Menschen bringt. Wenn die Menschen nicht die Wahl haben, auf diese Segnungen zu verzichten, führt das zur Technokratie, zum Verlust wichtiger Teile der Selbstbestimmung, und damit zur Entwürdigung des menschlichen Lebens.

1.2.5 Verantwortlichkeit und Selbstbestimmung

Die Selbstbestimmung ist in unserer Gesellschaft so wichtig, weil sie als ein Grundzug des verantwortlich handelnden Menschen gesehen wird. Siehe hierzu etwa Meyers kleines Lexikon Philosophie[76], Stichwort Verantwortung: *Verantwortung setzt Mündigkeit voraus, d.h. die Fähigkeit, das eigene Handeln frei zu bestimmen und dessen Folgen abzusehen.* Ähnliches findet sich im Krönerschen Philosophischen Wörterbuch (Schischkoff[99], Stichwort Verantwortungsbewußtsein): *Verantwortungsbewußtsein, das [...] Bewußtsein davon, [...] daß*

wir so handeln können, wie wir handeln oder auch anders, d.h. also, daß die Folgen unserer Handlungen uns nicht nur zugerechnet werden können, sondern (in Anerkennung der Würde unserer Persönlichkeit) müssen[...].
Selbstbestimmung wird, jedenfalls hier und heute, als eine notwendige Voraussetzung für die Fähigkeit zur Übername von Verantwortung gesehen. Selbstbestimmung ist im Umgang mit technischen Artefakten nur möglich, soweit diese durchschaubar sind. Undurchschaubarkeit fördert das Gefühl, technischen Artefakten ausgeliefert zu sein, und mindert die Entscheidungsfreiheit und damit die menschliche Würde. Im Idealfall sollte ein technisches System für die Menschen, die den Einflüssen ausgesetzt werden, möglichst durchsichtig sein.

1.2.6 Verzicht auf Selbstbestimmung

In einer Zeit der Großtechnik, der Hochenergietechnik, der Hochrüstung, des motorisierten Massenverkehrs und der Computer ist eine konsequente Aufrechterhaltung dieses Anspruchs auf Durchschaubarkeit und Selbstbestimmung absurd. Dies ist nicht anders zu erwarten, denn das Idealbild des verantwortlichen Menschen darf, da es immer im Konflikt mit anderen Idealbildern steht, nie ganz realisiert werden.

Die Berücksichtigung des Wertes „Selbstbestimmung" führt im Konflikt mit anderen Werten zu Dilemmata. In unserer Gesellschaft wird die Durchschaubarkeit technischer Systeme und damit der Wert der Selbstbestimmung stückweise einer Vielzahl anderer Werte untergeordnet, etwa der wirtschaftlichen Effizienz, der motorisierten Mobilität, der militärischen Stärke. Die Handlungsfreiheit, beispielsweise sich, seine Kinder und seine gebrechlichen Verwandten den Gefahren des Straßenverkehrs auszusetzen oder dies zu vermeiden, besteht heute für den Großteil der Glieder unserer Gesellschaft faktisch nicht, und dieser Mangel wird nicht als so groß empfunden, als daß der Wert der Mobilität für die Menschen, die sich zwischen den extremen Lebensaltern befinden, dafür eingeschränkt würde.

Verschiebung von Verantwortung

Man verzichtet also bei vielen technischen Systemen darauf, sie so zu gestalten, daß sie für einen großen Teil der Bevölkerung durchschaubar sind, so daß hier das Idealbild des verantwortlich handelnden Menschen verletzt werden muß. Dieser Verzicht auf allgemeine Durchschaubarkeit technischer Systeme lädt zusätzliche

Verantwortung auf die Schultern der Expert/innen, denn diese müssen nun die Verantwortung der Menschen, denen die Abschätzung der Folgen ihrer Handlungen nicht mehr möglich ist, für diese übernehmen. Als Beispiel betrachte man etwa die Frage, ob man seinen Kindern zuliebe eine Wohnung in der Nähe eines Betriebs der chemischen Industrie aufgeben sollte oder nicht. Bei der Wahrnehmung der Verantwortung für die Gesundheit der Menschen, die einem anvertraut sind, muß man sich auf Expertenmeinungen zur Sicherheit der Fabrik, auf Versicherungen der Art also, daß ein Bhopal oder ein Seveso nicht geschehen werde, verlassen. Diese Unfähigkeit, die Folgen des eigenen Handelns selbst abschätzen zu können, ist nicht vermeidbar. Damit ist man aber auch nicht voll verantwortungsfähig. Man überträgt einen Teil der Verantwortung auf Expert/innen, die für die Sicherheit eines technischen Artefaktes garantieren.

1.2.7 Die Auflösung der individuellen Verantwortung

Damit Technik verantwortbar ist, damit also Menschen die Auswirkungen ihrer Handlungen hinsichtlich technischer Artefakte absehen können, müssen Expertenaussagen zuverlässig sein. Also müssen Techniker/innen ein Stück weit die Verantwortung für die Menschen übernehmen, die die Folgen ihrer Handlungen nicht mehr absehen können. Dieser hohe Anspruch ist jedoch nur schwer erfüllbar, denn die einzelnen Techniker/innen überblicken so manche der von ihnen entworfenen und gebauten Systeme selbst nicht. Deren Kompliziertheit verlangt ein so hochspezialisiertes Expertentum, daß kein einzelner Mensch das technische Gesamtsystem überblicken kann. Durch verwickelte Interaktionen der Systemkomponenten, die in verschiedene Expertengebiete fallen, kommt es dazu, daß auch eine Gruppe von Expert/innen insgesamt nicht alle Gefahrenmöglichkeiten voraussehen kann. Die Verantwortung für das System verteilt sich also auf mehrere Schultern, aber damit wird das beschriebene ideale Verantwortungskonzept noch weiter aufgelöst. Das individuelle Verantwortungskonzept, das darauf beruht, daß die oder der Einzelne die Folgen ihres oder seines Tuns absehen kann, ist unter solchen Bedingungen noch nicht einmal bei der Beschränkung auf Expert/innen in der Lage, die Verantwortung für die Auswirkungen eines Systemeinsatzes festzumachen.

1.3 Kollektive Verantwortung

So hört man den Ruf nach einem neuen Begriff der Verantwortung, nämlich nach kollektiver Verantwortung und nach Verantwortung für nicht vorhergesehene Folgen, etwa von Zimmerli[117] und Lenk[58]. Zimmerli sieht in einer objektiv definierbaren Haftbarkeit ein mögliches Modell für einen neuen Verantwortungstypus und fordert, das Verursacherprinzip, das im rechtlichen Bereich Geltung gefunden hat, auch zum individualmoralischen Verantwortlichkeitsgrundsatz zu machen; Verantwortung wird damit nicht mehr von der Absehbarkeit der eingetretenen Folgen abhängig gemacht, das Eintreten von Folgen allein genügt, daß der Verursacherin Verantwortung zugewiesen wird. Lenk verlangt eine Aufteilung der Verantwortung an die Projektbeteiligten je nach dem Ausmaß ihrer Involviertheit und Entscheidungsbefugnis, und will so vermeiden, daß die Verantwortung für ein im Team durchgeführtes Projekt sich zwischen den Personen verliert.

Es stellen sich zwei Fragen: Was kann ein solcher veränderter Verantwortungsbegriff leisten? Und wie kann man diesen neuen Verantwortungsbegriff etablieren?

Zimmerli deutet eine Antwort auf die zweite Frage am Ende seines Aufsatzes an (S.110): *Es wäre mithin Aufgabe der moralischen Erziehung, anstelle des alten internalistischen Verantwortungskonzeptes das neue Konzept externalistischer Verantwortung einzuüben und so die Entstehung eines dazugehörigen Verantwortungsgefühls zu befördern.* Eine Konkretisierung dieses Appells, wie man also die Erziehung verändern könne, stellt er nicht vor, und er beschreibt auch nicht im Detail, warum sein neuer Verantwortungsbegriff das leisten kann, was der alte in der heutigen Situation vermissen läßt. Lenk stellt am Ende seines Aufsatzes einen Forderungskatalog auf, der die Veränderung beschreibt, die der Verantwortungsbegriff erfahren müsse, um der modernen Technik adäquat zu werden, beschreibt aber weder, wie die Veränderungen angestoßen werden können, noch, warum diese Veränderungen das Ziel erreichen.

Die Frage nach der Umsetzung eines neuen Verantwortungskonzeptes wollen wir im folgenden beiseite lassen. Die erste Frage ist die tiefliegendere: Wird nachgewiesen, daß ein gegebenes neues Verantwortungskonzept der heutigen Situation in Technik und Wissenschaft gerecht wird? Lenk und Zimmerli identifizieren ein Auseinanderdriften technischer Wirklichkeit und moralischer Verantwortlichkeit. Technisches Handeln zeigt heute mehr Wirkungen, als die alten, von Zimmerli „produktorientiert" und „zünftisch" genannten Konzepte der Verantwortung abdecken können. Zimmerli und Lenk schlagen daher eine Anpassung des Verantwortungsbegriffs an die heutige Situation technischen Handelns vor.

Diese Forderung hat einen merkwürdig zwittrigen Charakter. Zimmerli und Lenk fordern, daß man sich für gewisse bislang nichtberücksichtigte Folgen verantwortlich fühlen solle (siehe etwa das obige Zitat Zimmerlis). Sie fordern eine Gesinnung! Nun wird man kaum vermuten dürfen, daß sie, die die „Verantwortung" beschwören, an die Stelle einer, wenn auch unvollkommenen, Verantwortungsmoral eine heute noch schwieriger zu rechtfertigende bloße Gesinnungsmoral stellen wollen. Wenn sie eine Gesinnung fordern, so müssen Sie vielmehr voraussetzen, daß im technischen Handeln eine genügend weitreichende Gesinnungsmoral zu einer genügend weitreichenden Verantwortungsmoral führt. Ist diese Voraussetzung erfüllt?

1.3.1 Probleme aus der Nichtabsehbarkeit von Folgen

Es geht bei der Bewertung des heutigen technischen Handelns um Folgen, die erstens dem einzelnen handelnden Menschen nicht eindeutig zugeordnet werden können, und die zweitens nach einhelliger Meinung oft nicht absehbar sind. Die Befolgung einer Verantwortungsmoral bedeutet, daß ich bei der Bewertung von Handlungen nicht nach den Absichten und Wünschen der Handelnden Urteile, sondern nach den eingetretenen Folgen. Wenn wesentliche Folgen aber, aufgrund der Komplexität der technischen Systeme, nicht mehr vor dem Handlungsvollzug abzusehen sind, dann läßt sich diese Krise des Verantwortungsbegriffs auch nicht durch ein Appellieren an einen erweiterten Verantwortungsbegriff auflösen. Auch Menschen, denen ein erweiterter Verantwortungsbegriff anerzogen worden wäre, die sich also für weiterreichende Folgen verantwortlich fühlten, könnten diese Folgen nicht überblicken.

Zimmerli und Lenk begründen nicht detailliert, wieso ein erweiterter Verantwortungsbegriff gefährliche Technikfolgen besser bändigt als der heute übliche. Vielleicht hoffen sie weniger auf besseren Weitblick bei der Folgenabschätzung als auf eine Selbstbeschränkung der Techniker auf solche Techniken, deren Auswirkungen überschaubar aussehen. Wir betrachten diese Möglichkeit:

1.3.2 Vorzüge einfacher Technik

Technische Produkte als undurchschaubare und für Außenstehende unvermeidbare Ergebnisse der Arbeit von Expertenteams bürden diesen Experten die Verantwortung auf, die bei einer durchsichtigen Technologie die einzelnen Menschen selbst wahrnehmen könnten; und wie wir eben gesehen haben, können die Experten diese Verantwortung kaum wirklich wahrnehmen. Das Betreiben transparenter, also einfacher Technik hat damit einen entscheidenden moralischen Vorzug vor hochkomplexer Technik: Es ermöglicht erst die Wahrnehmung von Verantwortung!

Technik an der Grenze des Verstehbaren ist Technik an der Grenze des Verantwortbaren. Dies gilt unabhängig davon, ob man die hohe Transparenz fordert, die es der nicht fachlich gebildeten Öffentlichkeit ermöglicht, technische Artefakte einzuschätzen, oder ob man die etwas geringere Transparenz fordert, die es den Mitgliedern eines Experteams ermöglicht, guten Gewissens zu ihrer persönlichen Verantwortung für die Folgen der Verwendung des Artefaktes zu stehen.

1.3.3 Resümee

Wir stellen zweierlei fest: A) Die betrachteten Konzepte eines erweiterten Verantwortungsbegriffs können die Anwendung undurchschaubarer Technik ebensowenig rechtfertigen wie der alte. Vielleicht werden zwar die Grenzen der Durchschaubarkeit etwas weiter hinausgeschoben, viele heute verwendeten Techniken bleiben aber auch dann außerhalb der Verständnismöglichkeiten von Menschen. B) Der Zusammenhang zwischen Verstehbarkeit und Verantwortbarkeit von technischen Artefakten ist tief. Dieser Zusammenhang führt uns von der Betrachtung der Werte und der Verantwortung, die beim technischen Handeln zu beachten sind, zu einer Betrachtung der Prinzipen, die für ein Verständnis der Auswirkungen des Einsatzes technischer Artefakte zu beachten sind.

1.4 Der personale Ansatz

Neben den handlungsbestimmenden Werten wurden als die beiden anderen wichtigen Einflüsse auf die Gestalt und den Erfolg einer Sicherheitsmaßnahme die besondere Fähigkeit der analysierenden Ingenieure und die verwendeten Analysemethoden identifiziert. An dieser Stelle soll die Frage untersucht werden, wie diese Einflüsse voneinander abhängen, ob etwa eine besonders fähige Person auch mit unvollkommenen Techniken gute Ergebnisse erzielen kann, oder ob durch die Wahl einer besonders leistungsfähigen Analysemethode Inkompetenzen der die Analyse durchführenden Person ausgeglichen werden können.

1.4.1 Die Bedeutung der Person bei der Sicherheitsanalyse

Rodgers vertritt den Standpunkt, daß die Person des Sicherheitsingenieurs den Erfolg der Sicherheitsbemühungen mehr als alles andere beeinflußt. Darauf weist beispielsweise hin (S.29f): *to identify hazards, system safety engineers must be thoroughly familiar with all the subsystems and their operations and be able to evaluate designs, procedures, training, and any other elements affecting the identified hazards. It rapidly becomes obvious that the most experienced system engineers available should be assigned to the system safety office.* Gegenüber dem praktischen Wert ausgefeilter mathematischer Analysetechniken ist Rodgers eher skeptisch (S.29): *The results of the analysis must be presented in a clear, concise manner that will permit management to both understand the conclusions as well as validate the methods and rationale by which the conclusions were reached. Far too often, in the current world of computers, analysis is related only to math modeling techniques involving statistics and probabilities. We often lose sight to the fact that a straightforward, methodical, experience-based reasoning process is one of the most effective analysis methods that can be used.*

Rodgers spricht an dieser Stelle einen wichtigen Punkt an: Die Untersuchungsergebnisse müssen von den Manager/innen des Projekts verantwortet werden können, und dafür müssen ihre Prinzipien nachvollziehbar sein. Die Menschen im Management müssen verstehen können, was bei einer Sicherheitsanalyse geschieht, und es wird von ihnen erwartet, daß sie einschätzen können, ob eine solche Analyse adäquat ist. Rodgers geht mehrfach darauf ein, daß es zu diesem Zweck sinnvoll ist, einen außergewöhnlich fähigen Menschen für die Sicherheitsanalyse eines technischen Systems einzusetzen, denn nur ein solcher kann das Vertrauen, das man in ihn setzen muß, rechtfertigen.

Nach Rodgers ist es wesentlich, daß die Sicherheitsbetrachtungen für ein technisches System von einer gesonderten Projektinstanz ausgeführt werden. Er

1.4 Der personale Ansatz 17

gibt ein besonders dramatisches Beispiel vom Ende der 1950er Jahre an (S.9ff), bei dem dieses Prinzip noch nicht beachtet worden sei: Die Entwicklung eines interkontinentalen Trägersystems für nukleare Sprengköpfe, Vorläufer der Minuteman-Raketen. Von jedem Techniker sei neben der Beachtung funktionaler Anforderungen auch die Beachtung sicherheitstechnischer Anforderungen verlangt worden (S.10): *Unfortunately, system safety was not identified and assigned a specific responsibility. Instead, it was considered to be every designer and engineer's responsibility. Again, the problem of advance technology and system complexity caused numerous interface problems to go unnoticed until it was too late. In less than 18 months after the initial operational capability demonstration, four major accidents occured. Each of these resulted in the loss of a multimillion-dollar missile/silo launch complex.*

1.4.2 Die Bedeutung der Person und die kollektive Verantwortung

Rodgers Beobachtungen lassen die Forderungen Zimmerlis und Lenks problematisch erscheinen. Rodgers will die Sammlung der Verantwortung für die Unfallsicherheit in einer Instanz, Zimmerli und Lenk wollen die Verantwortung für die Folgen des Einsatzes eines technischen Artefaktes auf alle Projektteilnehmer verteilen.

Die Wahl zwischen dem Standpunkt von Rodgers und Zimmerli/Lenk hängt von der Antwort auf folgende Frage ab: Ist zu erwarten, daß ein höheres Verantwortungsbewußtsein unter den Technikern im angegebenen Beispiel die Unfälle vermieden hätte? Stellt man sich nicht auf den Standpunkt, daß sich Ingenieure mit höherem Verantwortungsbewußtsein von dem beschriebenen Projekt sowieso ferngehalten hätten, dann würde man mit Rodgers sagen: Die Lösung liegt nicht darin, die Verantwortung auf alle Projektbeteiligten zu verteilen, sondern darin, sie in einem bestimmten, aus besonders befähigten Person zusammengesetzten Gremium zu sammeln. Der Appell an jeden einzelnen am Projekt beteiligten Menschen, die Verantwortung für die Sicherheit des technischen Systems wahrzunehmen, fruchtete nicht. Daraus läßt sich folgende Lehre ziehen:

Verantwortung für bestimmte Systemeigenschaften muß möglichst spezifisch einzelnen Menschen zugeordnet werden. Nötigenfalls müssen Gremien für die Wahrnehmung spezifischer Verantwortlichkeiten geschaffen werden.

1.4.3 Personaler Ansatz und individuelle Verantwortung

Rodgers' Lösung kann nicht alle von Zimmerli und Lenk identifizierten Mängel beheben, insbesondere nicht die Festlegung von Verantwortlichkeit für nichtvorhersehbare Folgen. Solche Folgen beachtet Rodgers nicht. Pragmatisch beschränkt er sich nicht auf alle möglichen problematischen Auswirkungen eines technischen Artefaktes, sondern zunächst auf mögliche direkte gesundheitliche Gefahren. Sein Ansatz greift nur soweit, wie sich menschliches Handeln mit dem herkömmlichen, etablierten Verantwortungsbegriff rechtfertigen läßt: Als System Safety Engineer verlangt er die Einsetzung der fähigsten und umfassendst ausgebildeten Techniker überhaupt, also die, von denen man erwarten kann, daß sie das Zusammenspiel der Systemkomponenten noch überblicken können. Das sind die Menschen, die die Folgen ihres Handelns und Unterlassens auch da absehen können, wo weniger befähigte Menschen dazu nicht mehr in der Lage sind. Die Sicherheitsingenieure qualifizieren sich zu ihrer Aufgabe gerade durch ihre – im herkömmlichen Sinne verstandene – Verantwortungsfähigkeit.

1.4.4 Hohe Ansprüche beim personalen Ansatz

An verschiedenen Stellen weist Rodgers darauf hin, daß der Erfolg der sicherheitstechnischen Maßnahmen nicht nur von den Fachkenntnissen der Sicherheitsingenieure abhängt, sondern ebenso von ihren Fähigkeiten, den von ihnen vertretenen Anliegen im Gesamtprojekt Geltung zu verschaffen. Sie müssen mit den Entwickler/innen und den Menschen in der Fertigung umgehen können, sie müssen gegenüber dem Management genügend kompetent erscheinen, damit ihre Anliegen bei wichtigen Entscheidungen berücksichtigt werden, sie müssen bei möglichst vielen Projektbeteiligten Vertrauen genießen. Zudem läßt sich das Ergebnis einer Sicherheitsanalyse nicht durch eine einfache Inspektion auf Korrektheit überprüfen: Das Ergebnis der Analysearbeit ist nur mit einen Aufwand überprüfbar, der dem Aufwand für die Arbeit selbst gleichkommt. Sicherheitsingenieure müssen also mit umfassenden Kenntnissen versehe, durchsetzungsfähige, zuverlässige Techniker sein.

Diese besonders hohen Anforderungen machen deutlich, daß auch Rodgers Vorschlag das moralische Problem des Einsatzes moderner Technik allenfalls mildern, aber letztendlich nicht lösen kann. Er verlangt allzuviel von den Sicherheitsingenieuren, und er macht nicht deutlich, wo er die Komplexitätsgrenze dessen sieht, was auch der beste Sicherheitsingenieur noch überblicken und damit verantworten kann. Aber Rodgers Ansatz ist praxisnäher und konkreter als der von Zimmerli und Lenk, er betont die Folgen mehr als die Gesinnung, und er verlangt nur von wenigen Technikern die hohe Anforderungen stellende Übernahme der moralischen Verantwortung.

1.4.5 Kernmangel des personalen Ansatzes

Rodgers Konzept der Wahrnehmung der Verantwortung für die Sicherheit eines Systems betont die besonderen Anforderungen an die Personen, die die Sicherheitsanalysen durchführen. Diese Schwerpunktsetzung weist einen besonders unangenehmen Nachteil auf: Das Vertrauen in die Sicherheit des Systems rechtfertigt sich nur indirekt über das Vertrauen in die Menschen, die die Sicherheitsanalyse durchgeführt haben. Dieses Vertrauen ist nicht angemessen quantifizierbar. Dieses Problem läßt sich an einem Beispiel deutlich illustrieren:

Wie läßt sich das Ergebnis der Sicherheitsanalyse, die eine Herstellerfirma durchzuführen hat, um die Betriebsgenehmigung für ein technisches System zu erlangen, von einer unabhängigen Kontrollbehörde beurteilen? Muß die Genehmigungsbehörde die Sachkenntnis, den individuellen Charakter und die Durchsetzungsfähigkeit der Sicherheitsingenieure prüfen? Oder läßt sich das Vertrauen in die Sicherheit eines Systems auch anders als durch das Vertrauen in die Menschen begründen, die eine Analyse durchgeführt haben?

1.5 Der methodische Ansatz

Das Problem der Objektivierbarkeit einer sicherheitstechnischen Untersuchung spielt auch bei Rodgers eine Rolle, bei Hofmann aber ist es zentral. Rodgers gibt einen vollständigen Anforderungskatalog für sicherheitstechnische Untersuchungen bei militärischen Projekten in einem Anhang an, den Mil-Std-882, der sich aus Anforderungskatalogen der Air Force entwickelte, die diese im Zusammenhang mit der Entwicklung von Trägerraketen brauchte (Rodgers, S.11). In diesem Katalog, Bestandteil von Verträgen des US-amerikanischen Department of Defense mit Auftragnehmern, werden Verfahren und Dokumentation sicherheitstechnischer Untersuchungen von technischen Systemen beschrieben. Das Bedürfnis, die Überprüfung der Sicherheit zu objektivieren und damit ihrerseits überprüfbar zu machen, war also bei technischen Artefakten, die größte Gesundheits- und Kostengefahren bergen können, so hoch, daß man sich über Systematiken der Überprüfung der Sicherheit solcher Systeme Gedanken machte.

1.5.1 Qualitative und quantitative Analysemethoden

Die Analysemethoden, die Rodgers und Hofmann vorschlagen, lassen sich zwei Klassen zuordnen. Die einen haben einen eher qualitativen und unmathematischen Charakter: So wird etwa in einem oft genannten Verfahren verlangt, alle Unfallmöglichkeiten eines technischen Systems zu identifizieren, zu jeder Unfallmöglichkeit die Bedingungen anzugeben, die zu einem Unfall führen können, und jede dieser Bedingungen weiter aufzuschlüsseln, bis man bei unanalysierbaren Bedingungen angelangt ist. Eine solche Analyse wird „Fehlerbaumanalyse" genannt.

Die zweite Klasse von Analysemethoden betont quantitative Aspekte und erfolgt unter Anwendung nicht immer ganz einfacher mathematischer Modellierungsweisen, oft aus der Statistik. In der zweiten Hälfte seines Buchs beschreibt Hofmann eine Vielzahl solcher Analysemethoden. Hier geht es darum, aus statistischen Kenngrößen über die Zuverlässigkeit einfacher Systemelemente die Kenngrößen technischer Systeme zu bestimmen, die aus diesen einfachen Elementen zusammengesetzt sind. Die wichtigste dieser Größen ist die Wahrscheinlichkeitsverteilung für den Ausfall des Teilsystems. Hofmann geht davon aus, daß diese Verteilungsfunktionen für die einfachen Systemelemente, bei ihm sind dies unter anderem Widerstände und Kondensatoren, bekannt sind. Er gibt für eine Vielzahl verschiedener Verschaltungen solcher Elemente an, wie sich aus den Verteilungsfunktionen für den Ausfall der Systemelemente die Verteilungsfunktion für den Ausfall des betrachteten Subsystems ergeben. Er zeigt, wie sich durch spezielle Verschaltungen erreichen läßt, daß die Verteilungsfunktion für den Ausfall des betrachteten Subsystems für einen bestimmten Zeitraum weniger Ausfälle voraussagt als die Verteilungsfunktionen der Elemente. Durch besondere Verschaltungen läßt sich also die Zuverlässigkeit eines Subsystems über die der Elemente erhöhen.

1.5.2 Personenabhängigkeit qualitativer Methoden

Wir vergleichen qualitative Methoden wie die Fehlerbaumanalyse mit quantitativen wie den wahrscheinlichkeitstheoretischen Modellierungen des Systems. Erstere lassen sich überall dort anwenden, wo ein Mensch ein technisches System versteht. Ihr Wert hängt von der Sorgfalt und Kenntnis des Menschen ab, der die Analyse durchführt. In jedem Schritt ist die spezifische Sachkenntnis des Menschen gefragt: Bei der Identifizierung möglicher Unfälle, bei der Identifizierung der Bedingungen, die zu jedem dieser Unfälle führen können, und bei dem Entschluß, die Analyse der Bedingungen abzubrechen und eine Bedingung als einfach, also unanalysierbar anzunehmen.

Überprüfbar ist eine solche Analyse insofern, als Beschreibungen produziert werden, die ein anderer Mensch, der über ähnliche Fähigkeiten verfügt wie der erste, ohne jedoch das modellierte System im einzelnen zu kennen, auf seine innere Konsistenz, also auf Plausibilität hin überprüfen kann. Im Einzelnen nachvollziehen und bewerten läßt sich die Analyse aber nur von einer Person, die das modellierte System wenigstens ebensogut kennt wie die Person, die das System modelliert hat. Diese Bedingung dürfte im Routinefall, der Überprüfung einer Sicherheitsanalyse durch eine Prüfbehörde etwa, nicht erfüllt sein, die Akzeptanz solcher qualitativer Analysen muß daher ein Vertrauen in die Person des Sicherheitstechnikers voraussetzen. Damit ist das Ergebnis einer solchen Sicherheitsanalyse zwar prinzipiell überprüfbar, beispielsweise wenn vor Gericht unter Mitarbeit eines Sachverständigen geklärt werden soll, ob beim Entwurf des technischen Systems fahrlässig gehandelt wurde; im Routinefall wird jedoch das Ergebnis nicht bis ins letzte überprüft, gewöhnlich muß man also letztendlich dem Sicherheitsingenieur oder der Sicherheitsingenieurin vertrauen. Rodgers Betonung der besonderen Anforderungen an Menschen, die die Sicherheitsanalyse durchführen sollen, paßt daher gut dazu, daß er den qualitativen Analysemethoden gegenüber den quantitativen ein höheres Gewicht einräumt.

1.5.3 Quantitative Methoden

Wir haben Eigenschaften einer qualitativen Analyse betrachtet, im folgenden geht es um Eigenschaften quantitativer Analysen. Die Anwendung stochastischer Methoden setzt voraus, daß die Ausfallverteilungen der einfachen Systemelemente gegeben sind. Für sehr einfache elektronische Bauteile wie Widerstände und Kondensatoren untersucht Hofmann solche Verteilungen in einem besonderen Kapitel detailliert. Damit diese Verteilungen in akzeptabler Genauigkeit angegeben werden können, müssen Testreihen mit hinreichender Stückzahl und für hinreichende Zeitspannen durchgeführt werden; auf die Darstellung der Parameter der Ausfallverteilungen der besonders gut untersuchten Kohleschichtwiderstände verwendet Hofmann auch wesentlich mehr Raum als die der der verschiedenen Kondensatortypen.

1.5.4 Personenabhängige quantitative Methoden

Hinsichtlich der Bestimmung der Ausfallverteilung eines Gesamtsystems, das aus vielen einfachen Elementen zusammengesetzt ist, macht Hofmann die Bemerkung, daß diese nicht nur von physikalisch bestimmbaren Größen abhänge, sondern auch von Art und Häufigkeit von Bedienungsfehlern und von Fehlern bei Wartung und Veränderung des Systems (S.119): *Hieraus kann man erkennen, daß die Zuverlässigkeit eines Systems die technische Version eines Ganzheitsproblems ist. Sie ist das Ergebnis eines Wachstumsprozesses, der alle Phasen der Entstehung wie Konstruktion, Fertigung und Verwendung umfaßt und im Gegensatz zur Bauelementzuverlässigkeit nur teilweise ein physikalisch-technologisches Problem ist.* Hofmann beschränkt den Wert der von ihm vorgeschlagenen Verfahren explizit auf solche Aspekte der Systemzuverlässigkeit, die sich aus den Systemzuverlässigkeiten der Subsysteme „systematisch", das bedeutet für Hofmann: mathematisch ableiten lassen. Die Wahrscheinlichkeiten für Entwurfsfehler, Fertigungsfehler, Bedienungsfehler und Wartungsfehler schließt er explizit aus seiner Analyse aus, weil sie seiner Ansicht nach nicht zuverlässig bestimmbar sind.

1.5.5 Objektivität quantitativer Methoden

Die mathematischen Modelle für die Ausfallwahrscheinlichkeiten eines zusammengesetzten Systems bei Kenntnis der Ausfallwahrscheinlichkeiten der Komponenten, auf die Hofmann im Anschluß an seine einschränkende Vorbemerkung ausführlich eingeht, sind in einem viel härteren Sinne objektiv als die von Rodgers vorgeschlagenen qualitativen Analysen. Akzeptiert man einmal die Kenngrößen

1.5 Der methodische Ansatz 23

der Systemkomponenten, dann sichert der wissenschaftliche Status der Stochastik, und nicht nur das Vertrauen auf einen einzelnen Menschen, die Akzeptanz der vorgeschlagenen Berechnungsregeln. Anders als bei Rodgers lassen sich hier auch quantitative Aussagen über Ausfallwahrscheinlichkeiten bei verschiedenen Systemalternativen machen. Mathematische Beweise lassen sich prinzipiell auch von einem Menschen nachvollziehen, der nicht über tiefgehende Kenntnisse des modellierten Systems verfügt, wenn nur ein mathematisches Modell des Aufbaus des Systems und der Systemkomponenten vorliegt. Liegt eine Mathematisierung des konkreten Systems vor, dann macht dies eine Kenntnis des konkreten Systems selbst überflüssig, und die Ergebnisse sind im einzelnen nachvollziehbar.

1.5.6 Subjektivität quantitativer Methoden

Das Problem wird damit allerdings nur verschoben, denn nun muß gewährleistet sein, daß die vorgelegte Mathematisierung des Systems die sicherheitstechnischen Aspekte hinreichend genau darstellt. Dies kann aber nur in Bereichen der Fall sein, wo man über genügend Erfahrungen verfügt, um den Wert einer Mathematisierung einschätzen zu können. Weist also der Aufbau eines technischen Systems Aspekte auf, die in dieser Kombination noch nicht aufgetreten sind, so kann man nicht sicher sein, daß ein mathematisches Modell des Systems alle für die Sicherheit wesentlichen Aspekte umfaßt.

1.5.7 Resümee

Wir halten fest: Quantitative Techniken sind qualitativen dort hinsichtlich der Überprüfbarkeit überlegen, wo die Sicherheit technischer Systeme überprüft werden soll, mit deren Aufbau man sich gut auskennt, bei denen Menschen die mathematische Modellierung also mit ihrem Bild des technischen Systems vergleichen konnten. Ist auf diese Weise gesichert, daß die Modellierung adäquat ist, dann kann man die Ausführung der Sicherheitsberechnung auch Rechnern oder solchen Menschen überlassen, die selbst für die Adäquatheit des Modells nicht garantieren können. Hofmann identifiziert diesen Bereich als den der physikalisch-technischen Kenngrößen von Bauelementen und der Systeme mit fest definiertem Aufbau, die aus solchen Bauelementen zusammengesetzt sind.

Wenn man allerdings den Aufbau der Systeme selbst als Unsicherheitsfaktor ansehen muß, weil man etwa Konstruktions- und Wartungsfehler berücksichtigen will, oder wenn man nichtphysikalische Einflußgrößen wie Bedienungsfehler einbeziehen muß, dann reichen die mathematischen Modellierungsmethoden, auch nach den Worten ihres Verfechters Hofmann, nicht aus. Da aber auch diese Fehlerquellen auf die Sicherheit eines technischen Systems erheblichen Einfluß haben können, sind wir damit auf Rodgers Standpunkt der nur bedingten Überprüfbarkeit der Sicherheitsanalysen eines technischen Systems zurückgeworfen.

1.6 Bezug der Ergebnisse auf Programme

Es stellt sich die Frage, was die in den letzten Abschnitten gewonnenen Einsichten für die Sicherheit von technischen Systemen mit Computerprogrammen bedeuten. In den zitierten Arbeiten finden sich dazu keine expliziten Hinweise. Hofmann schlägt zwar vor, einen Prozeßrechner zur Regelung der Abläufe in einem Kernkraftwerk zu benutzen, und betrachtet verschiedene Aspekte eines solchen Einsatzes auf immerhin zehn Seiten seines Buches (S.21ff), aber er erwähnt hinsichtlich der Zuverlässigkeit des Prozeßrechners nur, daß die Probleme der Ausfallraten von Relais und Röhren durch die zuverlässigere Transistortechnologie vermindert worden seien. Für den Ausfall des Rechners setzt er als Ersatz das Vorhandensein von unabhängig vom Rechner betreibbaren üblichen Reglern und die Möglichkeit der Fernbedienung durch das Personal voraus. Da der Prozeßrechner damit keine allzu kritische Systemkomponente ist, stellt sich die Frage nach höchsten Sicherheitsanforderungen bei Hofmann nicht; die Möglichkeit fehlerhafter Software erwähnt er mit keinem Wort.

Bei Rodgers geht es speziell um die Unfallsicherheit, bei Hofmann allgemeiner um Zuverlässigkeit. Diese Begriffe werden weiter unten genauer definiert. Wir werden zu untersuchen haben, ob und gegebenenfalls wie sich die Unterschiede dieser beiden Bereiche bei der Analyse von Programmen niederschlagen.

1.6.1 Vorbedingungen der Anwendung quantitativer Methoden

Hofmann macht deutlich, daß die von ihm angegebenen stochastischen Methoden zur Bestimmung der Zuverlässigkeit eines Systems eine Grundlage in Form physikalischer Größen voraussetzen, und daß das Gesamtsystem mathematisch analysierbar sein muß; Konstruktionsfehler und andere menschliche Einflüsse schließt er explizit aus der Modellierung aus. Fehler in Programmen sind jedoch gerade Konstruktionsfehler, und die Ausfälle von Programmen beruhen nicht auf Toleranzüberschreitungen gut meßbarer physikalischer Größen in Systemelementen. Die Berufung auf Standpunkte wie den Hofmanns kann also eine Anwendung stochastischer Methoden auf Programme nicht rechtfertigen.

Es werden aber stochastische Methoden bei der Untersuchung von Programmen angewendet. Wir werden zu untersuchen haben, ob sich die Anwendung dieser Methoden anderweitig rechtfertigen läßt. In der Informatik werden auch andere mathematische Methoden, sogenannte „Programmbeweise", zur Analyse der Zuverlässigkeit von Programmen angewendet, mit denen die Absicht der besseren Überprüfbarkeit und damit Objektivierbarkeit der Ergebnisse verbunden ist. Diese lassen sich bislang nur auf ziemlich kleine Programme anwenden. Wir werden zu untersuchen haben, wodurch diese Methoden gerechtfertigt werden.

1.6.2 Explizite personenabhängigkeit qualitativer Methoden

Rodgers betont im Gegensatz zu Hofmann die Bedeutung personaler Ansätze, und betont dabei erfahrungsbasierte und systematische, aber nur qualitative Analysemethoden, deren Adäquatheit man der Projektleitung plausibel machen könne. Dabei macht er deutlich, daß an die Person, die die Analyse durchführt, besondere Anforderungen gestellt werden, die sich nicht durch die Verwendung spezieller Analysemethoden ersetzen lassen. Dies wurde in der Formulierung festgehalten, daß sich die Sicherheitsingenieure nach Rodgers gerade durch ihre Verantwortungsfähigkeit auszeichnen.

Die von Rodgers erhobenen Forderungen müssen auch von den Menschen erfüllt werden, die die Sicherheit von Programmen überprüfen, damit diese die Verantwortung für die Sicherheit der Software übernehmen können. Wir betrachten ein technisches System, bei dessen Funktion Software eine wichtige Rolle spielt, und das verantwortungsrelevante Auswirkungen haben kann. Damit sein Einsatz verantwortet werden kann, muß es verstanden werden, und damit das Gesamtsystem verstanden werden kann, muß die Software, wenigstens von Experten, verstanden werden. Die wesentliche Frage ist, was als „Verständnis" eines technischen Systems, oder spezieller eines Programms gelten darf. Hier lassen sich sehr verschiedene Standpunkte finden. Wir werden zu untersuchen haben, welche Vorstellungen von Verständnis den in der Informatik angewendeten Techniken zugrundeliegt.

2 Grundbegriffe

In diesem Kapitel geht es um Zuverlässigkeitsfragen speziell bei Rechneranwendungen. Dabei wird das Interesse für die Zuverlässigkeit durch das Anliegen der Unfallsicherheit gerechtfertigt. Aus der Sicht der Verantwortung ist die Unfallsicherheit der grundlegendere Begriff, daher wird er bei der Suche nach überzeugenden Definitionen im Vordergrund stehen.

Zwei vorläufige Definitionen sind angebracht: Zuverlässigkeit eines Systems während eines Zeitraums ist seine garantierte Eigenschaft, während dieser Zeit spezifikationsgemäß zu arbeiten. Unfallsicherheit eines Systems während eines Zeitraums ist die garantierte Eigenschaft, während dieser Zeit keinen Schaden zu verursachen.

Diese Definitionen sind undeutlich, weil Begriffe des einen wie des anderen Definiens mehrdeutig sind: System, Garantie, Spezifikation, Schaden, Ursache müßten genauer untersucht werden. Es gibt eine Anzahl von Ansätzen, die beanspruchen, die Klärung der für die Beurteilung der Unfallsicherheit und Zuverlässigkeit von Programmen nötigen Begriffe zu leisten. Dieser Anspruch soll untersucht werden.

Es werden drei Ansätze vorgestellt, die den Begriff der Unfallsicherheit für die Anwendung in Rechnern konkretisieren. Laprie[55, 57] schlägt das abstrakte Konzept der „Verläßlichkeit" vor, in deren Begriffssystem er die Unfallsicherheit einordnet; er betont dabei die Gemeinsamkeiten der Unfallsicherheit mit Aspekten der Verläßlichkeit. Leveson[62] ist dagegen darum bemüht, die Unterschiede herauszustellen, um zu verdeutlichen, daß die Unfallsicherheit von Programmen nicht nebenher gleichzeitig mit der Zuverlässigkeit von Programmen untersucht werden kann, sondern besonderer Aufmerksamkeit und Techniken bedarf. Als drittes wird eine Anzahl von DIN-Normen und -Vornormen vorgestellt, die für Sicherheitsfragen von Rechneranwendungen relevant sind.

2.1 Verläßlichkeit

2.1.1 Die moralische Basis des Verläßlichkeitsbegriffs

Eine im Zusammenhang mit zuverlässiger Software häufig benutzte Begriffsunterscheidung findet sich bei Laprie[55]. Dieser beschäftigt sich unter anderem mit der Definition der Begriffe „**Verläßlichkeit**", „**Zuverlässigkeit**" und „**Verfügbarkeit**". Laprie definiert „Computer System Dependability" als

> *quality of the delivered service such that reliance can justifiably be placed on this service [Fußnote weggelassen].*
>
> The *service delivered by a system is the system behaviour* **as it is perceived** *by another special system(s) interacting with the considered system: its user(s).*

Verläßlichkeit ist ein verallgemeinertes Konzept, aus dem verschiedene Qualitätsmerkmale von Rechnersystemen abgeleitet werden können. Laprie stellt den Begriff der Verläßlichkeit in einen moralischen Kontext: Verläßlichkeit ist für Laprie ein Rechtfertigungsmittel für eine Handlung. Die Handlung besteht darin, daß sich jemand auf bestimmte Eigenschaften eines Rechnersystems verläßt. Die Rechtfertigung besteht darin, daß eine bestimmte Eigenschaft des Dienstes nachgewiesen wird.

Das allgemeine Konzept von Verläßlichkeit ist zu abstrakt, als daß man damit Lapries Versuch als wertzentriert, personal oder methodisch kennzeichnen könnte. Aber Laprie führt bestimmte Teilaspekte genauer aus und verzichtet auf die Ausformulierung anderer Möglichkeiten, und dies macht eine Zuordnung möglich:

2.1.2 Ausfallphänomene

Laprie nennt nicht die Instanz, die sich rechtfertigen muß, oder vor der sie sich rechtfertigen muß, und es wird nicht geklärt, wie eine irgendwie genauer definierte „quality of the delivered service" eine gewünschte Handlungsrechtfertigung leisten kann. Laprie interessiert sich jedoch dafür, wie man beschreiben kann, daß man sich nicht auf bestimmte Eigenschaften eines Dienstes verlassen kann. Dafür gibt er die folgende Nomenklatur an:

2.1 Verläßlichkeit

> *A system **failure** occurs when the delivered service deviates from the specified service, where the service **specification** is an agreed description of the expected service. The failure occurred because the system was erroneous: an **error** is that part of the system state which is liable to lead to failure, i.e. to the delivery of a service not complying with the specified service. The cause – in its phenomenological sense – of an error is a **fault**.*

Spezifikation, Ausfall (Failure), Fehlerzustand (Error) und Fehlerursache (Fault) sind die Kernbegriffe dieses Abschnittes. Laprie betont auch im weiteren nicht die Maßstäbe, nach denen die Rechtfertigung zu erfolgen hat, sein Ansatz ist also nicht wertzentriert. Auch die Personen, die sich zu rechtfertigen haben, oder die einen Rechtfertigungsversuch zu beurteilen haben, werden nicht zum Thema gemacht. Damit ist sein Ansatz auch nicht personal. Laprie betont aber die Ausfallphänomene und die Möglichkeiten, sie zu beschreiben, und er betrachtet Verfahren, sie zu vermeiden. Damit ist sein Ansatz methodisch, und er muß voraussetzen, daß angemessene Werte gesetzt sind, und daß die Personen zur Analyse fähig sind.

2.1.3 Die Spezifikation

Der Lapriesche Begriff der Spezifikation verdient eine besondere Untersuchung. Seine Funktion besteht darin, eindeutige Feststellungen von Ausfallphänomenen zu ermöglichen. Diese Leistung muß plausibel gemacht werden. Laprie versucht dies, indem er eine Spezifikation nicht einfach als Beschreibung des Dienstes definiert, sondern zusätzlich die Einvernehmlichkeit der Beschreibung verlangt.

2.1.4 Das Problem der Einvernehmlichkeit

Laprie erläutert, daß es zwei Parteien sind, die über den Inhalt der Spezifikation Einvernehmlichkeit äußern sollen: die Auftragnehmerin und die Auftraggeberin. Laprie begründet aber nicht im einzelnen, was er unter Einvernehmlichkeit versteht: Genügt einfach je eine Unterschrift der beiden Parteien, handelt es sich also um ein formales Kriterium? Oder sollen die Parteien über eine solche formale Einvernehmlichkeit hinaus durch eine inhaltliche Einvernehmlichkeit verbunden sein? Wenn wir letzteres voraussetzen, und weiter konkretisieren, daß Laprie meint, daß die Parteien gleiche Vorstellungen davon haben sollen, wie der Dienst auszusehen hat, dann stehen wir vor dem Problem, die Gleichheit der Deutungen zu überprüfen. Die pragmatischste Lösung dürfte der Standpunkt liefern, daß im Konfliktfall ein kompetenter Schiedsrichter die Entscheidung fällt, welche Deutung die richtige sei. Die Untersuchung der Kompetenz eines solchen Schiedsrichters würde einen personalen Ansatz erfordern.

2.1.5 Das Problem der Inadäquatheit der Spezifikation

Selbst wenn eine inhaltliche Einvernehmlichkeit über die Spezifikation vorausgesetzt wird, und damit die Problematik einer Schiedsrichterkompetenz entfällt, gibt es eine weitere Schwierigkeit: Setzen wir voraus, daß die Parteien die Beschreibung eines Dienstes gleich deuten, was auch immer das bedeuten und wie auch immer man das feststellen möge. Es ist auch unter diesen Umständen nicht ungewöhnlich, daß die Auftraggeberin vor der Installation, ja selbst nach Inbetriebnahme die benötigten Anforderungen an das System nicht vollständig explizit formulieren kann.

Laprie gibt für diesen Fall an, daß die Spezifikation geändert werden dürfe, und dann über die geänderte Version wiederum Einvernehmlichkeit erreicht werden müsse. Dabei untersucht er nicht die Möglichkeit der Ausfälle, die auf eine fehlerhafte Spezifikation zurückzuführen sind, und die zu einer Veränderung der Spezifikation womöglich erst Anlaß gaben. Dieses Problem der Adäquatheit einer Spezifikation für die zu lösende Aufgabe ist in der Informatik nicht selten, wenn ein System neuartig ist und man nicht viele Erfahrungen mit Systemen gleichen Typs machen konnte.

Solche Ausfallmöglichkeiten sind bei Laprie nicht vorgesehen. Er orientiert sich bei der Definition eines Ausfalls und der damit zusammenhängenden Begriffe nicht an den Anforderungen selbst, sondern nur am Versuch der schriftlichen Darstellung dieser Anforderungen. Der Lapriesche Ausfallbegriff greift damit zu kurz, denn wichtige Probleme beim Entwurf zuverlässiger technischer Systeme werden durch diesen Begriff aus dem Blick gerückt.

Eine Motivation für dieses Vorgehen gibt Laprie nicht an. Eine Betrachtung der Alternative zeigt jedoch, daß auch diese ihre Probleme hat, und sich Laprie mit seiner Wahl vielleicht für das in seinen Augen kleinere Übel entschieden hat. Als Alternative bietet sich an, Ausfälle durch den Vergleich des geleisteten

Dienstes mit den „wirklichen" Anforderungen an den Dienst festzulegen. Was sind aber die wirklichen Anforderungen an den Dienst? Wie lassen sich diese so festlegen, daß sich zwei Menschen darüber einigen können, was als Ausfall zu gelten hat? Existieren „wirkliche" Anforderungen überhaupt unabhängig von Spezifikationen? Solche Fragen umgeht Laprie mit seinem bescheideneren Konzept.

Die Adäquatheit einer Spezifikation für eine Aufgabe läßt sich nicht auf den Vergleich zweier schriftlicher Dokumente zurückführen, da letztendlich die Schwierigkeit darin besteht, die Übereinstimmung zwischen einem schriftlichen Dokument und einem tatsächlichen Sachverhalt zu überprüfen. Allenfalls mit personenbezogenen Argumenten läßt sich eine solche Übereinstimmung rechtfertigen. Diese Rechtfertigung bleibt damit notwendigerweise so unsicher, wie man sich der Kompetenz der Menschen sein muß, die den Vergleich von Spezifikation und ihrem Gefühl für die wirklichen Anforderungen durchführen. Damit finden wir uns wieder vor dem Problem, die individuelle Verantwortungsfähigkeit einzuschätzen.

Das Dilemma der Wahl zwischen der Spezifikation und den wirklichen Anforderungen als Bezugspunkt für die Definition von Ausfällen wird bei Laprie nicht aufgelöst. Die Wahl der einen oder anderen Alternative macht deutlich, welchen Mangel zu akzeptieren die oder der Wählende eher bereit ist. Weil hier ein wichtiges Problem vorliegt, sollen die Alternativen in zwei Schlagworten festgehalten werden:

Menschen, die sich für die Spezifikation als Bezugspunkt für die Definition von Ausfällen entscheiden, sollen „adäquatheitsgläubig" heißen, denn sie müssen davon ausgehen, daß schriftliche Spezifikationen den Anforderungen adäquat gemacht werden können. Menschen, die meinen, Ausfallphänomene direkt mit Bezug auf wirkliche Anforderungen definieren zu können, sollen „wirklichkeitsgläubig" genannt werden.

2.1.6 Quantifizierungen der Verläßlichkeit

„Zuverlässigkeit" (Reliability) und „Verfügbarkeit" (Availability) sind bei Laprie die grundlegenden quantitative Maße für die Verläßlichkeit. Laprie definiert sie folgendermaßen:

> *The life of a system is perceived by its users as an alternation between two states of the delivered service with respect to the specified service:*
>
> - *service **accomplishment**, where the service is delivered as specified,*
>
> - *service **interruption** where the delivered service is different from the specified service.*
>
> *The events which constitute the transitions between these two states are the failure and the **restoration**. Quantifying this accomplishment-interruption alternation leads to the two main measures of dependability:*
>
> - ***reliability**: a measure of the continuous service accomplishment (or, equivalently, of the time to failure) from a reference initial instant,*
>
> - ***availability**: a measure of the service accomplishment **with respect to the alternation** of accomplishment and interruption.*

(Die Hervorhebungen stammen von Laprie.) Zusätzlich läßt sich mit diesen Begriffen leicht die „Wartbarkeit" (Maintainability) als ein Maß für die Zeit bis zur nächsten Wiederherstellung (Restoration) bei einem ausgefallenen System definieren.

2.1.7 Das Problem der Quantifizierung

Die Konkretisierungen der Verläßlichkeit eignen sich prinzipiell zur Quantifizierung, indem etwa eine Wahrscheinlichkeitsverteilung für die Zeit bis zum nächsten Ausfall oder bis zur nächsten Wiederherstellung angegeben wird. Etwas derartiges schlägt Laprie auch vor.

Lapries Methode, von einem qualitativen Begriff der Verfügbarkeit zu quantitativen Konkretisierungen dieses Begriffs zu gelangen, besteht in der Modellierung des Auftretens von Ausfallphänomenen mit stochastischen Mitteln. Im vorigen Kapitel wurden die Voraussetzungen angegeben, die zu Beginn der siebziger Jahre für eine solche stochastische Modellierung von Ausfallphänomenen als notwendig angesehen worden waren: Hofmann wollte solche Beschreibungsmittel nur für Systeme einsetzen, bei denen die Ausfallphänomene durch physikalische

Komponenteneigenschaften bestimmt waren. Bei Laprie ist von der Notwendigkeit einer solchen Basis nicht die Rede.

Hofmann hatte seine Vorbehalte gegen die stochastische Modellierung ganzer Systeme, deren Ausfallverhalten von menschlichem Verhalten abhing, damit begründet, daß sich dieses mit mathematischen Begriffen nicht genügend exakt modellieren ließe. Für das Ausfallverhalten eines Kohleschichtwiderstand führt er ausführliche, mathematisch exakte Analysen an. Das Verhalten von Menschen dagegen wagt er nicht, auf diese Weise zu beschreiben. Die Zuverlässigkeit der Systemkomponenten, deren Funktion von der Zuverlässigkeit von Menschen abhing, sah er als unwägbar an, so daß er Fehlbedienungen, Wartungsfehler, Konstruktionsfehler oder Entwurfsfehler in seinen Analysen nicht berücksichtigen konnte.

In Programmen sind Konstruktionsfehler für die Ausfallphänomene bestimmend. Damit kann man sich nicht auf Argumentationen wie die Hoffmanns berufen, um stochastische Modellierungsmethoden für Programmausfälle zu benutzen. Es bedarf also einer anderen Rechtfertigung, stochastische Begriffe auf Programmausfälle anzuwenden.

Zunächst haben Ausfallphänomene an Programmen und an Kohleschichtwiderständen nur gemein, daß sie im allgemeinen nicht exakt vorhergesehen werden: Die Unwissenheit des Beobachters verbindet die beiden Phänomene. Die Ursachen für die Unwissenheit sind jedoch verschiedener Art. Die Art und Weise der Fertigung und der Benutzung, die zu Ausfallphänomenen bei Kohleschichtwiderständen führt, ist von anderen Grundsätzen bestimmt als diejenige bei Programmen. Die Eigenschaften von Widerständen werden überprüft, indem eine große Anzahl von Widerständen genau definierten Einflüssen ausgesetzt wird, die als ein Modell der Benutzung gelten sollen. Die Anzahl der Parameter, die im Betrieb als für die Zuverlässigkeit relevant angenommen wird, ist dabei überschaubar, und es werden für einige repräsentative Kombinationen von Parameterwerten Tests durchgeführt. Beim Test von Programmen ist häufig nicht von vornherein deutlich, welche Parameter für die Zuverlässigkeit relevant sind. Bei Programmen ist nicht deutlich, ob überhaupt eine überschaubare Anzahl von Testfällen alle Eingaben hinreichend repräsentiert.

Es ist deutlich, daß man sich bei der Anwendung stochastischer Methoden auf Programme nicht auf die herkömmliche Praxis berufen kann. Unsicherheit über die Ausfallphänomene allein kann nicht als Rechtfertigung ausreichen, es müßte nachgewiesen werden, daß die Ausfallmechanismen bei Programmen sich mit denselben stochastischen Gesetzen beschreiben lassen wie etwa die von Widerständen oder anderen Systemkomponenten, für die die Anwendung stochastischer Methoden akzeptiert ist. Eine solche Analyse der Ausfallmechanismen von Programmen leistet Laprie nicht.

2.1.8 Die Unfallsicherheit

Die Unfallsicherheit (Safety) definiert Laprie nach dem Schema der Zuverlässigkeit: Zuverlässigkeit ist ein Maß für die Zeit bis zum nächsten Ausfall, Unfallsicherheit ist ein Maß für die Zeit bis zum nächsten katastrophalen Ausfall. Einen Ausfall will Laprie katastrophal nennen, wenn der entstehende Schaden mit dem Nutzen des Normalbetriebs inkommensurabel ist, anderenfalls nennt er ihn gutartig. Unfallsicherheit wird also als ein Konzept dargestellt, daß dem der Zuverlässigkeit weitgehend analog ist. Es wird nur zusätzlich zwischen katastrophalen und gutartigen Ausfällen unterschieden. Nimmt man die Unterscheidung zwischen katastrophalen und gutartigen Ausfällen in die Spezifikation eines Dienstes auf, dann läßt sich der Begriff der Unfallsicherheit als ein spezieller Zuverlässigkeitsbegriff auffassen.

Diese Definition von Unfallsicherheit teilt die notwendigen Voraussetzungen des Laprieschen Begriffs der Zuverlässigkeit, insbesondere: Das Vorhandensein einer adäquaten Spezifikation, und die Modellierbarkeit von Ausfallphänomenen mit stochastischen Mitteln. Zusätzlich kommt im Falle der Unfallsicherheit eine weitere Voraussetzung hinzu: Die Absehbarkeit der Folgen eines Ausfalls und die Möglichkeit des Vergleichs der Folgen eines Ausfalls mit den Nutzen im Normalbetrieb, denn ohne diese beiden Voraussetzungen ist die Rede von katastrophalen Ausfällen nicht möglich.

Aus dem Adäquatheitsglauben Lapries folgt für die Unfallsicherheit, daß nur Ausfälle zu einem Unsicherheitsfaktor werden können, nicht aber ein spezifikationsgemäßes Systemverhalten. Dies ist natürlich falsch, denn oft sind Spezifikationen unvollständig oder fehlerhaft.

Die Problematik der ersten beiden Voraussetzungen – die Adäquatheit der Spezifikation und die Modellierbarkeit der Ausfallphänomene mit stochastischen Mitteln – wurde bereits untersucht. Aber auch die letzten beiden Voraussetzungen – Absehbarkeit der Folgen und Vergleich von Nutzen im Normalbetrieb und Schaden beim Ausfall – sind nicht trivialerweise erfüllt. Das Problem der Unvergleichbarkeit gewisser Nutzeffekte mit gewissen Schäden, wie es etwa

2.1 Verläßlichkeit 35

bei ökonomischem Nutzen und gesundheitlichen Schäden, oder bei Nutzen für gewisse Menschengruppen und Schäden, etwa hinsichtlich der Gesundheit oder Selbstbestimmung für andere Menschengruppen auftritt, ist bereits angesprochen worden. Die Möglichkeit einer Abwägung zwischen Nutzen und Schäden ist also jeweils nachzuweisen, bevor Lapries Begriff der Unfallsicherheit angewendet werden kann.

Wir fassen zusammen: Notwendige Vorbedingungen der Anwendung des Laprieschen Unfallsicherheitsbegriffs sind also die Absehbarkeit des Ausmaßes der möglichen Schadensfälle, die Abwägung eines möglichen Schadens gegen den Nutzen im Normalbetrieb, die stochastische Modellierbarkeit der Prozesse, die zu katastrophalen Ausfällen führen, und das Vorhandensein einer Spezifikation mit gesicherter Adäquatheit: Diese Voraussetzungen sind allesamt nicht gerade einfacher Natur, und würden von einer genaueren Analyse profitieren. Leider werden diese Vorbedingungen im Laprieschen Begriffssystem nicht weiter analysiert.

2.1.9 Leistungen der Methodenkombination

Neben einer Darstellung verschiedener Konkretisierungen des allgemeinen Verläßlichkeitskonzeptes und neben einer Beschreibung der Begriffe für Beeinträchtigungen der Verläßlichkeit als Ausfallursachen, Fehlerzustände und Ausfälle, betrachtet Laprie die Mittel, die Verläßlichkeit eines technischen Systems zu erhöhen. Er unterscheidet verschiedene Techniken, Fehlerursachen zu vermeiden und zu beheben sowie Fehlerzustände vorherzusagen und zu tolerieren. Er weist darauf hin, daß die verschiedenen Techniken, die für diese Zwecke eingesetzt werden, ihre Mängel haben. Daraus zieht er die folgende Schlußfolgerung:

> *These imperfections bring in dependencies which explain why it is only the **combined** utilization of the above methods (preferably at each step of the design and implementation process) which can lead to a dependable computing system.*

Laprie betont, daß die Mängel der Methoden dazu führen können, daß das entstehende System nicht den Grad an Verläßlichkeit aufweist, der angestrebt wird; damit hat er sicherlich recht. Aber es zeigt sich eine tiefe Schwierigkeit: Laprie macht nicht deutlich, wieso die mangelhaften Methoden, seien sie auch kombiniert, überhaupt zur Verläßlichkeit des Rechnensystems führen und damit als Rechtfertigung dienen können, sich auf bestimmte Verhaltensaspekte des Systems zu verlassen.

2.1.10 Die Erhöhung der Unfallsicherheit

Wie macht Laprie seinen Verläßlichkeitsbegriff für die Betrachtung der Unfallsicherheit nützlich? Die Unfallsicherheit ist für Laprie eine spezielle Zuverlässigkeit, wir können also die Methoden betrachten, die er zur Erhöhung der Zuverlässigkeit angibt.

Laprie nennt die Überdeckung (Coverage) der zu erwartenden Einsatzbedingungen eines Computersystems durch bereits untersuchte Fälle. Um durch einen Validierungsprozeß Vertrauen in die Funktionsfähigkeit des technischen Gerätes zu erhalten, der Ausfälle durch Fehlerursachenvermeidungs-, Fehlerursachenentfernungs-, Fehlerzustandsabschätzungs- und Fehlerzustandstoleranzverfahren anzugehen gestattet, muß bekannt sein, wie diese Verfahren wirken. Dies, so Laprie, könne man im Bereich der Software nicht durch die bislang bewährten Verfahren der

- Benutzung von bewährten Systemelementen und

- im Vertrauen auf die Kenntnis der möglichen und also zu vermeidenden Ausfälle sowie

- durch Extrapolation von Untersuchungen zu weniger kritischen System auf kritische Systeme tun,

denn die Vorbedingungen für diese Verfahren seien für Software nicht gegeben: Digitale Systeme seien oft so komplex, daß auch eine lange ausfallfreie Laufzeit kein Vertrauen in eine absolute Ausfallfreiheit rechtfertige; die Fehlermöglichkeiten seien so umfangreich, daß man sie einfach nicht überblicken könne; und die genaue Struktur digitaler Systeme sei häufig den Personen, die das System bewerten müßten, nicht bekannt. Wir erinnern uns an die Hofmannschen Bedingungen: Auch nach Lapries Ansicht sind sie nicht erfüllt.

Da im Software Engineering auch keine speziellen Methoden bestünden, mit denen man die Verläßlichkeit eines Computersystems mit dem für die Unfallsicherheit zuweilen nötigen hohen Vertrauen beurteilen könne, schlägt Laprie vor:

> We have to utilize best of what is provided by computer science, as well as the best of our past experience. Hence the following recommendations:
> 1. Employ design diversity.
> 2. Use formal verification methods in conjunction with other methods.
> 3. Perform dependability evaluation of hardware-and-software systems.

Laprie kann sich nicht auf die herkömmlichen Methoden zur Sicherheitserhöhung beziehen. Was er an deren Stelle vorschlägt, entspricht dem Grundsatz, die besten Methoden zu benutzen, die man kennt. Dieser Grundsatz entspricht allerdings schon der naivsten Intuition. Die drei angegebenen Methoden werden auch nicht daraufhin analysiert, warum gerade sie die besten sind. Laprie macht sein Begriffssystem merkwürdigerweise nicht dafür fruchtbar, diese drei von ihm herausgestellten Methoden zu rechtfertigen. Dabei wäre das möglich:

Das Lapriesche Begriffssystem setzt bestimmte Schwerpunkte, es ist beispielsweise methodenzentriert und spezifikationsgläubig. Damit impliziert Laprie, es sei sinnvoll, die Zuverlässigkeit eines technischen Systems mit Methoden zu erhöhen, die auf diesen Voraussetzungen beruhen. Es wäre also stimmig, wenn Laprie methodenzentrierte im Kontrast etwa zu personalen Ansätzen und spezifikationsgläubige im Kontrast zu wirklichkeitsgläubigen Ansätzen bevorzugte, und sein Kriterium für eine „beste Methode" mit solchen Begriffen beschreiben würde.

2.1.11 Resümee

Der Ansatz Lapries, eine Systematik von Begriffen aufzustellen, ist fruchtbar, denn der Versuch der Systematisierung ermöglicht es, die wichtigen ebenso wie die kritikwürdigen Punkte deutlicher herauszuarbeiten, als es bei einem weniger klaren Begriffssystem der Fall wäre. Mehrere Punkte der Laprieschen Systematik sind mangelhaft, unter anderem die Methodenzentriertheit und die Spezifikationsgläubigkeit, aber die für diese Punkte angeführten Alternativen wiesen ebenso Mängel auf. Lapries Wahl von Alternativen ist unter dieser Bedingung am sinnvollsten als Standpunktbeschreibung verständlich, von dem aus gewisse Übel, nämlich die der gewählten Alternativen, als weniger gravierend wahrgenommen werden als andere, nämlich der nicht gewählten Alternativen.

Laprie zieht erstens den Spezifikationsglauben dem Wirklichkeitsglauben vor: Damit betont er die Wichtigkeit einer konkreten Diskussionsgrundlage für die Einschätzung der Verläßlichkeit, und nimmt dafür in Kauf, daß gewisse Ausfallphänomene von seiner Systematik nicht erfaßt werden.

Laprie zieht zweitens den methodenbasierten Standpunkt dem personalen oder dem wertzentrierten vor. Er hält es also für geraten, von einer hinreichende Kompetenz und Wertsetzung bei den Menschen, die die Verläßlichkeitsuntersuchung vornehmen, auszugehen, anstatt die menschlichen Begrenztheiten selbst zu problematisieren und für die Verläßlichkeitsanalyse fruchtbar zu machen. Damit weicht er dem einen Problem aus, nur schwer objektiv greifbare Phänomene berücksichtigen zu müssen, handelt sich aber das andere Problem ein, daß die Ergebnisse seines Ansatzes durch nicht erkannte allzu hohe Ansprüche an die Menschen, die die Analyse durchführen, entwertet werden.

2.2 Unfallsicherheit von Programmen

Leveson bespricht in einer Reihe von Artikeln [61, 62, 60, 63] allgemeine Fragen aus dem Bereich der Unfallsicherheit von Software. Ähnlich wie Laprie schlägt sie einige Begriffe zum Problembereich vor. Ihr Anliegen ist aber spezieller als das Lapries: Jener suchte einen möglichst abstrakten begrifflichen Kontext, in dem unter anderem auch die Unfallsicherheit von rechnergestützten Systemen ihren Platz finden sollte, und vermittelte daher ein Bild, in dem sich die Unfallsicherheit und die Zuverlässigkeit so sehr ähnelten, das erstere als ein Spezialfall der letzteren aufgefaßt werden konnte. Leveson dagegen arbeitet sorgfältig Unterschiede der Unfallsicherheit von Software zu verwandten Begriffen heraus. Leveson bezieht sich zudem explizit auf Programme, während Laprie allgemein informationsverarbeitende Systeme betrachtete.

Die speziellen Eigenschaften, die die Unfallsicherheit von Programmen von der Zuverlässigkeit allgemeiner rechnergestützter Systeme unterscheiden, macht eine systematische Darstellung nicht leicht. Levesons Artikel von 1986 und 1990 enthalten daher eine Fülle von wichtigen Details, die häufig zudem mit Beispielen illustriert sind, aber während jedes Detail für sich gesehen plausibel erscheint, fällt der Überblick über die Zusammenhänge schwer. Diese Schwierigkeit ist jedoch wohl kaum zu umgehen, wenn ein Ansatz gewählt wird, der die tatsächlich auftretenden Probleme auf Kosten einer geschlossenen Theorie betont.

2.2.1 Die Adäquatheit von Spezifikationen

Leveson thematisiert sowohl die Spezifikationsgemäßheit eines Programms als auch die Adäquatheit einer Spezifikation. Wir haben bei der Untersuchung des Laprieschen Begriffssystems festgestellt, daß dieser spezifikationsgläubig ist: Er meint, Zuverlässigkeit und Sicherheit anhand einer Spezifikation definieren zu können, vertraut also darauf, daß die Spezifikation den Anforderungen genügt. Leveson dagegen betont immer wieder, daß gerade beim Einsatz von Programmen das Problem der Adäquatheit der Spezifikation an die Anforderungen selbst ein Grundproblem ist.

Leveson illustriert das Problem der Adäquatheit einer Spezifikation indem sie darauf hinweist, daß Programme nicht als bloße Eingabe-Ausgabe-Apparate betrachtet werden dürfen, bei denen eine gegebene Spezifikation beschreibt, wie Eingaben in Ausgaben umzusetzen sind. Vielmehr verlangt Leveson *System level approaches*: Es muß Menschen geben, die die Interaktion eines Programms mit anderen Systemkomponenten beurteilen können, ohne daß schon gegeben ist, was das Programm leisten soll. Diese Menschen müssen also überprüfen können, inwiefern eine Spezifikation adäquat die Anforderungen an ein Programm wiedergibt.

Die Ansicht, daß Menschen die Adäquatheit einer Spezifikation beurteilen können, daß sie also eine Spezifikation und einen Ausschnitt der Wirklichkeit miteinander vergleichen können, war „Wirklichkeitsglaube" genannt worden. Leveson ist also wirklichkeitsgläubig, und sie unterliegt damit auch den Schwierigkeiten, die wir für den Standpunkt der Wirklichkeitsgläubigkeit im Kontrast zum Spezifikationsglauben gefunden hatten: Wie kann man sicher sein, daß das Bild der Wirklichkeit, mit dem ein Mensch eine Spezifikation vergleichen will, die Wirklichkeit tatsächlich wiedergibt? Die schriftliche Spezifikation gibt immerhin mehreren Menschen eine Möglichkeit, sich über ihre Vorstellungen miteinander auszutauschen – dies ist das Argument, mit dem Laprie seinen Spezifikationsglauben rechtfertigen könnte. Ein bloßes inneres Bild eignet sich nicht zu einem solchen Vergleich.

2.2.2 Überprüfung der Adäquatheit

Der prototypische Fall ist bei Leveson ein technisches System mit einem Prozeßrechner. In ihrem Artikel von 1990 untersucht Leveson die Rolle, die Programme in Prozeßrechnern spielen. Dem Problem der Überprüfung, inwiefern ein solches Programm seiner Spezifikation entspricht, widmet sie nur wenig Aufmerksamkeit. Sie betont dabei nur, daß eine solche Spezifikation vollständig, genau und eindeutig sein solle, macht aber keine Vorschläge dafür, wie diese Eigenschaften überprüft werden können.

Sie beschreibt allerdings einen Weg, wie eine Überprüfung der Adäquatheit von Spezifikationen vorgenommen werden könnte: Sie schlägt vor, bessere Modelle der zu regelnden Prozesse zu entwickeln, um auf diese Weise einen Maßstab für die Adäquatheit der Spezifikation zu finden. Anders als bei herkömmlichen Modellen sollten möglichst komfortable Möglichkeiten zur Modellierung von zeitabhängigen Eigenschaften vorhanden sein, die Anforderungen des Prozesses hinsichtlich der Fehlertoleranz des regelnden Rechners sollten formulierbar sein, und die Anforderungen hinsichtlich der Vermeidung von Gefahrenmomenten sollten modelliert werden können.

Levesons Trick ist also folgender: Statt direkt die Übereinstimmung zwischen einer Spezifikation und den wirklichen Anforderungen zu überprüfen, wird eine Zwischenstufe eingeschoben. Leveson schlägt die Entwicklung von Modellen vor, mit denen sich die zu regelnden Prozesse gut darstellen lassen, und will dann die Spezifikation der Programme mit dem Modell des zu regelnden Prozesses vergleichen. Die eine Brücke von der Spezifikation zu den wirklichen Anforderungen wird also durch zwei Brücken, die von der Spezifikation zum Modell und die vom Modell zu den wirlklichen Anforderungen, ersetzt.

Es drängt sich sofort die Frage auf, ob Leveson das Problem damit nicht nur verlagert hat: Zwar erscheint der Standpunkt stimmig, daß prinzipiell die Übereinstimmung von Spezifikation und Modell mit bekannten, etwa mathematischen Mitteln überprüfbar sein sollte. Dieses Problem ähnelt nun dem der Feststellung der Übereinstimmung von Programm und Spezifikation, welche von Leveson als weniger problematisch angesehen wird. Auch hier gibt es allerdings tiefe Probleme, die sie an anderer Stelle anspricht. Auch wir werden darauf zu sprechen kommen.

Wichtiger als das Problem der Überprüfung der Überstimmung zweier schriftlicher Darstellungen ist aber für Leveson das Problem der Übereinstimmung einer schriftlichen Darstellung und der wirklichen Anforderungen. Das Problem der Adäquatheit einer Spezifikation führt sie auf das Problem der Adäquatheit eines Modells zurück. Leveson äußert sich nicht explizit zu der Frage, wieso dies ein kleineres Problem sein soll als das ursprüngliche.

Es liegen allerdings zwei Rechtfertigungen für den Standpunkt Levesons nahe: Erstens erhält das Problem der Adäquatheit der Spezifikation zusätzliche Aufmerksamkeit, denn die Entwicklung von detaillierten Modellen macht es nötig, sich mit den zu regelnden Prozessen eingehender zu beschäftigen. Zweitens liefern die Versuche, flexible Modelle zu entwickeln, die auch andere Menschen benutzen können, Anlässe, sich mit anderen Menschen über das angemessene Bild der zu regelnde Prozesse zu unterhalten.

Akzeptiert man diese Rechtfertigungen für den Standpunkt Levesons, dann nimmt man damit einen personalen Standpunkt ein: Menschliche Aufmerksamkeit und menschliche Kommunikation sichern die Adäquatheit einer Spezifikation, und die Erhöhung der Aufmerksamkeit und des Meinungsaustauschs sind die Mittel zur besseren Sicherung dieser Adäquatheit.

2.2.3 Zuverlässigkeit versus Unfallsicherheit

Leveson verlangt eine besondere Beachtung dreier Aspekte der zu entwickelnden Modelle für die Unfallsicherheit: Zeitabläufe, Ausfälle (sowohl der Software als auch anderer Komponenten der Prozeßkontrolle) und Gefahrenmomente sollen modelliert werden können. Bei ihrer Darstellung dieser Punkte arbeitet sie grundlegende Unterschiede zwischen Zuverlässigkeit und Unfallsicherheit heraus. Diese Unterschiede finden sich auf der Ebene der Werte, die bei den Begriffen im Vordergrund stehen, und auf der Ebene der Methoden, mit denen die jeweiligen Bedingungen überprüft werden:

- Leveson stellt es als bloßes Optimierungsproblem dar, den Aufwand zu bestimmen, der für die Zuverlässigkeit eines technischen System gerechfertigt werden kann (wie auch Hofmann). Der Aufwand für die Unfallsicherheit dagegen sei nicht auf diese Weise bestimmbar, weil möglicherweise widerstreitende Werte verschiedener Art – Leveson nennt unter anderem moralische, rechtliche und finanzielle – abgewogen werden müßten. Dies ist der eine Grund dafür, daß die Unfallsicherheit als spezielles Problem behandelt werden muß. Wegen der besonderen Schwierigkeiten bei der

Abwägung von Werten gegeneinander, und weil auch besonders hohe Werte wichtig werden können, wird besondere Aufmerksamkeit verlangt, und so rechtfertigt sich auch die Einsetzung einer besonderen Projektinstanz zur Untersuchung und Steigerung der Unfallsicherheit.

- Die Methoden zur Untersuchung der Unfallsicherheit unterscheiden sich von denen zur Sicherung der Zuverlässigkeit. Während Zuverlässigkeitsuntersuchungen Ausfälle – aber solche aller Art – zu untersuchen haben, sind bei Unfallsicherheitsanalysen solche Ereignisse – aber nicht nur Ausfälle – zu betrachten, die zu Gefahren führen können. Die große Zahl von möglichen Ausfällen macht es nicht möglich, jede Ausfallmöglichkeit bis ins einzelne zu analysieren. Ereignisse, die Gefahren bergen, gibt es, so Leveson, damit verglichen in vielen Fällen relativ wenige. Aufgrund der oft höheren Anforderungen an die Unfallsicherheit als an die Zuverlässigkeit ist es deswegen gerechtfertigt, hier sorgfältigere Methoden anzuwenden.

Der zweite Unterschied zwischen Zuverlässigkeit und Unfallsicherheit verdient besonderes Interesse. Leveson muß hier die Voraussetzung heranziehen, daß es weniger Unfallursachen als Ausfallursachen gibt. In gewöhnlichen Programmen sind die Auswirkungen vieler Programmierfehlers aber sehr schwer überblickbar. Wenn durch den Ausfall eines Programms überhaupt eine Unfallgefahr entstehen kann, dann ist es nicht leicht, festzustellen, die Betrachtung welcher Programmierfehler man aus der Unfallsicherheitsanalyse ausschließen kann.

Aus diesem Grund schlägt Leveson eine sogenannte „Kernalization" vor: Sicherheitskritische Programmfunktionen, die besonders sorgfältig zu analysieren sind, werden weitmöglichst von anderen isoliert. Beispielsweise kann man daran denken, sie von einem besonderen Rechner ausführen zu lassen, dessen Programm möglichst klein ist, so daß der Analyseaufwand beschränkt bleibt und ein Mensch das Programm hinreichend gut kennenlernen kann.

Leveson weist darauf hin, daß eine solche Trennung von Programmfunktionen in sicherheitsrelevante und nicht sicherheitsrelevante schwierig sein kann. So sei der Nachweis zu führen, daß Ausfälle in den Systemkomponenten, die die nicht sicherheitskritischen Systemfunktionen enthalten sollen, in der Tat nicht zu Unfällen führen können. Leveson gibt keine Hinweise auf Methoden, mit denen solche Nachweise geführt werden können.

Das Problem der Trennung der Systemfunktionen in sicherheitsrelevante und nicht sicherheitsrelevante ist ein Kernproblem. Eine solche Trennung ist nur

2.2 Unfallsicherheit von Programmen

denkbar, wenn die Systemkomponenten nur sehr beschränkt interagieren können. Die Grundlage der Trennung der Systemfunktionen liegt in der Sichtweise des technischen Artefaktes als System, also als ein aus interagierenden Komponenten aufgebautes Gebilde, das durch klare Grenzen von der Umwelt getrennt wird, und das eine Aufgabe hat, die durch die gewünschte Interaktion des Systems mit der Umwelt definiert wird.

2.2.4 Der Systembegriff

Viele Unfälle entstehen durch unerwartete Interaktionen von Systemkomponenten. Aus diesem Grund ist für die Analyse der Unfallsicherheit eines Systems die Betrachtung der Komponenten und ihrer Interaktionsmöglichkeiten miteinander von Belang. Der Systembegriff betont solche Interaktionen.

Leveson macht den Begriff des Systems in mehrfacher Weise für die Analyse der Unfallsicherheit von Programmen fruchtbar. Sie definiert ein System auf die folgende Weise[62]:

> A *system* is the sum total of all its component parts working together within a given environment to achieve a given purpose or mission within a given time over a given life span [...].

Wenn ein Artefakt als System beschrieben wird, dann bedeutet dies also, daß es einen Zweck sowie Teile hat, die Teilaufgaben zur Erfüllung dieses Zwecks übernehmen. Zudem bedeutet die Benutzung des Begriffs des Systems, daß man zwischen Artefakt und Umwelt eine möglichst scharfe Grenze mit möglichst klar definierten Interaktionsmöglichkeiten zieht. Der Systembegriff eignet sich also besonders zur Analyse der Funktionalität eines Artefaktes.

Hilfreich ist der Systembegriff, weil er einige wichtige Eigenschaften eines technischen Artefaktes isoliert und hervorhebt. Dabei werden andere Eigenschaften notwendigerweise in den Hintergrund gedrängt. Die Isolierung von Komponenten, eine Leistung des Systembegriffs, macht es Leveson möglich, nur Teile eines Systems als sicherheitskritisch darzustellen. Die Bedingungen, unter denen eine solche Identifikation von sicherheitskritischen und nicht sicherheitskritischen Komponenten möglich ist, erwähnt sie jedoch nicht. Der Systembegriff allein suggeriert diese Möglichkeit, allerdings ohne sie zu begründen.

Es bleibt also zu fragen, ob der Systembegriff, der sich bei der Beschreibung der Funktionalität eines technischen Artefaktes als hilfreich erweist, für die Beschreibung von Ausfällen ebenso eignet. Zudem impliziert der Systembegriff, daß eine klare Grenze zwischen System und Umgebung gegeben ist, und daß die Schnittstellen klar definiert sind. Es ist jeweils speziell zu rechtfertigen, inwiefern dies für ein Artefakt gegeben ist. Die Eindeutigkeit der Spezifikation wurde bereits problematisiert. Hier ist der Systembegriff offensichtlich im allgemeinen nicht ganz treffend. Leveson problematisiert ausführlich die Adäquatheit von Spezifikationen, und das bedeutet, daß sie nicht von vornherein vom Vorhandensein einer exakten Spezifikation der Schnittstelle eines Systems zur Umwelt ausgehen kann. Levesons Systembegriff ist daher etwas weniger anspruchsvoll als der übliche.

2.2.5 Der Begriff der Unfallsicherheit eines Programms

Leveson rechtfertigt den Begriff „Unfallsicherheit von Software", indem sie Programme als Teile von Systemen darstellt. Die Rechtfertigung verläuft im einzelnen folgendermaßen: Unter bestimmten Umweltbedingungen können gewisse Systemzustände zu Unfällen führen. Die Umweltbedingungen werden als nicht beeinflußbar angesehen. Systemzustände, die zusammen mit bestimmten Umweltbedingungen zu einem Unfall führen können, nennen wir Gefahrenzustand (Hazard). Das Risiko ist eine Funktion der Wahrscheinlichkeit, daß ein Gefahrenzustand auftritt, der Wahrscheinlichkeit, daß es zu einem Unfall kommt, und dem Ausmaß des schlimmsten möglichen Unfalls. Das Risiko setzt sich also aus einem Teil zusammen, der nicht von der Umgebung abhängt, und zweien, die von der Umgebung abhängig sind.

Gewisse Teilzustände gewisser Gefahrenzustände eines Systems, so Leveson, können von einem Programm abhängen. „Unfallsicherheit eines Programms" ist dann gegeben, wenn die Ausführung des Programms nicht zu einem unakzeptabel hohen Risiko führt.

Diese Definitionen setzen bestimmte Kenntnisse und Fähigkeiten der Menschen voraus, die die Unfallsicherheitsanalyse eines Programms vornehmen: Das Risiko setzt sich aus systemunabhängigen Elementen, die vom Programm nicht direkt beeinflußt werden können, und systemabhängigen Komponenten, nämlich der Wahrscheinlichkeit, daß ein gefährlicher Systemzustand angenommen wird, zusammen. Ein Programm kann daher nur über die Erhöhung der Wahrscheinlichkeit, daß ein System einen gefährlichen Zustand annimmt, unsicher werden. Die Überprüfung, ob ein Programm unsicher ist, setzt also voraus, daß die verschiedenen Gefahrenzustände des Gesamtsystems identifiziert sind, daß es zu jedem Gefahrenzustand eine Maximalwahrscheinlichkeit gibt, mit der er angenommen werden darf, und daß der Einfluß des Programms auf die Wahrscheinlichkeiten, die verschiedenen Gefahrenzustände anzunehmen, bekannt ist. Besonders für den letzten Punkt müssen alle Interaktionsmöglichkeiten des Programms mit allen anderen Systemkomponenten dahingehend überprüft werden, ob und mit welcher Wahrscheinlichkeit sie zu einem Gefahrenzustand führen. Die Anzahl der möglichen Ereigniskombinationen wächst mit der Anzahl möglicher Ereignisse rasant. Unfälle geschehen oft durch unerwarteten Kombinationen, was es problematisch macht, zu entscheiden, welche Kombinationen von vornherein aus der Analyse ausgeschlossen werden sollen.

Die Bedingungen, die erfüllt sein müssen, damit diese Art von Analyse durchgeführt werden kann, werden von Leveson nicht betrachtet. Es läßt sich jedoch der Verdacht nicht von der Hand weisen, daß, aufgrund der Anzahl der Kombinationsmöglichkeiten der Ereignisse, diese Anforderungen höchstens zu erfüllen sind, wenn die Interaktionen von geringer Anzahl und einfacher Art sind.

Aus diesem Verdacht würde folgen, daß mit Levesons Ansatz allenfalls Prozeßregelungsprogramme in einfachen Systemen auf ihre Unfallsicherheit hin überprüft werden können. Sie gibt uns keine Hinweise, wie ihr Ansatz mit sehr umfangreichen Systemen durchzuführen sei. Akzeptiert man Levesons Bild der Unfallsicherheit von technischen Artefakten, dann ist nur der Einsatz einfacher Systeme zu rechtfertigen.

2.2.6 Spezielle Ursachen der Fehleranfälligkeit von Software

Die Analyse der Unfallsicherheit eines Programms setzt neben der Kenntnis der Rolle, die das Programm im Gesamtsystem spielt, die Kenntnis des Programms selbst voraus. Programme bestehen aus einer Vielzahl von Komponenten, die unabhängig voneinander versagen können: Eine Prozedur, eine Programmzeile, sogar ein einzelnes Zeichen eines Programms kann Fehler bergen. Solche Fehler können allein oder in Kombination mit anderen Fehlern zu unerwartetem Programmverhalten führen.

Die große Anzahl von interagierenden Komponenten führt nach Leveson bei Programmen zu einem mehr als linearen Anstieg von entwurfsbedingten Ausfallursachen, die auf menschliche Fehler zurückzuführen sind. Eine in anderen Gebieten gegebene Möglichkeit, solche Fehler zu vermeiden, ist die Verwendung bewährter Elemente, für die man über Erfahrungen hinsichtlich des Ausfallverhaltens verfüge. Programme seien aber gewöhnlich Spezialanfertigungen, so daß man nicht auf solche Erfahrungen zurückgreifen könne.

Gegenüber statistischen Analysen und redundanten Programmen ist Leveson ebenfalls skeptisch. Solche Analysen, die sich im Bereich der Hardware etabliert hätten, machten Annahmen wie die Unabhängigkeit von Ausfällen verschiedener Systemelemente. Bei Programmen aber gebe es Hinweise darauf, daß diese Annahmen nicht erfüllt seien. Dennoch, so Leveson, sind gewisse Zuwächse an Unfallsicherheit durch redundante Programme denkbar. Leveson ist aber skeptisch, ob die oft geforderten extrem geringen Ausfallwahrscheinlichkeiten gerechtfertigt werden können.

Da statistische Analysen nicht die gewünschte Sicherheit liefern, muß man auf (informelle oder formale) Verifikationstechniken zurückgreifen. Die große Zahl der Komponenten vieler Programme macht aber eine solche Verifikation fast aussichtslos.

Diese und andere Gründe, die Leveson für die Ausfallanfälligkeit von Software anführt, resultieren letztendlich alle aus einer übergroßen Komplexität der Programme. Diese Einsicht, und Levesons Anliegen, die potentiell gefährlichen Ereignisse in einem Programm von den ungefährlichen zu unterscheiden, bilden einen Widerspruch. Die übergroße Komplexität macht es schwierig, zwischen potentiell gefährlichen und nicht potentiell gefährlichen Ausfällen eines Programms zu unterscheiden. Diese Unterscheidung ist aber nötig, um den gefährlichen Ausfällen relativ mehr Aufmerksamkeit widmen zu können als den ungefährlichen. Wenn die Klassifikation von Ausfällen aber selbst schon sehr großen Aufwand bedeutet, dann ist dieser Vorteil verloren.

Diese Erkenntnis führt dazu, daß die Unfallsicherheit von Programmen, anders als von Leveson gewünscht, gewöhnlich einfach auf deren Korrektheit, also Spezifikationsgemäßheit, zurückgeführt wird. Gefahren, die von korrekten, also spezifikationsgemäßen Programmen ausgehen können, fallen dabei unter den Tisch. Die Wahl dieser Alternative bedeutet, daß man sich bei der Analyse nicht auf einige wenige Ausfälle beschränken kann, sondern alle möglichen

2.2 Unfallsicherheit von Programmen

Diskrepanzen zwischen Programm und Spezifikation untersuchen muß. Dies bedeutet aber einen erheblichen Aufwand.

Leveson möchte den Widerspruch anders lösen. Sie wünscht eine besondere Methodik für den Bereich der Unfallsicherheit von Programmen, um die Aufmerksamkeit besonders auf kritische Ausfälle lenken zu können. Dafür beschreibt sie zum Beispiel (zusammen mit Harvey[64]) ein Verfahren, das die Unterscheidung zwischen gefährlichen und ungefährlichen Ausfällen von Programmen ermöglichen soll, und fordert in den späteren Artikeln mehrfach, solche Verfahren weiterzuentwickeln. Leveson und Harvey übersehen dabei die Schwierigkeiten nicht, in denen sich diese Lösung des oben genannten Widerspruchs findet: Sie machen für das von ihnen vorgeschlagene Verfahren deutlich, daß sein Anwendungsbereich sehr beschränkt ist, daß insbesondere die Anzahl kritischer Ausfälle klein sein muß gegenüber der Unüberschaubarkeit der Gesamtzahl der Ausfäll. Wenn dies nicht erfüllt sei, dann sei die Anwendung herkömmlicher Beweistechniken angebracht.

2.2.7 Resümee

Der Ansatz Levesons strebt Detailtreue auf Kosten theoretischer Geschlossenheit an. Dennoch findet sich ein Leitbegriff, dem sich die dargelegten Punkte unterordnen lassen: Aufmerksamkeit.

- Leveson betont die Schwierigkeit, die Adäquatheit einer Spezifikation festzustellen, und schlägt ein Verfahren vor, daß mehr Aufmerksamkeit auf diese Lücke lenkt.

- Sie macht deutlich, daß die für die Unfallsicherheit relevanten Werte vielschichtiger sind als die für die Zuverlässigkeit, und begründet so, warum dieses Gebiet mehr Aufmerksamkeit verlangt.

- Die Isolierung unfallsicherheitsrelevanter Systemfunktion erleichtert es, diese Funktionen mit erhöhter Aufmerksamkeit zu analysieren.

- Gefährliche Ausfälle entstehen oft durch das Zusammenwirken mehrerer Fehlerquellen, und der von ihr betonte Begriff des Systems lenkt die Aufmerksamkeit auf die Effekte von Interaktionen der Komponenten eines technischen Artefaktes.

- Die Ablehnung statistischer Methoden und die Betonung von Methoden, die auf menschlicher Einsicht in die Funktionsweise eines Systems beruhen, zeigen den Wert, den sie der menschlichen Aufmerksamkeit bei der Bestimmung der Unfallsicherheit eines Systems zuweist.

Dieser Glaube, daß die Lösung der Probleme letztendlich in menschlicher Aufmerksamkeit liegt, verbindet die Ansätze Levesons; damit ist ihr Ansatz personal. Hier wird aber auch eine Hauptschwierigkeit des Ansatzes Levesons deutlich: Der Nachweis, daß ein Aspekt eines Systems genügende und hinreichend kompetente Aufmerksamkeit erfahren hat, kann nur indirekt erfolgen. Nachweisverfahren sollten sich an objektive Kriterien halten; Aufmerksamkeit ist aber ein, zumindest für Techniker, subjektives Konzept. Levesons subjektive Grundlage der Erhöhung und Messung von Unfallsicherheit muß, um Überprüfbarkeit zu gewährleisten, durch objektive Kriterien ergänzt werden.

Ein Ansatz, der die Ergebnisse statistischer Analysen für die Unfallsicherheit von Programmen direkt nutzbar machen könnte, müßte dieser Schwierigkeit nicht unterworfen sein. Hier stellt sich nur wieder das Problem der Relevanz der gemessenen Größen für die Unfallsicherheit.

Dem Relevanzproblem entgeht aber auch Leveson nicht. Auch sie muß angeben, unter welchen Bedingungen die Bündelung menschlicher Aufmerksamkeit das Vertrauen auf die Unfallsicherheit eines technischen Systems rechtfertigt.

2.3 Sicherheit und DIN-Normen

2.3.1 DIN-Norm DIN VDE 31000 Teil 2

In der DIN-Norm **DIN VDE 31000 Teil 2** von 1987 („Allgemeine Leitsätze für das sicherheitsgerechte Gestalten technischer Erzeugnisse/Begriffe der Sicherheitstechnik/Grundbegriffe") bemüht man sich um eine Definitions des Begriffs „Sicherheit". Die Norm wird als *Verständigungsnorm über Begriffe der Sicherheitstechnik* bezeichnet, die das Ziel verfolge, *grundsätzliche Zusammenhänge im Bereich der technischen Sicherheit fachübergreifend aufzuzeigen und die hier wesentlichen Grundbegriffe näher zu bestimmen*. Es geht also darum, für einen bestimmten technischen Bereich ein besseres Verständnis zu ermöglichen.

Der Begriff der Sicherheit wird in dieser Norm mit dem Begriff **Risiko** in Zusammenhang gebracht. Es wird zunächst darauf hingewiesen, daß es keine absolute

2.3 Sicherheit und DIN-Normen

Freiheit von Risiken geben kann, in diesem Sinne also keine absolute Sicherheit erreicht werden kann; dies gelte *in der Technik, wie überall im Leben*. Deswegen gehe es bei dem Streben nach Sicherheit um die Begrenzung des Risikos auf ein vertretbares Maß. Schutzziele werden zwar häufig rechtlich vorgegeben, aber das vertretbare Risiko wird nicht explizit spezifiziert, sondern allenfalls implizit, durch die Angabe zu ergreifender Schutzmaßnahmen oder durch die Angabe von Standards. Solche Standards werden zum Beispiel in DIN-Normen konkretisiert.

Die hier vorzustellende Norm definiert einige Begriffe, die in technischen Regelwerken benutzt werden sollen. Genauer: *Durch die Festlegung dieser Grundbegriffe wird die Entwicklung einheitlicher Auffassungen in der Fachwelt angestrebt.* Diese Begriffe sind:

Schaden: *Schaden ist ein Nachteil durch Verletzung von Rechtsgütern auf Grund eines bestimmten technischen Vorganges oder Zustandes.*

Risiko: *Das Risiko, das mit einem bestimmten technischen Vorgang oder Zustand verbunden ist, wird zusammenfassend durch eine Wahrscheinlichkeitsaussage beschrieben, die*

- *die zu erwartende Häufigkeit des Eintritts eines zum Schaden führenden Ereignisses und*
- *das beim Ereigniseintritt zu erwartende Schadensausmaß*

berücksichtigt.

Dieses sind die zentralen Begriffe. Darauf aufbauend wird ein **Grenzrisiko** definiert, das *größte noch vertretbare Risiko*. Dieses lasse sich im allgemeinen nicht quantitativ erfassen, sondern werde implizit, durch die Angabe von sicherheitstechnischen Festlegungen definiert; diese Festlegungen sind *Angaben über technische Werte und Maßnahmen sowie Verhaltensanweisungen*, deren Beachtung sicherstellen soll, daß das Grenzrisiko nicht überschritten wird. Sicherheit bedeutet nun einfach, daß das Risiko nicht größer als das Grenzrisiko ist; Gefahr besteht, wenn das Risiko größer ist als das Grenzrisiko.

Ist es sinnvoll, die Grundbegriffe in dieser Weise festzulegen? Das hängt natürlich davon ab, wozu man diese Begriffe benutzen möchte. Einige Merkwürdigkeiten fallen schnell auf, die einer allgemeinen Anerkennung und Nützlichkeit dieser Begriffsdefinitionen im Wege stehen könnten:

- Sicherheit wird nicht gestuft. In einer Sachlage besteht entweder Sicherheit, oder es besteht keine; es ist nicht mögliche, verschiedene Sicherheitsgrade zu unterscheiden. Dies ist in diesem Begriffssystem höchstens unter Rückgriff auf ein anderes, in irgendeinem Sinne höheres oder tiefer liegendes Grenzrisiko möglich. Ein „höheres" oder „niedrigeres" Grenzrisiko läßt sich aber in dem in der Norm benutzten Begriffssystem nicht formulieren; es wird explizit darauf hingewiesen, daß sich das Grenzrisiko im allgemeinen nicht quantitativ erfassen läßt.

- Das Grenzrisiko ist kein Grundbegriff, sondern es ist von anderswo festgelegten sicherheitstechnischen Festlegungen abgeleitet. Dies legt die Wahl des Grenzrisikos in der Hände derjenigen, die diese Festlegungen formulieren, und macht eine Sicherheitsbeurteilung dieser Festlegungen selbst unmöglich. Dies ist ein zentraler Punkt: Die Wahl des Grenzrisikos wird nicht an Werte geknüpft, sondern an technische Festlegungen. Darauf wird noch einzugehen sein.

- Einerseits wird immer wieder darauf hingewiesen, daß sich sowohl der allgemeine Risikobegriff als auch das Grenzrisiko nicht im allgemeinen quantitativ festlegen lassen, andererseits wird Sicherheit als eine Sachlage definiert, in der das Risiko nicht **größer** ist als das Grenzrisiko; die Feststellung, ob Sicherheit oder Risiko herrsche, setzt also doch einen Vergleich zweier Quantitäten voraus. Man scheint also zwar die explizite Forderung einer exakten Festlegung dieser Quantitäten vermeiden zu wollen, nimmt dann aber implizit doch auf eine solche Quantifizierung bezug. Hier scheinen sich einige Begriffe zu vermischen. Die Skala, mit der vorhandenes Risiko und Grenzrisiko verglichen werden sollen, wird nicht angegeben.

Man hätte sich einigen dieser Schwierigkeiten entziehen können, indem man den abgeleiteten Begriff des Grenzrisikos vermieden hätte und sich in der Definition der Sicherheit direkt auf die zugrundeliegenden sicherheitstechnischen Festlegungen bezogen hätte; Sicherheit besteht dann einfach dann, wenn die sicherheitstechnischen Festlegungen beachtet werden; das klingt allerdings allzu deutlich nach einem logischen Zirkel. Dennoch kann man sich dem Eindruck nicht entziehen, daß die Begriffsbestimmungen der Norm genau dies aussagen. Bei dieser Definition der Sicherheit wird auch der Begriff des Risikos überflüssig.

2.3.2 Die Rolle des Risikobegriffs in der Norm

Der Risikobegriff spielt also in dieser Definition im Grunde keine zentrale Rolle, man kann ihn aus der Norm entfernen und den Begriff der Sicherheit direkt auf den der sicherheitstechnischen Festlegung zurückführen. Wieso spricht die Norm dann vom Risiko?

Erst über den Begriff des Risikos wird in die Norm der Begriff des Schadens eingeführt, der der Ursprung des Bedürfnisses nach Sicherheit ist. Den Erstellern der Norm war klar, daß Sicherheit etwas mit Schadensfällen zu tun hat. In der Tat scheint es plausibel, daß sich der Begriff der Sicherheit nicht allein über sicherheitstechnische Festlegungen definieren läßt. Der Begriff des Schadens ist sicherlich zentral.

Wie ist die seltsame Konstruktion in der Norm erklärbar? Hier finden wir ein Ergebnis für das Bemühen, den Begriff der Sicherheit kurz und bündig und ohne allzu engen Bezug auf so problematische Begriffe wie den Schaden an einem Rechtsgut, allein unter Rückgriff auf handfestere sicherheitstechnische Festlegungen zu definieren. Letztendlich kann dieser Versuch nicht glücken, denn eine solcherart definierte Sicherheit spiegelt nicht die menschlichen Bedürfnisse, um die es bei sicherheitstechnischen Festlegungen geht.

2.4 Sicherheit in Meß- und Regeltechnik in der DIN-Norm

2.4.1 DIN-Vornorm DIN V 19250

Die Vornorm **DIN V 19250** „Messen–Steuern–Regeln/Grundlegende Sicherheitsbetrachtungen für MSR-Sicherheitseinrichtungen" schlägt eine Anzahl von Sicherheitsklassen für Schutzeinrichtungen im MSR(Messen/Steuern/Regeln)-Bereich vor. Sie bezieht sich weder auf einen bestimmten Einsatzbereich noch auf eine besondere Technik für die Durchführung der Schutzmaßnahmen; hier wird an verschiedenen Stelle zwischen technischen und organisatorischen Maßnahmen unterschieden. In dieser Norm wird ausdrücklich darauf hingewiesen, daß nicht das Gesamtsystem sicherheitsbegrifflich klassifiziert werden soll: *Das Verfahren darf **nicht** auf komplette Systeme angewendet werden, sondern nur auf die jeweils betrachtete MSR-Schutzfunktion.* (Hervorhebung im Original)

Die Vornorm benutzt die Begriffsbestimmungen aus der bereits besprochenen Norm DIN VDE 31000 Teil 2, so den Begriff des Risikos und des Grenzrisikos. Da sie sich nur mit dem Einfluß von Teilsystemen auf das Gesamtrisiko beschäftigt, führt sie den neuen Begriff des **Teilrisikos** ein: *Teilrisiko ist der Anteil am tatsächlichen Risiko, der bei der Risikoreduzierung von einer bestimmten Schutzeinrichtung, z.B. MSR-Schutzeinrichtung, abgedeckt wird.* Die Idee, ein Risiko aufteilen zu können, setzt eine Art Risikoquantität voraus, wie wir es schon in der zuvor besprochenen DIN-Norm gefunden haben. Doch hier wie auch zuvor wird die Art und Weise, wie diese Quantität gemessen oder auch nur angegeben werden solle, nicht verdeutlicht.

2.4.2 Risikoparameter

Das Teilrisiko setzt sich aus vier **Risikoparametern** zusammen: Dem **Schadensausmaß** S, der **Aufenthaltsdauer** A, der Möglichkeit der **Gefahrenabwehr** G und der **Wahrscheinlichkeit des unerwünschten Ereignisses** W. In der Vornorm beziehen sich die Stufen für die Risikoparameter stets auf Personenschäden; die Vornorm gibt aber an, daß man ähnliche Stufen auch für Umwelt- oder Sachschäden angeben könne. Die Stufen werden jeweils von einer Anzahl von Merkmalen für die jeweils betrachteten Parameter abgeleitet.

Für das Schadensausmaß sieht die Vornorm vier Stufen vor: *leichte Verletzung* (S1), *schwere, irreversible Verletzung einer oder mehrere Personen oder Tod einer Person* (S2), *Tod mehrerer Personen* (S3) und *katastrophale Auswirkungen, sehr viele Tote* (S4). Dabei seien *die im Regelfall zu erwartenden Unfallfolgen und üblichen Heilprozesse vorausgesetzt.*

Für die Aufenthaltsdauer gibt es zwei Stufen: *Seltener bis öfterer Aufenthalt im Gefahrenbereich* (A1) und *Häufiger bis dauernder Aufenthalt im Gefahrenbereich* (A2).

Für die Gefahrenabwehr gibt es ebenfalls zwei Stufen: *möglich unter bestimmten Bedingungen* (G1) und *kaum möglich* (G2).

Für die Wahrscheinlichkeit eines unerwünschten Ereignisses werden drei Stufen angegeben. Diese werden für den Eintritt des Ereignisses ohne Installation einer diesbezüglichen Schutzeinrichtung angegeben: W1 bedeutet, daß *nur sehr wenige unerwünschte Ereignisse zu erwarten sind*. W2 bedeutet, daß *wenige unerwünschte Ereignisse zu erwarten sind*, und W3, daß *häufiger unerwünschte*

2.4 Sicherheit in Meß- und Regeltechnik in der DIN-Norm

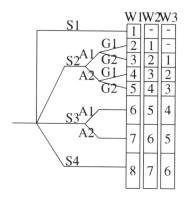

Abbildung 2.1: Risikograph nach DIN V 19250

Ereignisse zu erwarten sind. Bei allzu geringer Erfahrung mit einem Prozeß wird in der Vornorm zur Wahl einer eher zu hohen Wahrscheinlichkeit geraten.

2.4.3 Vorgehen bei Anwendung der Vornorm

Die Vornorm soll folgendermaßen angewandt werden: Zunächst wird das durch eine Schutzmaßnahme abzudeckende Teilrisiko bestimmt. Dann werden für dieses Risiko die angegebenen Risikoparameter bestimmt. Die Norm läßt dabei ausdrücklich die Möglichkeit zu, nötigenfalls zusätzliche Risikoparameter einzuführen. Endlich werden die so bestimmten Parameterstufen dazu benutzt, in einem sogenannten **Risikographen** die Anforderungsstufe zu bestimmen. Dieser Risikograph hat die in Bild 2.1 angegebene Gestalt.

Nach der Bestimmung der Anforderungsklasse wird ein **Merkmalskatalog** betrachtet. In diesem ist eine Anzahl von möglichen Unfallursachen aufgeführt; als Beispiel gibt die Vornorm an: verschiedene Klassen zufälliger und systematischer Fehler, Sprung- und Driftausfälle, mangelnde Fehlererkennung, Fehlerhäufigkeit, verschiedene Klassen von Bedienungsfehlern, Manipulationen, Instandhaltungsmaßnahmen und Betriebs- und umgebungsbedingungen. Jede der möglichen Unfallursachen soll in der Regel ab einer bestimmten Sicherheitsanforderungsstufe betrachtet werden; Fehlerhäufung soll beispielsweise in der Regel ab der Stufe 5 untersucht werden, teilweise auch ab der Stufe 4.

In einem **Maßnahmenkatalog** werden dann die technischen und organisatorischen Maßnahmen aufgeführt, die eine Behandlung der verschiedenen potentiellen Unfallursachen möglich machen. Dabei können gewisse Maßnahmen einander ersetzen. Auf diese Weise kommt man von der Bestimmung des von einer Schutzeinrichtung abzudeckenden Teilrisikos auf die Maßnahmen, die zu ergreifen sind.

2.4.4 Die Vornorm als Illustration

Die Vornorm hat folgenden Anspruch: *Diese Vornorm wendet sich in erster Linie an die Normensetzer, die für ein spezielles Anwendungsgebiet sicherheitstechnische Festlegungen für die gesicherte Funktion von MSR-Schutzeinrichtungen treffen wollen. Aber auch für Hersteller kann das beschriebene Verfahren wertvolle Hilfestellung bei der Beurteilung von Gefahrensituationen leisten, wenn keine anderweitigen Festlegungen in Normen vorliegen.* Kann sie diesen Anspruch erfüllen?

Wir wollen zweierlei unterscheiden:

- Zum einen schlägt die Vornorm ein Verfahren bei der Bestimmung der zu ergreifenden Maßnahmen bei der sicherheitstechnischen Beurteilung bestimmter Schutzeinrichtungen vor.

- Zum anderen gibt sie Beispiele für die verschiedenen Schritte des Verfahrens an.

Leider wird nicht immer deutlich, welche Teile der Vornorm als bloße Illustration des Prinzips und welche als das propagierte Prinzip selbst verstanden werden sollen. So wird beispielsweise die Liste der vier Risikoparameter als möglicherweise unvollständig angegeben, es wird aber nicht explizit erklärt, aufgrund welcher Prinzipien bei Einführung weiterer Risikoparameter ein neuer Risikograph erstellt werden soll. Ist der Risikograph also in erster Linie Illustration eines Prinzips? Und wenn ja: welches Prinzips? Dieses wird nie angesprochen. Soll etwa die Idee des Risikographen selbst das Prinzip sein, ohne daß weiter erklärt werde, wie man einen solchen bestimme? Dazu finden wir: „Eine modellhafte Überprüfung anhand zahlreicher Beispiele zeigte, daß wegen der

2.4 Sicherheit in Meß- und Regeltechnik in der DIN-Norm

Dominanz bestimmter Risikoparameter deutlich weniger als 48 Kombinationen eine praktische Bedeutung haben." Die 24 im vorgestellten Risikographen erfaßten Merkmalskombinationen werden kurz begründet, aber lediglich mit Bezug auf Erfahrungswerte.

Das bedeutet, daß ein Risikograph nur für solche Bereiche sinnvoll angegeben werden kann, für die ausreichende Erfahrungen vorliegen. Es ist wohl nicht gemeint, daß eine direkte Übernahme des hier als Beispiel gemeinten Risikographen in einen spezifischen Anwendungsbereich empfohlen wird. Vielmehr muß jeder Risikograph für einen speziellen Anwendungsbereich sorgfältig begründet werden, selbst wenn er dem hier beispielhaft vorgestellten ähneln sollte.

Das Gleiche gilt entsprechend für die allerdings klar als Beispiel deklarierte Zuordnung von Unfallursachen zu den Anforderungsklassen. Eine bloße Übernahme der angegeben Matrix in einen spezifischen Anwendungsbereich würde der Idee Unrecht tun. Ich verstehe die explizite Kennzeichnung als Beispiel als einen Hinweis darauf, daß die Vornorm das Strukturierungsmittel der Matrix als ein sinnvolles Hilfsmittel bei der Zuordnung von zu betrachtenden Unfallursachen zu Anforderungsklassen vorschlägt, nicht etwa, daß der Stand der Technik in den verschiedenen speziellen Anwendungsgebieten exakt die als Beispiel vorgeschlagene Zuordnung sinnvoll macht. Eine in einer Norm vorgeschlagene Zuordnung müßte also besonders validiert sein; auch in diesem Fall kann man nicht unhinterfragt das angegebene Beispiel in einen spezifischen Bereich übertragen.

2.4.5 Prinzipien der Vornorm

Was sollte sinnvollerweise als das Prinzip der Vornorm verstanden werden und was nur als Illustration dieses Prinzips? Mir scheint das Prinzip folgendes zu sein: Die Vorgabe ist ein von einer MSR-Schutzeinrichtung abzudeckenden Teilrisiko. Daraus sollen dann in einem ersten Abstraktionsschritt die wichtigen Risikoparameter bestimmt werden. Diese werden nach ihren verschiedenen Aspekten analysiert, und diese Aspekte dienen dann zur Ausarbeitung einer Anzahl von qualitativen Stufen – ein zweiter Abstraktionsschritt. Auf Grund von Erfahrungen stellt man dann fest, welche der möglichen Kombinationen von Parameterstufen man zusammenfassen kann – die dritte Abstraktion. Endlich werden alle zu beachtenden Kombinationen mit einer Anforderungsklasse bezeichnet, wobei mehrere verschiedene Kombinationen in die gleiche Anforderungsklasse eingeteilt werden können – eine vierte Abstraktion. Dann wird in einer (zweiten) Analyse eine Liste aller zu überprüfenden potentiellen Unfallursachen erstellt. Eine Matrix gibt dann an, welche Anforderungsklassen die Überprüfung welcher Unfallursachen voraussetzen – die fünfte Abstraktion. Endlich wird mit einer dritten Analyse festgelegt, welche Maßnahmen die Überprüfung einer bestimmten Unfallursache ermöglichen.

Auf welche spezifische Weise Analysen und Abstraktionen vorgenommen werden, muß für jeden Anwendungsbereich im einzelnen gerechtfertigt werden. Eine bloße Übernahme der Illustrationsbeispiele aus der Vornorm rechtfertigt der Text der Vornorm jedenfalls nicht.

2.4.6 Zur Isolierung von Schutzfunktionen

Einige in der Vornorm vorgenommenen Entscheidungen fallen besonders auf. So wird hier nur der Anspruch erhoben, eine bestimmte Schutzfunktion zu klassifizieren, nicht aber ein technisches System insgesamt. Die Bescheidenheit, die aus einem solchen Anspruch sichtbar wird, ist sicherlich sinnvoll. Allerdings läßt sich diese Bescheidenheit nur durchhalten, wenn man annimmt, man könne die einzelnen Schutzeinrichtungen einzeln betrachten. Der Begriff des Teilrisikos bringt es auf den Punkt. Er ist nötig, weil man sich in dieser Vornorm auf die Begriffe aus der Norm DIN VDE 31000 Teil 2 beziehen wollte, und er ist, noch über die in der Besprechung jener Norm erwähnten Schwierigkeiten hinaus, problematisch. Denn wie läßt sich ein solches einer spezifischen Schutzeinrichtung zukommendes Teilrisiko festlegen? Die verräterische, einer Zahlengerade allzu ähnliche, und also Quantifizierbarkeit oder wenigstens eine totale Ordnung suggerierende Risikogerade mit Grenzrisiko und Risiko mit und ohne Schutzmaßnahmen taucht auch wieder als Erläuterung auf, erklärt aber hier ebensowenig wie in der zuvor besprochenen Norm, sondern vermischt einen nur qualitativen Risikobegriff mit einem quantitativen.

Diese wenig zufriedenstellende Lösung weist auf ein anderes Problem hin: Auch wenn man nur den Einfluß einer einzelnen Schutzfunktion auf das Gesamtrisiko betrachten will, ist eine Kenntnis der Umgebung und eines Großteils des übrigen technischen System Voraussetzung. In der Vornorm wird als Beispiel eine Exzenterpresse angegeben, bei der in drei ganz verschiedenen Bereichen Schutzfunktionen zu erfüllen sind: Eine berührungslos arbeitende Schutzeinrichtung und die Zweihandbedienung „dienen dem Zugriffsschutz zur Gefahrenstelle und der Ortsbindung der Hände, wenn die Werkstücke regelmäßig im Arbeitstakt der Presse von Hand in das Werkzeug gelegt werden müssen." Zusätzlich gibt es eine Stellungsüberwachung der seitlichen Verkleidung der Presse; diese Verkleidung wird geöffnet, wenn ein neues Werkzeug in die Presse eingebaut werden soll; und schließlich gibt es eine Stellungsüberwachung einer Klappe, die nur für seltene Wartungsarbeiten geöffnet wird. Der bei geöffneter Klappe erreichbare Gefahrenbereich könne nicht zu schweren Verletzungen führen.

Solche Einschätzungen setzen eine Kenntnis des Gesamtsystems und der Benutzungsbedingungen voraus. Die Beschränkung der Vornorm auf nur einzelne Schutzeinrichtungen wird auch in anderen Fällen kaum eine Beschränkung der Ansprüche an die Sachkenntnis der Menschen erlauben, die die sicherheitstechnische Untersuchung und die Konstruktion durchführen.

2.4.7 Risikoparameter und Risikograph

Ein anderes auffälliges Merkmal der Vornorm besteht darin, daß auf eine exakte quantitative Formulierung der einzelnen Risikoparameter verzichtet wird. Eine jeweils nur kleine Anzahl verschiedener Stufen wird vorgeschlagen. Dies erscheint sinnvoll, weil im allgemeinen keine exakte Quantifizierbarkeit der Risikoparameter vorausgesetzt werden kann, die Vornorm sich aber als allgemein einsetzbar verstehen will.

Auch am beispielhaften Risikographen fällt einiges auf: So kann eine sehr geringe Eintrittswahrscheinlichkeit ein sehr großes Schadensausmaß nicht ausgleichen. Das Schadensausmaß geht also besonders stark ein. Allerdings hat man den Eindruck, daß das Schadensausmaß S2, bei dem es immerhin schon zu einem Toten kommen kann, allzu leicht abgehandelt wird. Wird die Wahrscheinlichkeit als sehr gering angesehen, ist die Aufenthaltshäufigkeit klein und ist eine Gefahrenabwehr „unter bestimmten Bedingungen" möglich, so wird der Fall erst gar keiner Anforderungsklasse zugeordnet. Ebenso irritierend wirkt es, wenn bei Möglichkeit leichter Verletzungen bei geringen Wahrscheinlichkeiten keine Anforderungsklasse bestimmt wird. Die Beurteilung der Fälle, in denen bestimmte Anforderungsklassen verlangt werden, gestaltet sich wesentlich schwieriger, weil man sich bei einer Bewertung hier auf die geforderten Maßnahmen beziehen muß.

Wenn also zwar zu würdigen ist, daß das Schadensausmaß besonders stark in die Einstufung des Risikos eingeht, so erscheint doch die beispielhafte Wahl der vier Schadensstufen als nicht ganz geglückt. Im Bereich geringer Risiken wird hier sehr grob unterschieden. Auch die Begründung der gewählten Schadensstufen verschafft keine Aufklärung, beunruhigt eher noch mehr: So entnimmt man einer schon zitierten Anmerkung: *Bei den Parametern S1 bis S4 sind die im Regelfall zu erwartenden Unfallfolgen und üblichen Heilprozesse vorausgesetzt.* Zunächst setzt dies wieder voraus, wie es in Normen sinnvoll ist, daß man über genügend Erfahrungen verfügen muß, so daß ein Regelfall identifiziert werden kann. Dies Beispiel läßt sich also nicht auf neue, noch unbekannte Bereiche übertragen. Zweitens bedeutet dies, daß mögliche sehr extreme Schadensausmaße, die nicht dem „Regelfall" entsprechen, nicht betrachtet werden sollen. In gewissen Bereichen können aber Extreme solche Formen annehmen, daß ein Absehen davon unverantwortlich wäre, etwa bei gewissen Technologien wie Kernkraft oder in der chemischen Industrie, die im Extremfall ganze Landstriche verseuchen können, oder in gewissen Waffensystemen, deren Versagen im Extremfall kaum abschätzbare Folgen haben kann. Wenn also der Ausschluß von Extremen aus der Betrachtung auch häufig sinnvoll sein mag, so sind in bestimmten Bereichen die Extreme so geartet, daß ihr Ignorieren zutiefst unverantwortlich wäre.

Insgesamt kann man festhalten, daß eine Anwendung der Vornorm in Bereichen sinnvoll erscheint, in denen deutlich ist, wie die erhebliche Flexibilität konkret ausgefüllt werden muß. Eine direkte Übernahme der konkreten Tabellen und Matrizen in einen spezifischen Bereich ist allenfalls dann zulässig, wenn diese Tabellen gesondert begründet werden. In den Formulierungen der Vornorm verbirgt sich die Gefahr, daß ein nicht immer ganz klarer Sprachgebrauch bezüglich der Funktion eines Abschnitts als Illustration oder als Prinzip zu einem Mißbrauch führen kann. Wenn man dieser Gefahr aber ausweicht, dann erscheint das in der Vornorm vorgeschlagene Prinzip zwar nicht besonders inhaltsreich, aber nichtsdestotrotz hilfreich.

2.5 Sicherheit von Rechnern

In der DIN-Vornorm DIN V VDE 0801 von 1990 „Grundsätze für Rechner in Systemen mit Sicherheitsaufgaben" wendet man die in der Vornorm DIN V 19250 vorgestellten Prinzipien auf den speziellen Bereich der Rechner an.

Aus der Vornorm DIN V 19250 wurden nicht nur die oben geschilderten Prinzipien übernommen, sondern auch einige der spezifische Tabellen, die eher als Illustrationsbeispiele verstanden werden sollten, wie etwa die dort vorgeschlagene Klassifikation von acht Anforderungsklassen; allerdings stellt dies keinen zentralen Punkt dar. Die Liste der zu betrachtenden Fehlerklassen wird nicht übernommen, sondern an die speziellen Verhältnisse rechnergestützter Systeme angepaßt.

2.5.1 Systematische Fehler

Die gegenüber herkömmlicher Technik wesentlich erhöhte Komplexität von Rechnersystemen führt zu besonderen Anforderungen an rechnergestützte Sicherungseinrichtungen. So wird in der Vornorm angegeben, es *verschiebt sich der Schwerpunkt der Fehler durch das Hinzutreten der Software von den Zufallsausfällen zu den systematischen Fehlern*. Dies hat ernste Konsequenzen, denn während in der Vornorm auf Erfahrungen gestützt gesagt werden kann: *Wesentliches Merkmal der Zufallsfehler ist, daß einzelne Fehlerursachen, d.h. "Einzelfehler", statistisch unabhängig von anderen Einzelfehlern sind.*, ist dies für systematische Fehler nicht der Fall. Dies bedeutet Schwierigkeiten bei der statistischen Modellierung von systematischen Fehlern, da die nun möglichen statistischen Abhängigkeiten sich in der Regel einer quantitativen Analyse entziehen, und dies stellt den Wert statistischer Qualitätsprüfungen für rechnergestützte Systeme in Frage. Es sei an dieser Stelle an Levesons kritische Einschätzung statistischer Methoden zur Beurteilung der Unfallsicherheit von Programmen erinnert.

2.5.2 Zur Trennung von Schutzfunktionen

Die der jetzt betrachteten Vornorm zugrundeliegende Vornorm DIN V 19250 bezog sich explizit lediglich auf einzelne Schutzfunktionen; bei der Bestimmung des Aufwandes zur Sicherung der Qualität eines sicherheitsrelevanten Teilsystems wurde nur das Teilrisiko des Gesamtrisikos betrachtet, das von dem betrachteten Teilsystem abgedeckt werden sollte. Will man also die auf Vornorm DIN V 19250 aufbauende Vornorm DIN V VDE 0801 anwenden, dann muß man für jedes zu betrachtende Gefahrenmoment ein von den anderen getrenntes rechnergestütztes Subsystem konstruieren. Der Begriff der Trennung ist bei rechnergestützten Systemen nicht trivial, wie bei der Untersuchung des Ansatzes Levesons gezeigt wurde.

Jedes der Subsysteme kann fehlerhaft sein. Nun fordert die Vornorm: *Fehler dürfen in Rechnersystemen mit Sicherheitsanforderungen nicht zu einer Gefahr führen.* Nach DIN V 19250 ist jede Schutzfunktion einzeln zu betrachten, es kann also nur eine bestimmte Gefahr auftreten. Die soeben zitierte Forderung kann deshalb umformuliert werden: Fehler dürfen nicht dazu führen, daß die betrachtete spezifische Schutzfunktion nicht erfüllt wird. Wenn nun die einzige Aufgabe eines bestimmten Subsystems die Erfüllung einer bestimmten Schutzfunktion ist, dann ist dies gleichbedeutend damit, daß ein Fehler nicht zu einem Ausfall führen darf. Wenn ein Subsystem verschiedene Schutzfunktionen übernimmt, dann bedeutet das, daß ein Fehler die gerade zu überprüfende Schutzfunktion nicht betreffen darf.

Der zweite Fall, in dem ein Subsystem mehrere Schutzfunktionen übernimmt, scheint der kompliziertere zu sein. Aber auch der erste ist sehr problematisch, in dem für verschiedene Schutzfunktionen und für die übrigen Systemfunktionen getrennte Subsysteme verwendet werden. Anders als in herkömmlichen Sicherheitssystemen, in denen man spezifischen Gefahrenmomenten mit spezifischen Vorkehrungen entgegenwirken konnte, ist dies in rechnergestützten Systemen im allgemeinen nicht mehr ohne weiteres möglich. Der Unterschied wird beim Vergleich mit der oben beschriebenen Exzenterpresse deutlich. Dort wurden drei Gefahrenmomente identifiziert, die gewissen Anforderungsklassen zugeordnet wurden und für die drei spezifische Vorkehrungen gefunden wurden, die jeweils in unterschiedlichem Maße auf ihr mögliches Versagensverhalten hin untersucht werden müssen. Die Zusammenhänge in Programmen sind jedoch im allgemeinen so schwer durchschaubar, daß man nach einer Identifikation der Gefahrenmomente nicht einfach einzelne Gegenmaßnahmen finden kann; hierauf wurde bereits bei der Besprechung des Levesonschen Ansatzes hingewiesen. Dies erkennen auch die Entwerfer der Vornorm: *So kann es beispielsweise dazu kommen, daß ein sehr umfangreiches Programm, das im wesentlichen nichtsicherheitsbezogene Aufgaben erfüllt, einen kleinen Teil enthält, der Sicherheitsfunktionen übernimmt. In diesem Fall muß das gesamte Programm in vollem Umfange in die Sicherheitsbetrachtung einbezogen werden, wenn nicht der Nachweis gelingt, daß diese Programmteile sich nicht unzulässig beeinflussen. Es kann sich auch um mehrere sicherheitsbezogene Programmteile handeln.* Die Forderung eines solchen umfassenden Nachweises würde im Bereich der Rechnertechnik aber wenigstens einem formalen Beweis nahekommen, und widerspricht den Anwendungsbedingungen der zugrundeliegenden Vornorm DIN V 19250, wo man darauf bestand: *Das Verfahren darf **nicht** auf komplette Systeme angewendet werden, sondern nur auf die jeweils betrachtete MSR-Schutzfunktion.* (Hervorhebung im Original) Diese Anwendungsbedingung schränkte die Ansprüche ein,

2.5 Sicherheit von Rechnern

die ein Anwender der Vornorm erheben könnte. Ist es also im Bereich der Rechnertechnik überhaupt sinnvoll, moderate Ansprüche zu stellen?

In der Vornorm DIN V VDE 0801 wird vorgeschlagen, dieses Problem zu lösen, indem man nicht alle Funktionen von einem großen System erfüllen lasse. *Der sicherheitsbezogene Teil der Steuerung kann [...] entweder in einem getrennten kleineren Rechnersystem realisiert sein oder aber mit anderen Steuerungstechnologien ausgeführt werden.* Wir dürfen weiter annehmen, daß man die verschiedenen Sicherheitsfunktionen auch in verschiedenen Teilsystemem realisieren darf. Voraussetzung für eine solche Trennung ist natürlich die Trennbarkeit der Funktionen; die Trennung kann keine absolute sein, denn beide Teilsysteme müssen Einfluß auf den Gesamtsystemzustand haben können, und beide Regelsysteme müssen Meßgrößen aus dem Gesamtsystemzustand erhalten. Trennbarkeit heißt hier, daß die beiden Systeme weitgehend unabhängig voneinander arbeiten können sollten, daß aber in einem Gefahrenzustand das sicherheitsrelevante Regelsystem die wichtigere Rolle übernimmt.

Was bedeutet es aber, daß zwei Teilsysteme weitgehend unabhängig voneinander arbeiten? Im Bereich rechnergesteuerter Systeme können die Zusammenhänge einzelner Ereignisse so komplex sein, daß nicht deutlich wird, welche Abhängigkeiten zwischen Teilsystemen bestehen. Jedes einzelne Teilsystem kann unverstandene Eigenschaften haben. Diese können sich auch dann auf höchst komplexe Weise beeinflussen, wenn die Verbindungskanäle der Teilsysteme nur eine sehr geringe Kapazität haben. Die riesige, im allgemeinen nicht vollständig systematisierte Anzahl diskreter Zustände eines rechnergestützten Teilsystems macht sein Verhalten schon für sich betrachtet äußerst schwer einschätzbar, ohne daß zahlreiche Verbindungen zu anderen Teilsystemen nötig wären.

So erscheint es natürlich sinnvoll, die überaus sorgsam zu überprüfenden sicherheitstechnischen Teilsysteme von anderen Systemkomponenten getrennt aufzubauen, um die Abhängigkeiten von diesen anderen Komponenten möglichst gering zu halten; aber andererseits erscheint es im Bereich der rechnergestützten Technik besonders problematisch, diese Abhängigkeit auf sinnvolle Weise zu quantifizieren. Wenn für analoge Systeme der Begriff einer losen Abhängigkeit einer Ausgabegröße von einer Eingabegröße bedeuten konnte, daß bei einer sinnvoll definierten geringen Änderung der Eingabegröße sich auch die Ausgabegröße nur (sinnvoll festgelegt) gering ändert, so kann man diese Begriffe für rechnergestützte Systeme nicht mehr gebrauchen, weil zum Beispiel bei kleinsten Abweichungen von der Spezifikation praktisch keine Toleranzen bestehen.

Eine beliebige, wie auch immer gemessene noch so kleine Änderung kann eine in ihrer wie auch immer gemessenen Größenordnung beliebige Auswirkung haben.

Daher ist es im Bereich von vernetzten Rechnern schwierig, von einer Trennung der Funktionen zu sprechen. Man wird oft davon ausgehen müssen, daß sich die für die verschiedenen Schutzfunktionen zuständigen Teilsysteme auf so komplexe Weise gegenseitig beeinflussen, daß man sie sinnvollerweise als ein Gesamtsystem anzusehen hat. Dies hat aber zur Folge, daß ein Gesamtsystem verschiedene Schutzfunktionen zu übernehmen, also verschiedene Unfallpotentiale zu berücksichtigen hat.

2.5.3 Zum Zusammenhang von Fehlerursache, Unfallpotential und Gegenmaßnahme

Die Vornorm gibt an, es sei *nicht ohne weiteres möglich, von der physikalischen Fehlerursache auf die Fehlerauswirkungen zu schließen.* Die Einschränkung „ohne weiteres" betrifft wohl die enorme Komplexität rechnergestützter Systeme. Nun betrifft jede Schutzfunktion ein bestimmtes Unfallpotential. Also lassen sich einzelne zu vermeidende Unfallpotentiale nicht auf einzelne zu vermeidende Fehlerursachen zurückführen. Spezielle Analysen einzelner Fehlerursachen können im Bereich rechnergestützter Sicherheitssysteme nicht zur Vermeidung spezifischer Unfallgefahren genutzt werden. So erweist sich also eine Untersuchung spezieller Fehlerklassen zum Zwecke der Vermeidung spezieller Gefahren als nicht sinnvoll.

2.5.4 Die Rechtfertigungslücke zwischen Ursache und Unfallpotential

An Stelle einer Analyse der Fehlerursachen begnügt sich die Vornorm daher im wesentlichen mit einer Betrachtung der Zeitphasen, in denen verschiedene Fehler auftreten. Es wird nicht näher untersucht, welcher Zusammenhang zwischen gewissen Unfallpotentialen und den Entstehungszeitpunkten von Ausfallursachen besteht. So klafft eine Rechtfertigungslücke zwischen der in der Vornorm gewählten Form der Ursachenklassifikation und dem verfolgten Zweck der Verminderung von Unfallpotentialen.

Auf die verschiedenen Phasen, die in der Ursachenklassifikation benutzt werden, beziehen sich dann die in der Vornorm vorgeschlagenen Maßnahmen. Die gewählte Systematisierung von Fehlerursachen nach der Entstehungsphase ist das Bindeglied zwischen den Unfallpotentialen und den Gegenmaßnahmen. Die Gegenmaßnahmen beziehen sich jetzt also nicht mehr auf spezifische Unfallpotentiale und deren spezifische Ursachen, sondern nur allgemein auf bestimmte Entstehungs- und Einsatzphasen des rechnergestützten sicherheitsrelevanten Systems. Die verschiedenen Fehlervermeidungsmaßnahmen dienen also allgemein der Sicherung der Qualität der in einer bestimmten Phase erarbeiteten Ergebnisse. Diese Technik der allgemeinen Qualitätssicherung steht im Kontrast zu einer speziellen Wahl von Gegenmaßnahmen gegen Gefahrenmomente, die in sicherheitskritischen Systemen sonst üblich sind.

Die Maßnahmen sind im Bereich der rechnergestützten Sicherheitstechnik nicht auf bestimmte isolierte Unfallmomente abgestimmt. Diese allgemeinen Maßnahmen lassen es daher im allgemeinen nicht zu, bestimmte Gefahren auszuschließen; sie dienen ganz allgemein der Abwendung von Ausfallsituationen. Wenn gewisse Fehlerursachen bekämpft werden, so ist nicht ohne weiteres deutlich, welche Gefahren damit vermindert werden und welche womöglich nicht berücksichtigt werden. Die Unklarheit des Zusammenhangs zwischen Fehlerursachen und Unfallpotential machen eine Verminderung eines bestimmten Unfallpotentials durch eine beliebige Maßnahme fast immer denkbar, aber fast nie sicher.

2.5.5 Die Forderung von Maßnahmenkombinationen

Aus diesem Grunde verlangen Sicherheitsexperten für den Softwarebereich auch häufig, daß man sich nicht auf einen einzelnen Maßnahmentyp verlassen solle. In der Vornorm finden wir: *„Diese Maßnahmen zur Fehlervermeidung und Fehlerbeherrschung werden zu* **Maßnahmenkombinationen** *sinnvollerweise so zusammengesetzt, daß sie sich in ihrer Wirkung ergänzen und letztendlich, bezogen auf das Rechner-Teilrisiko des jeweiligen Anwendungsfalls, das verbleibende Risiko auf ein vertretbares Maß reduzieren.* Dieses sicherlich richtige Ziel wird an keiner Stelle durch Hinweise konkretisiert, welche Maßnahmenkombinationen sich sinnvollerweise auf welche Weise gegenseitig ergänzen um welche spezifischen Teilrisiken zu vermindern. Solche abstrakten, nicht weiter konkretisierten Hinweise verdeutlichen die Schwierigkeit, die gegenüber der Komplexität des

Zusammenhangs von Fehlerursachen zu potentiellen Unfallfolgen besteht, recht deutlich; fast möchte man den zitierten Satz ratlos nennen.

Die Vornorm steht allerdings mit diesem etwas ratlosen Vorschlag nicht allein. Auch bei Leveson und Laprie haben wir Hinweise gefunden, daß aus einer Analyse der zu vermeidenen Gefahrensituationen kein spezifischer Maßnahmenkatalog zur Bekämpfung dieser Gefahren resultiert. Auch Leveson und Laprie schlagen vor, einfach das beste von dem zu tun, was man tun kann. Man kann als Ursache für solche Vorschläge vornehm die allzugroße Komplexität der rechnergestützten Systeme nennen, oder einfacher die sehr geringen Kenntnisse, die wir über die Zusammenhänge von Fehlerursachen und -auswirkungen in rechnergestützten Systemen haben. So oder so müssen wir festgestellt, daß die Entwerfer der Vornorm auch nicht auf tiefere Erkenntnisse zurückgreifen können als Leveson oder Laprie.

Die Forderung, man müsse zur Qualitätssicherung sicherheitskritischer Software das beste von dem tun, was man könne, könnte allerdings eine wenig hilfreiche Maximalforderung sein, oder eine Leerformel. Was sind die besten Techniken? Wie aufwendig müssen sie angewendet werden? Laprie und Leveson halten sich hier zurück; das ist verständlich, denn es ist nicht deutlich, wie bestimmte Abstufungen begründet werden können, wenn nicht bekannt ist, wie wirksam die verschiedenen Maßnahmen zur Bekämpfung verschiedener Unfallpotentiale sind. Ein weiteres Mal vermissen wir methodenunabhängige Maßstäbe für die zu erreichende Qualität des sicherheitstechnischen Systems, denn diese allein könnten es möglich machen, die Maßnahmen einzuschätzen und abzustufen. Solange die Sicherheit über die Maßnahmen, die zu ergreifen sind, definiert wird, solange ist die zitierte Forderung, die Maßnahmen so zusammenzusetzen, daß sich das verbleibende Risiko auf ein vertretbares Maß reduziert, eine Leerformel; dies ist einfach die Definition von Sicherheit aus DIN VDE 31000 Teil 2, aber kein Hinweis auf die Methode bei der Bestimmung sinnvoller Maßnahmen oder Maßnahmenkombinationen.

2.5.6 Die Rolle der Anforderungsklassen

Wenn man die zitierte Formel nicht als Leerformel oder Wiederholung einer schon bekannten Definition versteht, dann muß man doch wieder nach einen Maßstab für einen Vergleich von Sicherheitsmaßnahmen und zu vermeidendem Risiko suchen. Dies ist insbesondere nötig, weil man realistischerweise nicht,

2.5 Sicherheit von Rechnern

wie Leveson und Laprie es vorschlagen, immer das beste in unbegrenztem Ausmaß tun kann, denn das würde beliebig großen Aufwand an Zeit und Geld bedeuten, sondern weil man die Maßnahmen abstufen will, weil man etwa nur bestimmte der einem bekannten Maßnahmen ergreifen will, und weil man diese bei verschiedenen Risikostufen in verschiedenem Ausmaße anwenden will. Der mögliche Aufwand zur Qualitätssicherung ist stets beschränkt, und die Aufteilung der Ressourcen muß begründet werden. Anders als Leveson und Laprie macht die Vornorm das explizit: Höhere Anforderungsklassen sollen auch die Anwendung gründlicherer Maßnahmen zur Folge haben; umgekehrt also sollen geringere Anforderungsklassen auch weniger gründliche Maßnahmen zur Folge haben; je geringer die Anforderungsklasse ist, in die eine Anwendung eingestuft wird, desto weniger Fehlerannahmen sollen unterstellt werden und desto weniger fehlervermeidende Massnahmen werden verlangt. Die Vornorm formuliert:

*[M]it den zu beschreibenden Maßnahmen soll erreicht werden, daß **bestimmte zu unterstellende Fehler im Rechner mit einer für die betrachtete Anwendung hinreichenden Wahrscheinlichkeit** nicht zu einer gefährlichen Fehlfunktion führen. Dabei gilt qualitativ folgender allgemeine Zusammenhang: Je höher das abzudeckende Rechner-Teilrisiko beim Versagen des Rechners ist,*

- *desto höher sind die zu stellenden Anforderungen,*
- *desto höher ist die erforderliche Anforderungsklasse (siehe DIN V 19250),*
- *desto mehr Fehlerarten werden unterstellt und*
- *desto weniger Fehlerarten werden ausgeschlossen.*

Es irritiert, daß hier wieder vom Zusammenhang von Fehler(ursache)n und gefährlichen Fehlfunktionen gesprochen wird, da zuvor schon erkannt worden war, daß der Zusammenhang bestimmter Fehlerursachen und bestimmter Auswirkungen bei Rechnern nicht mehr ohne weiteres erkannt werden kann. Davon abgesehen jedoch scheint die Betrachtung überzeugend.

Die Maßnahmen werden mit den Risiken also über die zu betrachtenden Fehlerarten und ihre Wahrscheinlichkeit in Zusammenhang gebracht. Die Fehlerarten werden jedoch gemäß ihrem Entstehungszeitpunkt definiert, nicht gemäß ihren Auswirkungen. Der Zusammenhang zwischen anzuwendender Methode und zu bekämpfendem Risiko erweist sich also als relativ locker.

Der umfangreiche Rest der Vornorm besteht aus einer kurzen Diskussion verschiedener Fehlerarten, einer Diskussion der verschiedenen Phasen (Konzeptphase, Entwicklungsphase, Fertigungsvorbereitung, Fertigung, Inbetriebnahme, Installation, Betrieb, Änderungen), sowie der in diesen Phasen verwendbaren Maßnahmen zur Fehlervermeidung und -beherrschung. Fehlervermeidungsmaßnahmen sollen vermeiden helfen, daß in den verschiedenen Phasen potentielle Ausfallursachen in den Entwurf gelangen; bei Fehlerbeherrschungsmaßnahmen wird vom Auftreten gewisser Teilausfälle während des Betriebs ausgegangen, und man versucht sicherzustellen, daß die betrachteten Teilausfälle nicht zu einem kritischen Ausfall des Rechnersubsystems führen.

2.5.7 Die Rolle der Spezifikation

Die Vornorm betrachtet verschiedene Möglichkeiten der Fehlervermeidung in der Konzeptphase; diese umfaßt die Festlegung der Spezifikation und den Grobentwurf. Zur **Spezifikation** finden wir in der Vornorm:

> *Die Umschreibung des Begriffs "Fehler" als unerwünschtes Verhalten eines Systems unterstellt, daß das erwünschte Verhalten eindeutig bekannt ist und somit eine Abweichung des tatsächlichen Verhaltens vom erwünschten Verhalten eindeutig feststellbar ist. Das gewünschte Verhalten eines Systems ist in der **Anforderungsspezifikation** dokumentiert. Da es insbesondere für die Software-Komponente eines Systems keine Methode gibt, die Korrektheit in anderer Weise als bezüglich der Spezifikation festzustellen, muß diese in Systemen mit Sicherheitsverantwortung als gesichert und verläßlich gelten. [...] Ihre Erstellung muß mit besonderer Sorgfalt entsprechend den Grundsätzen für Systeme mit Sicherheitsverantwortung vorgenommen werden, die im nachfolgenden dargelegt sind.*

Die Hervorhebung stammt aus dem Original.

Dies sind sehr hohe Ansprüche. Die Vornorm begründet sie, indem sie auf folgenden Punkt hinweist: *Eine mangelhafte Spezifikation führt im Regelfall zu Mängeln am endgültigen Produkt, ohne daß dies in den nachfolgenden Entwurfs- und Herstellungsphasen erkannt wird. Die Erstellung muß daher entsprechend dem Risiko mit höchster Akribie erfolgen.*

2.5 Sicherheit von Rechnern

Die explizite Darstellung eines Wunsches in einer Spezifikation ist, wie schon besprochen wurde, nicht unproblematisch. Für komplexe Aufgaben ist die Forderung, dem Entwurf von vornherein eine feststehende „Verbindliche Systemspezifikation", wie die Vornorm sie nennt, zugrundezulegen, utopisch; darauf weisen beispielsweise Parnas und Clements[88] hin. Dennoch, und das ist auch Parnas und Clements wichtig, sollte man sich um eine jeweils gültige Beschreibung der Anforderungen an das System bemühen. Diese Spezifikation kann allerdings nicht einfach als „gesichert und verläßlich" vorausgesetzt werden, wie die Vornorm es verlangt. Man muß von vornherein mit Veränderungen der Systemspezifikation rechnen.

Es ist allerdings notwendig, daß nach der Veränderung der Systemspezifikation eines sicherheitstechnischen Systems der darauf aufbauende Entwurf und die darauf aufbauende Implementierung gründlich auf Konsistenz hin überprüft werden müssen. Vielleicht ist es nur dies, was die Vornorm sagen will. Dann hat sie jedoch einen zentralen Punkt einer jeden Spezifikation übersehen, daß sie nämlich nicht nur Maßstab des Entwurfs und der Implementierung ist, sondern zu allererst Gesprächsgrundlage zur Feststellung der Kundenwünsche, denn sonst könnte sie selbst gar nicht beurteilt werden. Dies gilt insbesondere für sicherheitskritische Systeme, bei denen die Qualitätsanforderungen besonders scharf sind, und bei denen deshalb die Spezifikation besonders gründlich interpretiert und geprüft werden muß.

Die Vornorm identifiziert vier wichtige Zielsetzungen beim Entwurf der Spezifikation:

> *Eine Verbindliche Systemspezifikation kann nur gültig sein, wenn sie die folgenden vier **Zielsetzungen** erfüllt*
> - *Vollständigkeit,*
> - *Widerspruchsfreiheit,*
> - *Fehlerfreiheit und*
> - *Prüfbarkeit*
>
> *und wenn zwischen allen Beteiligten (einschließlich der zuständigen Prüfstelle) eine Übereinkunft über den Umfang und Inhalt besteht.*

Hier wird die zentrale Funktion der Spezifikation als Gesprächsgrundlage immerhin unter dem Punkt **Prüfbarkeit** wenigstens im Vorübergehen angesprochen. Er wird aber nicht für eine weitere Analyse fruchtbar gemacht.

Schließlich werden einige Methoden vorgeschlagen, die die Konzeptphase betreffen. Neben der Forderung, eine Spezifikation zu verwenden, werden rechnergestützte Entwicklungswerkzeuge vorgeschlagen, strukturierter Entwurf, Checklisten, Inspektionen, Prüfung auf Benutzerfreundlichkeit und auf Instandhaltungsfreundlichkeit.

2.5.8 Die Benutzung rechnergestützter Entwurfswerkzeuge

Die Forderung, rechnergestützte Entwicklungswerkzeuge zu verwenden, ist nicht von selbst verständlich. Diese wird folgendermaßen begründet: *Die vier Zielsetzungen [...] lassen sich im Regelfall nur erfüllen, wenn formale Darstellungsmittel benutzt werden.* Die Verwendung von rechnergestützten Werkzeugen zwingt zu einer formalen Darstellung, so daß deren Verwendung bei hohen Sicherheitsanforderungen dringend empfohlen wird. *Die Methoden betonen verschiedene Aspekte bei der Erstellung einer Spezifikation; sie lassen sich teilweise miteinander kombinieren.*

Einige Fragen stellen sich, wenn man hört, die angegebenen Ziele ließen sich *im Regelfall nur erfüllen, wenn formale Darstellungsmittel benutzt werden*:

- Können die erwähnten Ziele überhaupt erreicht werden?
- Wie sollen formale Darstellungsmittel zum Erreichung dieser Ziele führen?
- Warum kann man diese Ziele in der Regel mit keinen anderen Verfahren erreichen?

Wenn die obigen vier Ziele tatsächlich erreichbar wären, dann wäre ein Grundproblem der Informatik gelöst. Die Vornorm verspricht hier Erhebliches, bleibt aber die Begründung leider schuldig. Tatsächlich ist die Anwendung formaler Verfahren sicher sinnvoll bei der Prüfung von Spezifikationen, sie hat einen ihr zukommenden Platz. Aber es ist bei weitem nicht ausgemacht, ob sie dabei jemals eine wesentlichere Rolle spielen kann als etwa sorgfältige informelle Inspektionen der Spezifikation durch aufmerksame Menschen, bei denen mit Hilfe von Checklisten die Aufmerksamkeit der Prüferin ebenfalls auf bestimmte hervorzuhebende Aspekte gelenkt werden kann.

2.5.9 Zur Fehlervermeidung und zur Fehlerbeherrschung

Die Vornorm teilt die während der Entwicklung eines sicherheitskritischen Rechnersystems zu ergreifenden Maßnahmen zur **Fehlervermeidung** folgendermaßen ein: Es gibt

- organisatorische Maßnahmen für die Rahmenbedingungen und
- technische Maßnahmen für die Entwicklung von Hardware und solche für die Entwicklung von Software, die den Kern der Maßnahmen bilden. Diese werden jeweils aufgeteilt in
  - konstruktive Maßnahmen, die die Entstehung von potentiellen Ausfallursachen verhindern und
  - analytische Maßnahmen, mit denen bereits entstandene potentielle Ausfallursachen aufgespürt werden.

An dieser Stelle beschreibt man, was man mit einer Kombination von einander ergänzenden Maßnahmen meint: Es wird darauf hingewiesen, daß man durch bestimmte konstruktive Maßnahmen die Analyse des Produkts erleichtern könne. Auch für die Fertigungsvorbereitungsphase, die Fertigungsphase, die Inbetriebnahme, der Betrieb und die Änderungen werden jeweils einzelne zu ergreifende Maßnahmenlisten angegeben, die an dieser Stelle nicht näher besprochen werden sollen.

Im Abschnitt zur **Fehlerbeherrschung** werden verschiedene Redundanztechniken vorgeschlagen. Es wird Redundanz auf der Systemebene von solcher auf Komponentenebene unterschieden. Dabei wird auf die Unterschiede zwischen einfacher Replikation von Komponenten, die statistisch unabhängige physikalische Fehler in den verschiedenen Komponenten effektiv bekämpft, und diversitärem Vorgehen, bei dem die verschiedenen Komponenten auf verschiedene Weise entworfen werden, um so in ihrem statistischen Charakter wenig verstandene Entwurfsfehler zu maskieren, nicht unterschieden.

2.5.10 Anforderungsklassen und Maßnahmen

Der Gesamtablauf bei der Bestimmung der Maßnahmen für den Einsatz eines sicherheitstechnischen Rechensystems gestaltet sich nach DIN V VDE 0801

Maßnahmentyp	Anforderungsklassen							
	1	2	3	4	5	6	7	8
Beherrschung einfacher Zufallsfehler/HW	einfach		mittel			hoch		
Beherrschung zufälliger Fehlerhäufung/HW			-		einfach	mittel		hoch
Vermeidung systematischer Fehler/HW	Basismaßnahmen				einfach	mittel		hoch
Beherrschung systematischer Fehler/HW			-			mittel		hoch
Vermeidung systematischer Fehler/SW	Basismaßnahmen	einfach		mittel			hoch	
Beherrschung systematischer Fehler/SW			-		einfach		mittel	hoch
Vermeidung von Handhabungsfehlern oder Manipulationen	Basism.		einfach		mittel		hoch	
Beherrschung von Handhabungsfehlern oder Manipulationen	-		einfach		mittel		hoch	
Vermeidung von Fehlern durch Umgebungseinflüsse	Basism.		einfach		mittel		hoch	
Beherrschung von Fehlern durch Umgebungseinflüsse			-		einfach		mittel	hoch

Abbildung 2.2: Fehlerklassen nach DIN V VDE 0801

folgendermaßen: Zunächst wird die Anforderungsklasse nach DIN V 19250 bestimmt. Für jede Anforderungsklasse bestimmt man dann eine Tabelle der zu betrachtenden **Fehlerklassen**. Aus dieser Tabelle wird auch entnommen, mit welchem Aufwand die verschiedenen Fehler vermieden werden sollen. Die in DIN V VDE 0801 vorgeschlagene Tabelle ist in Bild 2.2 wiedergegeben.

Dabei bedeuten „einfach", „mittel" und „hoch" die geforderten Wirksamkeiten der anzuwendenden Maßnahmen, „Basismaßnahmen" sind unabhängig von der bestimmten Anforderungsstufe anzuwendenden Maßnahmen, „HW" weist auf Hardwarefehler hin und „SW" auf Softwarefehler.

Die Gesamtmenge der Maßnahmen wird in drei Klassen eingeteilt: Die eine umfaßt stets anzuwendende Maßnahmen, sogenannte „**Basismaßnahmen**". Eine weitere besteht aus stets anzuwendenden, aber in ihrem Umfang abstufbaren Maßnahmen, und die dritte sind die ebenfalls abstufbaren, aber substituierbaren Maßnahmen. Für jede dieser drei Klassen wird eine Liste der zugehörigen Maßnahmen angegeben.

Wenn aus der bestimmten Anforderungstabelle und der obigen Tabelle die zu beachtenden Fehlertypen und die zu erreichende Wirksamkeit bestimmt wurden, müssen die Maßnahmen selbst ausgewählt werden. Jeder Fehlerbereich muß

2.5 Sicherheit von Rechnern

durch eine oder mehrere Maßnahmen abgedeckt werden, so daß die geforderte Wirksamkeit erreicht wird.

Der Aufbau der Tabelle wird nicht im einzelnen begründet. Bewertbar ist diese Tabelle nur, wenn deutlich ist, welche Risiken sich hinter den angegebenen Anforderungsklassen befinden, welche Maßnahmen für die Behandlung der einzelnen Fehlertypen im einzelnen vorgeschlagen werden, und wie die Wirksamkeit dieser Maßnahmen eingeschätzt werden soll. Aus DIN V 19250 entnehmen wir, wie aus Risiken die Anforderungsstufen bestimmt werden. Aus der in den vorhergegangenen Kapiteln vorgenommenen Besprechung der verschiedenen Fehlertypen sind die verschiedenen zu beachtenden Fehlerfälle zu entnehmen, und dort gibt es auch Hinweise auf die zu treffenden Maßnahmen. Diese Maßnahmen werden im Anhang der Vornorm etwas genauer beschrieben: Anhang A beschreibt Maßnahmen zur Vermeidung von Fehlern, die sich nicht spezifisch auf Hardware oder Software beziehen, Anhang B solche zur Beherrschung von Fehlern, Anhang C enthält Beispiele für Checklisten, Anhang F Maßnahmen für die Funktionsprüfung, Anhang H solche für die Vermeidung von Fehlern bei der Hardwareentwicklung, Anhang O organisatorische Maßnahmen und Anhang S Maßnahmen zur Fehlervermeidung bei der Softwareentwicklung. Lediglich Anhang X, der Beispiele enthält, beschäftigt sich nicht mit Maßnahmen. Diese Anhänge sind als Kataloge aufgebaut. In den Einträgen in den Anhängen A, F, H und S wird zu jeder Maßnahme eine kurze Beschreibung angegeben, Leistungsmerkmale und Besonderheiten werden erwähnt sowie Voraussetzungen und Nachweismöglichkeiten. Das Ausmaß der Wirksamkeit, die man den verschiedenen Maßnahmen zutraut, wird nur bei den Fehlerbeherrschungsmaßnahmen in Anhang B explizit angegeben; für die anderen Verfahren wird eine Wirksamkeit nicht angegeben.

Wenn man also ein Sicherheitssystem einer Anforderungsstufe zugeordnet hat, kann man der obigen Tabelle zu beachtende Fehlertypen und die jeweils geforderte Maßnahmenwirksamkeit entnehmen. Aus den vorangegangenen Kapiteln entnimmt man dann die einzelnen zu beachtenden Punkte für jeden Fehlertyp, und endlich werden für jeden Punkt angemessene Maßnahmen ausgewählt, die die geforderte Wirksamkeit aufweisen. Für Fehlerbeherrschungsmaßnahmen kann man die geleistete Maßnahmenwirksamkeit direkt dem Anhang B entnehmen; bei den Fehlervermeidungsmaßnahmen ist nicht deutlich, wie die Wirksamkeit einer Maßnahme bestimmt werden soll.

2.5.11 Resümee

Sicherheit wurde in DIN VDE 31000 Teil 2 als eine Sachlage definiert, in der das Risiko kleiner ist als ein Grenzrisiko. Das wichtige Grenzrisiko wird in der Regel implizit, über technische Regelwerke festgelegt. Dem Titel nach ist die Vornorm DIN V VDE 0801 „Grundsätze für Rechner in Systemen mit Sicherheitsaufgaben" ein solches Regelwerk. Wird hier definiert, was mit einem Rechensystem getan werden muß, bis es seinen Teil zur Verminderung des Gesamtrisikos beigetragen hat, wird also ein Sicherheitsbegriff konkretisiert?

Das in der Vornorm vorgeschlagene Prozedere scheint sicher sinnvoll. Die Maßnahmenkataloge können dabei helfen, zu erkennen, welche Möglichkeiten zur Sicherung eines sicherheitskritischen Rechners gegen Ausfälle bestehen. Allerdings sind die meisten Hinweise recht vage. Es gibt nur wenige harte Kriterien, an denen man im praktischen Fall die Erfüllung der in der Vornorm aufgestellten Forderungen überprüfen könnte. Die Bestimmung der Anforderungsklasse sei dahingestellt; die Festlegung von zu beachtenden Fehlerbereichen scheint sinnvoll, und auch eine Abstufung der Ansprüche ist praktisch nicht zu vermeiden. Problematisch wird es, wenn begründet werden soll, wo genau die Grenzübergänge der verschiedenen verlangten Wirksamkeitsstufen liegen. Zum Beispiel könnten diese Grenzen an einem von den zu wählenden Maßnahmen selbst unabhängigen Wirksamkeitsmaßstab gemessen werden; die Vornorm identifiziert aber nicht, wie ein solcher Maßstab aussehen sollte. Deshalb meint man mit den Begriffen „einfach/mittel/hoch" sicherlich nicht verschiedene Ausprägungen einer eigenständig zu messenden Größe „Wirksamkeit", die man dann wieder mit den Maßnahmen in Zusammenhang bringen müßte. Vielmehr scheint „Wirksamkeit" nur auf die Maßnahmen bezogen definiert zu sein. Dies legen die in Anhang B angegebenen Wirksamkeiten verschiedener Fehlerbehrrschungsmaßnahmen nahe, aber zu den anderen Maßnahmen werden solche Einstufungen nicht vorgenommen. Wie kann man aber die Wirksamkeiten dieser Maßnahmen bestimmen, wenn es keine von den speziellen Maßnahmen unabhängige Definition der Wirksamkeit gibt?

So bleibt der Begriff der „**Wirksamkeit einer Maßnahme**" ein definitorischer Zwitter; die Vornorm klärt nicht eindeutig, ob Wirksamkeit über Eigenschaften der einzelnen Maßnahmen definiert werden soll oder unabhängig davon auf einen allgemeinen Maßnahmenbegriff bezogen werden soll. Und dieses Manko läßt auch eine Lücke in der Bewertung der qualitätssichernden Maßnahmen in einem sicherheitstechnischen Rechnersystem erkennen: Es gibt in der Vornorm

2.5 Sicherheit von Rechnern

zwar Ansätze, aber letztendlich keine klaren Kriterien, zu überprüfen, ob ein sicherheitskritisches Programm genügend gegen Ausfälle geschützt ist. Und diese Unklarheit macht es auch schwierig, die Vornorm über ihre Eigenschaft als Maßnahmenkatalog hinaus zu bewerten.

Teil II
Sicherung der Zuverlässigkeit

3 Vermeidung von Spezifikationsfehlern

In den folgenden Kapiteln geht es um Methoden zur Erhöhung der Unfallsicherheit von Programmen. Das vorstehende Kapitel hat verdeutlicht, daß gewöhnlich versucht wird, die Unfallsicherheit auf einen Korrektheitsbegriff, also die Übereinstimmung des Programms und einer Spezifikation zurückzuführen. Solche Versuche werden in den späteren Kapiteln untersucht. Zusätzlich muß die Adäquatheit der Spezifikation gesichert werden.

Drei hierfür vorgeschlagene Methoden sind Inspektionen, die Benutzung von Formalismen, und die Benutzung von Prototypen. Diese sind allgemein für die Überprüfung der Adäquatheit von Spezifikationen einsetzbar, und nicht speziell auf die Unfallsicherheit bezogen. Inspektionen sind ein sehr flexibles Mittel; sie werden aber gewöhnlich als Entwurfsinspektionen vorgestellt, daher sollen sie auch erst im nächsten Kapitel besprochen werden. Damit sind in diesem Kapitel die Rollen von Formalismen und von Prototypen für die Sicherung der Adäquatheit von Spezifikationen zu untersuchen.

3.1 Formalismen

Die Adäquatheit von Spezifikationen muß durch menschlichen Überblick über eine Situation überprüft werden. An dem Gedanken, diesen Überblick durch die Verwendung von Formalismen zu stärken, entzündet sich ein zuweilen heftiger Streit. Einige Argumente in diesem Streit werden hier beschrieben. Die Teilnehmer dieses Streites lassen sich zwei Lagern zuordnen: Die einen sehen die Möglichkeiten, durch Einsatz von Formalismen den Überblick zu erhöhen, nicht genügend ausgenutzt. Die anderen meinen, der Einsatz von Formalismen werden schon jetzt zu sehr übertrieben und lenke von den wichtigeren zu beachtenden Aspekten ab.

Die beiden Lager sollen das „formalistische" und das „informalistische" genannt werden. Bei den Mitgliedern beider Lager gibt es verschiedene Schwerpunkte und Rechtfertigungen für den eigenen Schwerpunkt. Formalisten betonen Fälle, in denen ihrer Ansicht nach durch Formalismen der Überblick verbessert werden kann, und Informalisten betonen entsprechend Fälle, in denen ihrer Ansicht nach durch Formalismen der Überblick nicht verbessert werden kann. Darüberhinaus streiten sie sich darüber, was ein Formalismus ist und was er nicht ist, und inwiefern ein Formalismus auf einer informellen Denkweise aufbaut und also deren Rechtfertigungen und Unsicherheiten teilt oder nicht. Formalisten betonen, daß es sinnvoll ist, Anforderungen so präzise wie möglich zu beschreiben, und dazu eigneten sich Formalismen. Informalisten weisen dagegen auf die Fälle hin, in denen die Anforderungen nicht auf naheliegende Weise in Formalismen adäquat darstellbar sind.

In fünf Abschnitten werden die folgenden Fragen behandelt: Was sind formale Spezifikationen? Wo sehen die Fürsprecher die Chancen formaler Spezifikationen? Wo sehen die Gegner die Gefahren? Wo haben Gegner und Fürsprecher Gemeinsamkeiten? Und wo unterscheiden sie sich?

3.1.1 Was sind formale Spezifikationen?

Spezifikationen sind Beschreibungen. Im Software Engineering bezeichnet man üblicherweise als Spezifikationen Beschreibungen von etwas, das es noch nicht gibt, nämlich zu implementierende Programmsysteme oder -module.

Eine formale Spezifikation ist eine Beschreibung in einer besonders eingeschränkten Notation. Üblicherweise bedient man sich dafür eines Teils des Instrumentariums der Mathematik, das erweitert wird.

Wie erwähnt, lassen sich zwei grundlegende Sichtweisen formaler Spezifikationen unterscheiden. Der Einfachheit halber sollen diese hier an zwei Extrempositionen illustriert werden: Parnas[86] und Naur[83, 84].

Parnas betont Präzision und Abstraktheit als die Rechtfertigung, wieso formale Spezifikationen in der Informatikpraxis eine besondere Rolle spielen sollten. Gewisse formale Notationen eigneten sich zur eindeutigen Beschreibung der Anforderungen an Programmmodule, und die Ausdrucksarmut kann bei richtiger Wahl des Formalismus eine solche Abstraktheit der Darstellung erleichtern, in der nur die wesentlichen Punkte ausgedrückt werden, während unwesentliche gar nicht erst dargestellt würden. Er weist auf die Probleme bei der Benutzung natürlicher Sprache hin, sich über die Eindeutigkeit einer Formulierung sicher werden zu können.

3.1 Formalismen

Naur sieht in Formalismen eine Darstellungsweise, die notwendig auf formal nicht angemessen beschreibaren Grundlagen beruht. Zur Benennung dieser Grundlage benutzt er das Wort „Intuition". Naur betont die Gefahren, die aus einer Vernachlässigung der Rolle der Intuition bei der Entwicklung von Programmen erwächst. Er sieht Formalismen nur soweit gerechtfertigt, wie sie das intuitive Verständnis fördern, und illustriert sein Anliegen durch den Hinweis auf Versuche, Formalismen ohne Berücksichtigung der Grundbedingung zu benutzen.

Auf den ersten Blick erscheint es so, als wenn hier kein Widerspruch vorliegen müsse. Man kann den Standpunkt vertreten, die Anwendung von Formalismen in einem Bereich müßte zunächst einmal gesondert gerechtfertigt werden, etwa durch Bezug auf die Intuition. Ist diese Rechtfertigung jedoch einmal geschehen – wie etwa in den Augen von Parnas – dann kann man sich auf die Eindeutigkeit und Abstraktheit der formalen Spezifikationen verlassen, ohne diese Eigenschaften immer wieder nachzuweisen.

Aber bei einem etwas sorgfältigeren Blick auf die beiden Standpunkte findet sich doch ein tieferer Unterschied: Die Benutzung von Formalismen sichert eine bestimmte Form der Darstellung, nicht ihren Inhalt. Naur betont die zentrale Rolle der Rechtfertigung des Inhaltes von Beschreibungen. Plakativ ausgedrückt: Eindeutigkeit und Abstraktheit, die durch die Notation gesichert (oder wenigstens erleichtert) werden, sind unwesentlich, wenn der dargestellte Inhalt falsch oder irrelevant ist. Parnas dagegen betont die zentrale Rolle der Darstellung, weil ein Inhalt, der ja richtig und relevant sein mag, der aber nicht eindeutig genug festgelegt ist, und bei dessen Darstellung Wesentliches von Unwesentlichem nicht unterschieden werden kann, für die Entwicklung von Programmen nicht brauchbar ist.

Als grundlegenden Unterschied können wir also festhalten, daß Naur und Parnas verschiedene Schwerpunkte setzen. Naur betont die Gefahr, daß die Benutzung von Formalismen vom Wesentlichen ablenkt. Parnas dagegen betont die Chance, daß durch die Benutzung von Formalismen gerade umgekehrt die wesentlichen Punkte deutlicher herausgearbeitet werden. In den folgenden Abschnitten wird untersucht, wo diese Chancen und Gefahren gesehen werden.

3.1.2 Wo sehen die Fürsprecher die Chancen formaler Spezifikationen?

Fürsprecher und Gegner stehen sich nicht so diametral gegenüber, wie es aus den hier benutzten Benennungen für diese Gruppen erscheinen könnte. Manche Artikel, etwa Floyd[30] und Mathiassen/Munk-Madsen[75], sind etwa insgesamt eher den Gegnern zuzuordnen. Aber auch sie geben Rechtfertigungen für den Einsatz von Formalismen unter bestimmten Bedingungen, darum werden sie auch in diesem Abschnitt Erwähnung finden.

Zunächst soll ein mögliches Mißverständnis vermieden werden. Auch die Fürsprecher formaler Spezifikationen sehen die Rechtfertigung ihrer Methode nicht darin, daß sie eine absolute Sicherheit liefern könne. Betrachten wir etwa Hall[41], einen Anhänger formaler Methoden; dieser führt zwei Argumente gegen die Idee der absoluten Sicherheit an.

1. Hall sieht die Welt als etwas Informelles. Der Beweis, daß eine formale Spezifikation zur Welt paßt, kann daher nicht in formaler Strenge geführt werden.

2. Eine formale Spezifikation für ein Programm kann, mit formaler Strenge, zwar mit einem Programm verglichen werden. Daraus folgt aber noch nicht die Sicherheit, daß Programm zur Laufzeit auch tue, was man von ihm erwartet, da hierfür neben dem Programm selbst auch der Compiler, das Betriebssystem und die Hardware des Rechners verifiziert werden müßten.

Das zweite Argument läßt sich auf zwei verschiedene Weise auffassen. Zum einen kann es als Spezialfall des ersten verstanden werden: Hardware, Betriebssystem und Compiler gehören zur wirklichen Welt, ihre Eigenschaften können daher nicht mit formaler Strenge bewiesen werden. Zum zweiten könnte man sich auf formale Beschreibungen dieser Objekte beziehen, die sich dann – prinzipiell – zu einer formalen Analyse eigneten. Nimmt man die Adäquatheit der formalen Beschreibung als gesichert an, dann läßt sich das obige zweite Argument als ein Aufwandsproblem deuten: Heutige Rechner, Compiler und Betriebssysteme sind so kompliziert, daß man nicht durch formale Argumentationen rechtfertigen kann, daß sie wie spezifiziert arbeiten.

Wenden wir uns also, nach dieser Vorbemerkung, der Frage zu: Wo werden die Chancen formaler Methoden gesehen? Wir wollen Prozeßmerkmale und Ergeb-

3.1 Formalismen

nismerkmale unterscheiden. Der Zwang, eine Beschreibung in einer sehr einengenden Notation vorzunehmen, hat spezifische Auswirkungen auf den Prozeß der Erstellung der Spezifikation. Zweitens werden Eigenschaften des entstehenden Ergebnisses, der Spezifikation genannt.

1. Prozeßmerkmale:

   - Die einengende Notation macht die Beschreibung der Anforderungen an ein System schwierig. So wird die Person, die die Spezifikation durchführt, dazu gezwungen, sich intensiv mit den Anforderungen auseinanderzusetzen. Diesen Standpunkt finden wir etwa bei Mathiassen/Munk-Madsen[75], Hall[41] und de Roever[18].

   - Die Eindeutigkeit der Notation führt dazu, daß Inkonsistenzen der intuitiven Vorstellung beim Versuch der Formulierung explizit zutage treten. So werden mehr Fehler erkannt, als es bei der Benutzung von Notationen der Fall wäre, die mehr Mehrdeutigkeiten zulassen. Diese Position findet sich etwa bei Mathiassen/Munk-Madsen[75], Mills et al.[78] und Hall[41].

   - Mills et al.[78] weisen darauf hin, daß die Entwürfe von Systemen einfacher werden, wenn die Entwerfer gezwungen sind, ihre Entwürfe später formalen Analysetechniken zu unterziehen. Dies ist im besonderen ein Argument für die Benutzung formaler Beweise, aber auch formale Spezifikationen können so wirken.

   - Floyd[30] sieht die Verwendung von formalen Entwurfsmethoden (wozu formale Spezifikationen gehören) für gut definierte Teilprobleme gerechtfertigt, da sie hier Inspiration und Handlungsanleitungen liefern könnten, wenn die Entwerferin selbst noch keine genügende Sicherheit hat.

2. Ergebnismerkmale:

   - Als wesentliche Eigenschaft des Ergebnisses wird immer wieder die durch die Benutzung eines an Deutungsmöglichkeiten sehr armen Begriffssystems und durch die Benutzung von mathematischen Notationen, deren klare Deutungen sich durchgesetzt haben, gegebene Eindeutigkeit genannt (siehe etwa Parnas[86], Wing[115] und de Roever[18]).

- Parnas[86] nennt als weiteren wesentlichen Punkt die Abstraktheit des Ergebnisses. Abstraktheit definiert er im Kontrast zur Angabe von Beispielprogrammen oder Beispielprogrammrümpfen. Werde mit deren Hilfe spezifiziert, so sei nicht deutlich, welche Aspekte wesentlich oder unwesentlich seien (er erwähnt etwa den Speicherplatzbedarf eines Moduls). Durch die Auswahl spezieller formaler Notationen hofft er, die Abstraktheit der Darstellung erhöhen zu können, wodurch deutlich werden solle, welches die wesentlichen und welches die unwesentlichen Aspekte der Spezifikation seien.

3.1.3 Wo sehen die Gegner Gefahren formaler Spezifikationen?

Die Gefahren werden von den Gegnern der formalen Spezifikationen (Gegnerschaft ist hier ebensowenig als eindeutig klassifizierendes Merkmal zu verstehen wie im Abschnitt zuvor die Fürsprecherschaft) auf verschiedenen Ebenen gesehen. So wird ein tieferer Gültigkeitsanspruch für formale Argumentationen geleugnet, auf die Gefahren der Übertreibung und der Ablenkung von den eigentlich wesentlichen nicht formalisierbaren Problemen hingewiesen, und die Existenz besserer Mittel für die gewünschten Zwecke angegeben.

Naur[83] kritisiert die Attitüde, formale Spezifikationen seien, da für die formale Argumentation geeignet, eine sicherere Basis für die Wirklichkeitserfahrung und verweist auf die Rolle der Intuition auch für die Rechtfertigung der Anwendung formaler Verfahren.

Naur illustriert ebenfalls seine Sorge, daß die Anwendung formaler Spezifikationen übertrieben werden kann. Er gibt wohl zu, daß Formalismen auch zu einer besseren intuitiven Erfassung einer Anforderung dienen können, aber er sieht die Gefahr, daß eine Betonung von Formalismen ohne Berücksichtigung der grundsätzlichen Rolle der informellen Grundlage kontraproduktiv ist. Er illustriert dies durch Inkonsistenzen in gründlich formalisierten Spezifikationen von Algol 60, wo der Formalismus der intuitiven Erfaßbarkeit seiner Ansicht nach nicht genutzt, sondern geschadet habe.

Floyd[30] und Mathiassen/Munk-Madsen[75] stellen dar, daß Formalismen nicht die ihrer Ansicht nach im Software-Engineering wesentlichen Probleme lösten, nämlich die Aufgabe, ein Rechnersystem so zu entwerfen, daß ein vorhandener

Arbeitsprozeß daran mit Effektivitätserhöhung angepaßt werden kann. Die Fixierung auf Formalismen drängt die für dieses Problem wesentlichen Fragen aus dem Blick, wodurch die Gefahr bestehe, daß ein schlecht benutzbares System entworfen werde. Damit ist ein letztes Argument verbunden:

Es gibt, nach Floyd[30], in Form von Prototypen bessere Hilfsmittel, die Erfüllung der tatsächlichen Anforderungen an ein System zu sichern als die formalen Spezifikationen, die von der gründlichen Kenntnis der tatsächlichen Anforderungen ausgehen müßten.

3.1.4 Wo haben Fürsprecher und Gegner Gemeinsamkeiten?

Hier soll nicht der Versuch gemacht werden, Gemeinsamkeiten aller zitierter Standpunkte zu finden; diese sind doch zu heterogen. Vielmehr sollen solche Punkte angegeben werden, die sich sowohl mit gewissen Positionen der Fürsprecher als auch mit solchen der Gegner in Überstimmung bringen lassen. Wichtigste Momente, die Fürsprecher und Gegner teilen, sind die Konzentration von Aufmerksamkeit und die Förderung der Kommunikation.

Die Rolle von formalen Spezifikation während des Spezifikationsprozesses wird von verschiedenen Fürsprechern wie von denjenigen Gegnern, die den formalen Spezifikationen immerhin einen gewissen Platz zuweisen, gegenüber den Eigenschaften der Ergebnisse herausgestellt. Dieser Gesichtspunkt betont die Rolle der Formalität der Spezifikationen für die Aneignung eines Gebietes durch einen Menschen. Die Formalität fördert auf diese Weise die Konzentration auf gewisse, hoffentlich wesentliche Fragen und erleichtert es, Inkonsistenzen aufzuspüren.

Eine andere Gemeinsamkeit liegt darin, daß die Anwendung von Formalismen sowohl von Fürsprechern wie von Gegner für Gebiete vorgeschlagen wird, die als wohlstrukturiert angesehen werden; es wird davon ausgegangen, daß in solchen Gebieten einsichtsvolles Handeln stückweise durch die Anwendung von Formalismen ersetzt werden kann. Für die Fürsprecher läßt sich dies an der Wahl der Beispiele erkennen, an denen sie die Methoden demonstrieren: Wir finden etwa bei Parnas und de Roever Anwendungsfälle, die durch Anforderungen dominiert sind, die in technischen Begriffen formulierbar sind. Aber auch Floyd, die den Gegnern zuzurechnen ist, sieht Formalismen als hilfreich in Gebieten an, die gut definiert sind; allerdings sieht sie deren Anwendung nur als Zwischenstufe auf dem Weg eines Menschen zu einer eigenen, aus der Einsicht begründeten Methode.

Diese Sicht, die die Prozeßmerkmale von Formalismen betont, läßt sich durch die Ansicht begründen, daß unter bestimmten Bedingungen, die bei den Fürsprechern implizit, bei den Gegnern gegebenenfalls explizit angegeben werden, ein Formalismus die Konzentration der Aufmerksamkeit auf wesentliche Aspekte einer Anforderung lenken kann, ohne daß tiefe Einsicht schon vorher vorhanden sein muß. Die Einsicht kann also unter bestimmten Bedingungen durch den Formalismus erleichtert werden.

Die Kommunikation über die Anforderungen an ein Modul wird in erster Linie durch das wichtigste Ergebnismerkmal von formalen Spezifikationen gefördert: die Eindeutigkeit. Dieses fördert die Kommunikation, indem sicherer gemacht wird, daß verschiedene Menschen ein Dokument gleich verstehen. Allerdings fördert auch die Prozeßfunktion der Erstellung und Prüfung einer formalen Spezifikation die Kommunikation, wie es etwa bei Mills et al.[78] deutlich wird.

3.1.5 Fürsprecher und Gegner

Die Betonung von Aspekten, deren Bedeutung von Fürsprechern wie von Gegnern der Anwendung formaler Spezifikationen anerkannt wird, birgt die Gefahr, daß die inneren Spannungen zwischen den verschiedenen Standpunkten unter den Tisch fallen. Auf den ersten Blick könnte es wohl so aussehen, als sei es nicht sehr schwierig, zwischen den Positionen der Fürsprecher und der Gegner zu vermitteln. Folgende Anleitung könnte Ergebnis eines solchen Vermittlungsversuchs sein: Anwendung von Formalismen ist in Gebieten anzuraten, in denen die Erfahrung ihren Wert sichert; dabei ist aber stets die Überprüfung notwendig, ob die für die Anwendung wesentlichen Bedingungen noch gegeben sind. Letztendlich läuft dies auf eine Trennung der Einsatzsituationen hinaus: In den gut bekannten ist der Einsatz von Formalismen angemessen, in den anderen nicht.

Dieser Vermittlungsversuch ist vielleicht praktisch gangbar; theoretisch jedoch sind die beiden Positionen, die sich hinter den verschiedenen Standpunkten verbergen, kaum zu verbinden, so daß sich erwarten läßt, daß immer einer der Standpunkte zu kurz kommt, wenn ein Mensch eine konsistente Haltung einzunehmen versucht. Dies läßt sich an zwei Punkten illustrieren: Die Begründung, warum der partielle Einsatz von Formalismen sinnvoll sein kann, und die Sicht, welche Probleme im Software Engineering als wesentlich angesehen werden.

1. Fürsprecher von Formalismen wie de Roever oder Mills et al. begründen den Verzicht auf eine vollständige formale Analyse eines Programmsystems mit dem allzu großen Aufwand, den eine solche Analyse bedeuten würde, stellen die vollständige Analyse dabei jedoch als ein Ideal dar.

   Gegner dagegen, etwa Naur, Floyd und Mathiassen/Munk-Madsen betonen, daß eine vollständige Formalisierung sowieso eher kontraproduktiv sei, da es keine Formalismen gebe, die allen wesentlichen intuitiv zu erfassenden Merkmale einer Anforderung gleichermaßen gerecht würden; vielmehr sei es sinnvoll, für einzelne Spezialaspekte, wenn es sich anbietet, einfache Spezialnotationen zu benutzen, die die intuitive Erfassung eines Teils der Aspekte erleichtert, aber den analysierenden Menschen nicht von dem Anspruch entlastet, die Synthese der Bestandteile der Anforderung im eigenen Geiste zu vollziehen.

2. Die Wahl der Anwendungsbeispiele macht deutlich, auf welche Probleme die jeweiligen Parteien den Schwerpunkt legen wollen: Die Fürsprecher formaler Methoden gehen davon aus, daß die Anforderungen prinzipiell gut formalisierbar sind, und sehen das wesentliche Problem darin, ein Programmsystem zu erstellen, das diese Anforderungen mit großer Zuverlässigkeit löst. Als typisches Anwendungsbeispiel findet man hier die Programmierung von Prozeßrechnern.

   Gegner sehen die wesentlichen Probleme in den sie interessierenden Anwendungsfällen dagegen darin, ein System zu entwerfen, mit dem eine Anzahl von Menschen, die sich in einer spezifischen Arbeitssituation befinden, umgehen können. Dieses Problem ist von den idiosynkratischen Einsatzbedingungen jeder einzelnen Einsatzsituation bestimmt, für deren begriffliche Formulierung zudem eher arbeitsorganisatorische als mathematische Begriffe sinnvoll sind.

So lassen sich zwei grundsätzlich unterschiedliche Schwerpunktsetzungen erkennen, zwischen denen sich nur schwer vermitteln läßt, denn die Sicht, welche Probleme man als wesentlicher empfindet, hängt eng mit dem Einsatzbereich zusammen, für den man Verfahren entwickelt. Die Neigung, die Bedeutung eines Einsatzbereiches auf Kosten eines anderen zu betonen, läßt sich sicher kaum vermeiden.

3.1.6 Anwendung von Formalismen für die Unfallsicherheit

Aus den beschriebenen Leistungen und Mängeln formaler Verfahren wird deutlich, unter welchen Bedingungen die Benutzung von Formalismen die Unfallsicherheit eines Programms erhöhen kann. Die Funktion von Formalismen beruht darauf, daß Menschen gezwungen werden, sehr genau über bestimmte Systemaspekte nachzudenken.

Die erste Anforderung für den Wert von Formalismen besteht also darin, daß die tatsächlichen Anforderungen mit größtmöglicher Sicherheit durch eine formalisierte Version erfaßt werden können, daß also die Aspekte, auf welche die Formalisierung die menschliche Aufmerksamkeit lenkt, auch wirklich die wesentlichen sind. Dies kann nur durch hinreichende Erfahrung gesichert werden, schließt also den Einsatz der Methodik in Fällen aus, in denen über die wesentlichen Einflußgrößen noch nicht viel bekannt ist.

Die zweite Anforderung besteht darin, daß die Systeme so einfach sind, daß Menschen die formal definierbaren Konsistenzanforderungen überprüfen können, denn nur so kann die Verantwortung dafür übernommen werden, daß das untersuchte System die Anforderungen erfüllt.

3.2 Prototypen

Die Benutzung von Formalismen zur Sicherung der Korrektheit von Anforderungen an ein Programm macht eine grundlegende Voraussetzung, die nicht immer als gegeben angesehen wird. Zunächst wird in diesem Abschnitt diese Voraussetzung betrachtet. Im Anschluß wird deutlich gemacht, wie das Konzept des Prototyps diese Schwierigkeiten in den Augen mancher Verfechterinnen anzugehen gestattet. Schließlich wird untersucht, welche Unterschiede bei Benutzung der verschiedenen Techniken zu erwarten sind.

3.2.1 Voraussetzungen für die Funktion der Formalisierung

Die Formalisierung der Spezifikation verbessert deren Qualität, indem Menschen dazu gezwungen werden, sich über die Konsistenz der Anforderungen Gedanken zu machen. An diese Konsistenzprüfung schließt sich die Implementierung des Systems an. Damit dies sinnvoll ist, muß gehofft werden, daß die sorgfältig geprüften Spezifikationen auch die Anforderungen widerspiegeln, und daß sich nicht im Laufe der Implementierung oder der Nutzung des Systems die Anforderungen so grundlegend ändern, daß auch eine Erfüllung der Spezifikation das Ziel verfehlen kann.

Swartout/Balzer[108] vertreten den Standpunkt, daß die skizzierte Idealform nicht der Wirklichkeit entspricht. Sie sprechen von einer unvermeidbaren wechselseitigen Abhängigkeit von Spezifikation und Implementierung, also insbesondere von einer unvermeidlichen Rückwirkung der Implementierung auf die Spezifikation. Neben technologischen Gründen – Speicherbegrenzung und Laufgeschwindigkeit etwa begrenzen die durch einen Rechner zu lösenden Aufgaben notwendigerweise – führen sie mangelnde Voraussicht an: Manche Probleme der Spezifikation bemerke man erst während der Implementierung oder gar erst während der Benutzung des Systems, und diese erforderten dann eine Anpassung der Spezifikation an die neu erkannten Bedingungen.

Wenn dieses Bedenken zutrifft, dann ist die wesentliche Voraussetzung für die Funktionsweise formaler Spezifikationsverfahren, daß sich nämlich aus der sorgfältigen Untersuchung der Konsistenz einer Spezifikation die Erfüllung der Anforderungen ergebe, nicht immer gegeben. Die Erfüllung der Anforderungen ist in diesem Bild durch auch noch so scharfes Nachdenken allein nie nachzuweisen. Als andere Möglichkeit, die Erfüllung der Anforderungen zu überprüfen, wird zuweilen eine praktische Erprobung des Systems in Form eines Prototyps unter möglichst realistischen Bedingungen vorgeschlagen.

3.2.2 Leistungen des Prototypkonzepts

Die Sichtweise, daß eine formal geschlossene Entwicklung von Programmen nicht sinnvoll ist, weil die Erfüllung der tatsächlichen Anforderungen durch nur theoretisch untersuchte Spezifikationen nicht genügend gesichert werden kann, führt zu einem offeneren Modell der Entwicklung von Programmen. Floyd[29] hat im Kontrast zu einem von ihr bewußt extrem dargestellten herkömmlichen geschlossenen Modell der Entwicklung von Programmsystemen ein wiederum extrem dargestelltes alternatives sehr offenes Modell beschrieben, in welchem Prototypen eine zentrale Rolle spielen. Ihr Modell soll hier kurz dargestellt werden, weil es ein Licht auf die Bedingungen wirft, die gegeben sein müssen, damit durch den Einsatz von Prototypen die Erfüllung der wirklichen Anforderungen geprüft werden kann.

Floyd nennt ihr Modell ein prozeßorientiertes im Gegensatz zum herkömmlichen produktorientierten Modell der Softwareentwicklung. Der Kernunterschied besteht darin, daß im herkömmlichen Modell Software als eine Sammlung von Programmen mit zugehöriger Dokumentation gesehen wird, während in ihrem Konkurrenzmodell Software als ein Kontext von menschlichem Lernen, Arbeit und Kommunikation verstanden wird. Es geht ihr dabei um eine systematische Behandlung der Zusammenhänge zwischen Software und der „living human world". Diese sehr allgemeine Bezeichnung benutzt Floyd als Symbol für das Nichtformalisierte, das in der Softwareentwicklung leicht aus dem Blick gerät.

Floyd benutzt Begriffe wie die „living human world" als Unruheherde. Sie hält ihr Begriffssystem auf diese Weise offen, und riskiert auch, daß sich auf diese Weise begriffliche Unpräzision einnistet. Solche Begriffe entziehen sich, tief verstanden, der Kodifizierung und können eine Verkrustung der Methodologie verhindern; andererseits entziehen sich solche Begriffe aber auch einer diskursiven Festlegung. Die Bedeutung von Sätzen mit solchen Begriffen muß sich also rein diskursiv nicht klären lassen.

Prototypen werden bei der Bestimmung der Adäquatheit eines Programms wesentlich. Floyd kontrastiert den üblichen Begriff der Korrektheit als der Übereinstimmung der durch ein Programm berechneten Funktion mit einer Spezifikation mit ihrem Konkurrenzbegriff der Adäquatheit, die durch Benutzung und Anpassung des Programmsystems an sich verändernde Arbeitsbedingungen gegeben ist. Der Begriff der Korrektheit ist begrifflich geschlossen, der Begriff der Adäquatheit ist der offene Komplementärbegriff. Benutzung und Anpassung setzen ein Konzept voraus, wie es bislang unter der Bezeichnung „Prototyp" bekannt ist; allerdings schlägt Floyd vor, ein Programmsystem ständig als Prototyp, als vorläufig anzusehen, und nicht nur das erste Musterstück.

3.2.3 Unterschiede der Leistungsmerkmale des offenen und des geschlossenen Konzeptes

Der geschlossene Ansatz der Softwareentwicklung hat den Mangel, daß wir die Welt im allgemeinen nicht als geschlossen annehmen dürfen. Daher ist es nicht klar, ob die kodifizierten Anforderungen mit den tatsächlichen Anforderungen übereinstimmen. Floyd sieht die tatsächlichen Anforderungen in den Bedürfnissen der Benutzerinnen und Benutzer, und erst durch die Arbeit mit dem System können diese letztendlich feststellen, ob das System ihre Bedürfnisse erfüllt.

Der grundlegende Nachteil offener Ansätze liegt darin, daß a priori nicht festgelegt ist, welche Einflußgrößen für die Adäquatheit der Software relevant sind. Floyd muß daher Fehler während des Betriebs in Kauf nehmen, und erst nach dem Auftreten lassen sich die identifizierten Fehlerquellen verstopfen. So kann man nach Floyd nie sicher sein, ob ein System fehlerfrei benutzt werden kann, denn viele Anforderungen werden erst in der Benutzung deutlich.

Voraussetzung der Benutzung einer solchen offenen Entwicklungsweise ist also, daß Fehler möglich sein dürfen und nicht um jeden Preis vermieden werden müssen. Das schränkt den Einsatzbereich auf diese Weise entwickelter Programmsysteme ein.

Floyd begründet ihr Bild von der Softwareentwicklung in der angegebenen Arbeit nicht empirisch. Aber dieses Ergebnis läßt sich auch an dem Experiment ablesen, das von Boehm et al.[8] beschrieben wird. Hier wurde von einer Anzahl von Gruppen von Studierenden ein Programmierprojekt bearbeitet. Ein Teil der Gruppen arbeitete mit Hilfe von detaillierten Spezifikationen, ein anderer Teil arbeitete mit Hilfe von Prototypen. Boehm et al. berichten, daß die auf die erste Weise entstandenen Programme robuster waren, also weniger empfindlich auf Eingabefehler reagierten, daß aber die durch die Entwicklung von Prototypen entstandenen kleiner und leichter zu benutzen waren.

Diese Beobachtung erscheint plausibel. Bei der Benutzung detaillierter Spezifikationen wird die Aufmerksamkeit der Entwicklerinnen und Entwickler auf Aspekte gelenkt, die bei Benutzung dieses Mittels besonders leicht deutlich werden, also Aspekte, die sich gut verbal beschreiben lassen. Bei der Benutzung von Prototypen wird die Aufmerksamkeit auf Aspekte gelenkt, die im aktiven Umgang mit der Oberfläche ins Auge springen, wozu plausiblerweise die Benutzungsoberfläche gehört.

Damit sind wir in der Lage, Voraussetzungen zusammenzufassen, die gegeben sein müssen, damit die Benutzung von Prototypen erfolgreich sein kann.

- So müssen erstens die wirklichen Anforderungen durch die Bedürfnisse der Benutzerinnen und Benutzer hinreichend gut festgelegt sein – das heißt insbesondere, daß es Benutzerinnen und Benutzer geben muß; dies macht den Einsatz der Prototyping-Methoden in Prozeßrechnern problematisch.

- Dann dürfen zweitens Fehler nicht zu Katastrophen führen, denn Fehler sind unvermeidbare Schritte auf dem Weg zum adäquaten System. Auch dies macht den Einsatz der offenen Methodik in gewissen Bereichen problematisch.

- Möglichst sollten drittens die wesentlichen Qualitätsmerkmale möglichst umgehend durch die Benutzung des Systems durch die Benutzerinnen feststellbar sein; das macht etwa solche Anforderungen problematisch, die nur in Sonderfällen eine Rolle spielen, die etwa bei der Benutzung des Prototyps nicht notwendig auftreten müssen (Beispiel: nichtfunktionierender Backup).

3.2.4 Prototypen und Spezifikationen für die Unfallsicherheit

Floyd arbeitet deutlich die Unterschiede zwischen dem von ihr vertretenen offenen Ansatz und dem heute üblichen geschlossenen Ansatz der Softwareentwicklung heraus. Zum Zwecke der klareren Darstellung benutzt sie allerdings, wie sie selbst sagt, Extremformen der beiden Ansätze. Bei vielen Softwareprojekten geht es um Programme, die sowohl solchen Anforderungen genügen müssen, die sich mit großer Präzision a priori in mathematischen Begriffen formulieren lassen und sich somit zur formalen Spezifikation eignen, als auch solche, die nach kurzer Zeit bei der Benutzung deutlich werden und daher durch die Verwendung von Prototypen erkannt werden können. Dies bedeutet, daß bei Benutzung nur eines der Ansätze Gelegenheiten zur Aufdeckung von Ausfallmöglichkeiten verschenkt werden.

Die Bedingungen des sinnvollen Einsatzes formaler Spezifikationen für die Vermeidung gefährlicher Ausfälle wurden bereits aufgezählt: Die Adäquatheit der Spezifikation an die tatsächlichen Anforderungen muß gesichert sein, und die Spezifikation muß verständlich sein.

Die Unterschiedlichkeit der Begriffssphären – exakte schriftliche Spezifikationen auf der einen und nichtformalisierte tatsächliche Einsatzbedingungen auf der anderen Seite – machen die Überprüfung der Adäquatheit zu einem schwierigen Problem. Der Prototyp-Ansatz beruht darauf, daß Menschen zu zwei Sphären

3.2 Prototypen

gleichermaßen Zugriff haben: Zur Sphäre der Formalismen durch das Nachdenken, zur Sphäre ihrer Wünsche und Bedürfnisse durch das Erleben ihrer Arbeitssituation. Am Ende des vorigen Abschnittes sind drei Bedingungen aufgezählt, die notwendig für den Erfolg des Prototypansatzes sind.

Im Bereich der Unfallsicherheit ist die Bedingung, daß Ausfälle erlaubt sein dürfen, oft am eklatantesten verletzt. Damit eignet sich die beschriebene Methode nicht, die Adäquatheit von Spezifikationen zu sichern, bei deren Inadäquatheit Katastrophen möglich sind. Eine Alternative ist die Benutzung von Spielzeugsystemen, bei denen etwaige katastrophale Folgen nicht wirklich eintreten, sondern nur simuliert werden; hier stellt sich jedoch das Problem der Übereinstimmung der Modellierung mit der tatsächlich möglichen Folgen, das Problem wird damit also verschoben. Zudem ist nicht deutlich, ein wie langer Betrieb des Spielzeugsystems nötig ist, bis deutlich ist, daß genügend wesentliche Ausfallmöglichkeiten eintraten und abgefangen wurden.

Die Verwendung von Prototypen ist also hilfreich, um manche Ausfallursachen zu identifizieren; die Offenheit des Ansatzes schließt es aber aus, zu quantifizieren, wie gut die Übereinstimmung zwischen Spezifikation und tatsächlichen Anforderungen ist. Damit hängt der Erfolg des Ansatzes stark von der Fähigkeit der Personen ab, die die Prototypen benutzen und die Modellierung der Katastrophen durchführen, und daher läßt sich ein Prüfungsergebnis nicht unabhängig von den Personen, die an der Erstellung beteiligt waren, bewerten.

4 Vermeidung von Entwurfs- und Implementierungsfehlern

Auf die Festlegung der Spezifikation folgt im herkömmlichen Modell der Vorgehensweise der Entwicklung von Software die Erstellung eines Entwurfes. Ein Entwurf legt den groben Aufbau eines Programmsystems fest, ohne die Details festzuschreiben. Entwürfe können, da sie keine Programme sind, nicht durch Test auf Rechnern geprüft werden. Inspektionen sind ein Mittel, das für die Überprüfung der gewünschten Eigenschaften von Entwürfen vorgeschlagen wird.

4.1 Inspektionen

Inspektionen[110] sind ein flexibles Mittel zur Überprüfung verschiedenster Eigenschaften von schriftlichen Dokumenten verschiedensten Typs. Fagan[26] unterscheidet Inspektionen des Entwurfs eines Programmsystems, des Programmcodes und der Testergebnisse, des Testplans und der daraus abgeleiteten Zahl der zu überprüfenden Testfälle, sowie drei unterschiedliche Inspektionen der Dokumentation; überprüfte Eigenschaften der Dokumente sind die Übereinstimmung mit Richtlinien der Darstellung, bei Programmen verschiedene Arten von Programmierfehlern. Parnas und Weiss[91] beschreiben „Reviews", ein den Inspektionen ähnliches Verfahren. Sie überprüfen Entwürfe von Programmsystemen, und nennen als Beispiel Geräteschnittstellen. Wesentlicher Inhalt eines Entwurfs ist für Parnas und Weiss neben der Funktionsbeschreibung und der Auflistung der Zugriffsfunktionen der Module, daß alle wichtigen Annahmen über die entworfenen Module explizit gemacht werden. Verschiedene Inspektionen überprüfen dann verschiedene Eigenschaften dieser Annahmen: Die Gültigkeit der Annahmen, die Tatsache, daß die Annahmen für die Benutzung der Schnittstellen hinreichen, daß Annahmen und Funktionsbeschreibungen der Module übereinstimmen und die Annahmen für die Erfüllung der Funktionen hinreichen, und daß die Zugriffsfunktionen jeder Geräteschnittstelle die geforderte Funktionalität hinreichend erfüllen, werden überprüft.

Inwiefern Inspektionen zur Überprüfung der Unfallsicherheit von Programmen geeignet sind, wird am Ende dieses Abschnittes untersucht werden. Zunächst wird betrachtet, was die Inspektion eines Entwurfs in den Augen der Menschen, die ihn für förderlich halten, leistet, wie eine typische Inspektion abläuft, und welche charakteristischen Unterschiede es zwischen verschiedenen Inspektionsmethoden gibt.

4.1.1 Leistungen

Frühauf et al.[34] verprechen durch die Anwendung ihrer Methode, daß 60% bis 70% der insgesamt gefundenen Fehler eines Dokumentes entdeckt werden könnte. Ähnliche Zahlen nennt Fagan[27]. Der Vorteil der Entdeckung durch Inspektionen statt durch Tests sind die geringeren Kosten. Fagan nennt ein mit der Latenzzeit exponentielles Wachstum für die Kosten der Behebung eines Fehlers, und Inspektionen können bereits am Entwurf vorgenommen werden, Tests erst am Programmodul. Mills et al.[78] beschreiben ein Verfahren, in dem neben Inspektionen formale Entwurfsmethoden eine wesentliche Rolle spielen. Mit dieser Kombination erreichen sie eine Fehlerentdeckungsrate von mehr als 90% der insgesamt gefundenen Fehlerzahl vor der ersten Ausführung eines Programmoduls.

Die Leistungen liegen demnach in Kosteneinsparungen durch geringere Latenzzeit von Fehlern.

4.1.2 Vorgehen nach Fagan

Fagan[26] beschreibt die Vorgehensweise bei einem Typus von Inspektionen. Weiter unten werden wir auf die verwandten Ansätze von Frühauf et al.[34] und Parnas/Weiss[91] eingehen.

Fagan nennt vier Menschen, die an einer typischen Inspektion beteiligt seien: Die Moderatorin, die eine Schlüsselrolle spielt; sie leitet die Inspektion organisatorisch, muß über die Fähigkeiten einer guten Sitzungsleiterin verfügen, und fachlich, wenn auch nicht detailliert, so doch einen Überblick über das zu inspizierende Dokument haben. Dann gibt es die Entwerferin, die Codiererin und die Testerin. Ist das zu inspizierende Dokument ein Entwurf, so ist die Entwerferin die Autorin des Entwurfes, die Codiererin und die Testerin haben ihre Aufgaben erst zukünftig zu übernehmen. Ist das Dokument ein Programmodul, dann stammt es von der Codiererin. Fallen von den letzteren drei Rollen zwei oder alle drei in einer Person zusammen, so muß Ersatz beschafft werden. Wichtig ist also bei Fagan nicht, daß die Teilnehmerinnen der Inspektion an einem Projekt arbeiten, sondern daß es verschiedene Menschen sind, die gemeinsam das Dokument prüfen. Bei Fagan wird die Rolle der Sachkenntnis der Inspektionsteilnehmerinnen nicht betont, das Verfahren funktioniert in erster Linie aufgrund der Zusammenarbeit verschiedener Menschen. Nur im Ausnahmefall sollten mehr als vier Personen an der Inspektion eines Dokumentes teilnehmen, denn dann werde die Inspektionssitzung weniger effizient.

Fagan unterscheidet fünf Phasen einer Inspektion:

- Überblick: In dieser Phase wird den Teilnehmerinnen gemeinsam ein grober Überblick über das zu inspizierende Dokument verschafft. Die Moderatorin übernimmt die Organisation.

- Vorbereitung: Einzeln bemüht sich jede Teilnehmerin um ein Verständnis des Moduls. Dabei wird nach Fehlern gesucht. Damit Fehler leichter gefunden werden, werden Checklisten angegeben, die die Aufmerksamkeit auf möglichst spezifische, als besonders problematisch erkannte Aspekte des Dokumentes konzentrieren. Allerdings, so Fagan, wird nicht in dieser Phase der Großteil der Fehler gefunden, sondern erst in der anschließenden.

- Inspektionssitzung: Gemeinsam gehen die Teilnehmerinnen der Inspektion in höchstens zwei Stunden das Dokument durch. Fagan schlägt vor, daß im Falle einer Entwurfsinspektion die Codiererin erläutert, wie sie den Entwurf jeweils Stück für Stück in ein Programm umsetzen würde. Alle Inspektionsteilnehmerinnen nennen dabei jeweils die von ihnen gefundenen Fehler. Im Artikel von 1986 betont Fagan, daß bei guter Sitzungsleitung durch die Moderatorin überraschende Effekte auftreten. Er nennt das Zugegensein einer „Phantominspekteurin". Während der Inspektion protokolliert, klassifiziert und bewertet die Moderatorin die gefundenen Fehler. Verbesserungen der Fehler werden nicht diskutiert. Spätestens am Tag nach der Inspektionssitzung faßt die Moderatorin einen Bericht über die Sitzung ab.

- Überarbeitung: Die Autorin des Dokumentes überarbeitet aufgrund des Inspektionsberichts das Dokument.

- Nachbereitung: Wurde mehr als 5% des Dokumentes geändert, so ist nach Fagan ein neuer Durchgang erforderlich, sonst bleibt es der Einschätzung der Moderatorin überlassen, ob eine neue Inspektion durchgeführt wird.

4.1.3 Schwerpunkte der Methode

Auffälliger Schwerpunkt bei Fagans Inspektionsmethode ist die explizite Berücksichtigung typisch menschlicher Schwächen: Es wird etwa betont, daß die Inspektionssitzung nicht mehr als zwei Stunden dauern sollte, weil danach die Konzentrationsfähigkeit allzu sehr nachlasse. Die Anzahl der Inspekteurinnen soll, auch das wird explizit erwähnt, höchstens vier sein. Bei größeren Gruppen wird eine effiziente Sitzungsleitung schwierig. Fagan weist darauf hin, daß die Ergebnisse dieser Reviews auf keinen Fall für die Personalbeurteilung benutzt werden dürfen, denn dann könne man nicht auf Kooperation der Autorin beim Aufspüren von Fehlern hoffen, und die Kooperation ist für Fagan die wesentliche Erfolgsbedingung des Verfahrens. Die Person der Moderatorin spielt ebenfalls eine wesentliche Rolle für den Erfolg des Verfahrens. Sie muß die Kooperation ermöglichen, und sich darum bemühen, jede Teilnehmerin bestmöglich einzubeziehen. Ein letzter von Fagan als wesentliche Erfolgsbedingung des Verfahrens angeführter Punkt ist die Akzeptanz des Verfahrens beim Management.

Neben der Betonung von Art und Weise der Ausführung der Inspektionen nimmt deren Rolle in den Augen des Management einen großen Raum ein. Inspektionen können, wenn es klare Kriterien für den Erfüllung der Anforderungen gibt, als Meilensteine dienen, die lange vor Vorliegen des Endproduktes verdeutlichen können, welchen Stand ein Gesamtprojekt hat. Durch die enge Überwachung ist eine Kontrolle möglich, die eine Effizienzsteigerung ermöglichen kann. Fagan gibt an, daß es sinnvoll ist, solche Effizienzsteigerungen den Teilnehmerinnen der Inspektionen mitzuteilen, weil dies die Motivation erhöhe.

s Ansatz ist, im Sinne des ersten Kapitels, personal: Das Verfahren kann ohne besonders befähigte und besonders motivierte Menschen nicht funktionieren. Dies sind eine erfahrene Moderatorin, unter deren Sitzungsleitung nicht die Autorin eines fehlerbehafteten Dokumentes, sondern nur dieses Dokument selbst kritisert wird; Managerinnen, die die Methode angewendet sehen wollen; Inspekteurinnen, die fähig und willens sind, Fehler in fremden Dokumenten zu finden; und Autorinnen, die die Bemühungen, Fehler in den von ihnen angefertigten Dokumenten zu finden, unterstützten.

4.1.4 Der Ansatz von Frühauf et al.

Die Ansätze von Parnas/Weiss[91] und Frühauf et al.[34] haben viel mit dem von gemeinsam. Ähnlicher ist der von Frühauf et al., darum soll dieser hier zunächst vorgestellt werden.

Frühauf et al. gehen von einer etwas anderen Gruppenzusammensetzung aus. Sie identifizieren die Rolle der Moderatorin, der Autorin, einer Anzahl von Gutachterinnen (denen sie aber keine Aufgaben aus der Programmentwicklung zuordnen), sowie einer Protokollführerin. Die Rolle der Protokollführerin darf nicht von der Moderatorin wahrgenommen werden, weil diese durch die Doppelaufgabe überlastet wäre. Auch hier wird die Zahl der Gutachter begrenzt.

Das Verfahren ähnelt dem bei Fagan, allerdings wird genauer vorgeschrieben, welche Eigenschaften des Dokumentes von den Gutachterinnen überprüft werden sollen. Dies geschieht, indem für jede der zu überprüfenden Eigenschaften ein Fragenkatalog erstellt wird. Nun wird nicht jede Eigenschaft von jeder Gutachterin überprüft, sondern den verschiedenen Gutachterinnen werden einzelne Eigenschaften zugeordnet, für deren Beurteilung sie besonders kompetent sind. So soll gewährleistet werden, daß die Aufmerksamkeit der beteiligten Personen effizient gebündelt wird. Jede Eigenschaft wird von wenigstens zwei Gutachterinnen überprüft.

Die Fragenkataloge zu jeder Eigenschaft haben eine Gestalt, die die Gutachterin zu einer möglichst deutlichen Stellungnahme zwingt. Es handelt sich also nicht um eine bloße Checkliste wie bei Fagan. Wenn eine Frage nicht positiv beantwortet werden kann, dann soll die Gutachterin auf die Teile des Dokumentes hinweisen, die die positive Beantwortung der Frage verbieten. Die Form der Fragen werden bei Parnas und Weiss besonders wichtig. Frühauf et al. möchten, daß sich die Gutachterin hinsichtlich der Fragen, die sie positiv beantwortet, für das Dokument ebenso verantwortlich fühlt wie die Autorin. Sie fordern das Bewußtsein einer „Solidarhaftung".

Eine weiteres besonderes Merkmal bei Frühauf et al. ist der Vorschlag, an eine Inspektionssitzung eine „dritte Stunde" anzuschließen. Diese erfüllt keine rigide definierte Funktion im Inspektionsprozeß, sondern soll es den Gutachterinnen ermöglichen, über die ihnen eingefallenen Lösungsmöglichkeiten für die Probleme mit der Autorin zu sprechen, damit diese nicht verlorengehen; solche Diskussionen sind während der Inspektionssitzung verboten. Die Einführung einer solchen dritten Stunde soll Frustrationen entgegenwirken.

Frühauf et al. besprechen auch die Einführung von methodischen Inspektionen. Es wird eine Reihe von Problemen angegeben; besonders wichtig ist etwa die Akzeptanz durch die Teilnehmerinnen. Die Autorin, deren Arbeitsergebnis kritisiert wird, muß mit dieser Rolle zurechtzukommen lernen. Dafür ist es wichtig, daß, neben der Moderatorin, auch die Gutachterinnen mit Fingerspitzengefühl argumentieren. Dieses sei am besten durchzusetzen, wenn möglichst alle Gutachterinnen möglichst schnell einmal die Rolle der Autorin übernommen hätten. Bei der Einführung des Verfahrens sollte also hierauf geachtet werden. Daneben ist das Vorhandensein fähiger Moderatorinnen ein Hauptproblem bei der Einführung..

4.1.5 Unterschiede zwischen Fagan und Frühauf et al.

Durch die Unterschiede des Ansatzes von Frühauf et al. gegenüber dem von Fagan wird die Bedeutung der beteiligten Personen für den Inspektionsprozeß noch weiter betont. Die Einführung einer Protokollführerin zur Entlastung der Moderatorin macht deutlich, für wie wesentlich Frühauf et al. deren Rolle halten. Die Aufmerksamkeit der Moderatorin soll möglichst ungeteilt für die Sitzungsleitung zur Verfügung stehen.

Ein weiterer auffälliger Unterschied ist die Wahl von Spezialistinnen zu Gutachterinnen. Wenn diese nicht im eigenen Projekt zu finden sind, so sind sie von anderswo zu beschaffen. Die Wahl von Spezialistinnen betont die Rolle, die das Verständnis des Dokumentes für den Erfolg des Verfahrens hat. Nun wird nicht mehr von jeder Inspekteurin jede Fehlermöglichkeit überprüft, sondern es werden einige spezifische Aufgabenbereiche identifiziert, denen jeweils konzentriert Aufmerksamkeit gewidmet werden soll. Andere Fehler, die von Gutachterinnen erkannt werden, sollen zwar auch genannt werden, aber der Schwerpunkt liegt auf den jeweils zugeteilten Programmeigenschaften.

Schließlich ist der Übergang von einfachen Checklisten zu strukturierten Listen von Eigenschaften mit zugeordneten detaillierten Fragenkatalogen wesentlich. Auch durch diesen Unterschied wird eine spezifisch menschliche Fähigkeit besonders gefördert: Die Bündelung der Aufmerksamkeit. Frühauf et al. weisen darauf hin, daß die Fragen so gewählt werden sollen, daß die Beantwortung eine eingehende Auseinandersetzung mit dem Dokument voraussetzt. Einerseits sollen sie mit „ja" und „nein" beantwortbar sein, und „ja" soll stets das erwünschte

Ergebnis bedeuten. Andererseits sollen im Falle der „nein"-Antwort die Stellen des Dokumentes angegeben werden, die die positive Beantwortung verbieten.

4.1.6 Der Ansatz von Parnas/Weiss

Parnas und Weiss betonen in ihrem Ansatz die Rolle der Gutachterinnen auf Kosten der Rolle der Moderatorin. Sie wollen die Gutachterinnen „aktivieren", indem sie erstens, wie Frühauf et al., einzelne Eigenschaften identifizieren, die das Dokument erfüllen soll, und dann pro Dokument nicht nur eine, sondern mehrere Inspektionen durchführen, für jede zu überprüfende Eigenschaft eine. Für die einzelnen Inspektionen werden jeweils, ähnlich wie bei Frühauf et al., Spezialistinnen bestimmt. Die Diskussion der Inspektionsergebnisse erfolgt jedoch nicht in einem Kreis von fünf bis sieben Personen wie bei Fagan oder Frühauf et al., sondern in einem Gespräch zwischen Autorin und Gutachterin.

Die Fragen, die die Gutachterinnen zu beantworten haben, spielen bei Parnas und Weiss eine besondere Rolle. Sie sollen so gewählt sein, daß ihre Beantwortung eine eingehende Beschäftigung mit dem Dokument voraussetzt. Statt einer ja/nein-Antwort werden Aufzählungen von Aspekten des Dokumentes verlangt, deren Kenntnis voraussetzt, daß eine Frage verstanden wurde.

Durch die besondere Wahl der Fragen werden die Gutachterinnen zur Aktivität gezwungen; die Gespräche unter vier Augen sollen dasselbe leisten, denn in Gruppensitzungen würden die Stilleren ihre Ergebnisse oft nicht vorbringen. Parnas und Weiss scheinen nicht daran zu glauben, daß man genügend fähige Moderatorinnen finden kann, die diese Schwierigkeit lösen können. Betrachtet man die hohen Anforderungen, die etwa von Frühauf et al. an die Moderatorinnen gestellt werden, so erkennt man einen möglichen Grund für diese Skepsis.

4.1.7 Voraussetzungen für Inspektionen

Die vorgestellten verwandten Ansätze für die Durchführung von Inspektionen gehen von einigen gemeinsamen Voraussetzungen aus.

- So findet sich, daß von den insgesamt gefundenen Fehler ca. zwei Drittel durch Inspektionen gefunden werden; damit werden auch von den insgesamt im Dokument enthaltenen Fehler höchstens so viele durch Inspektionen gefunden. Die Methode muß also gewöhnlich durch Verfahren ergänzt werden, mit denen die Fehlerzahl weiter gesenkt werden kann.

- Eine wichtige Anforderung ist, daß die Eigenschaften der Dokumente, die überprüft werden sollen, sich durch Fragenkataloge abdecken lassen. Damit ist die Menge der Eigenschaften eingeschränkt, die durch Inspektionen überprüft werden können. Es wäre zu fragen, wie gute Fragenkataloge sich für verschiedene Aspekte der Korrektheit oder sogar der Unfallsicherheit entwickeln ließen.

- Es müssen zuverlässige Spezialistinnen da sein, die die als wichtig identifizierten Eigenschaften eines Dokumentes prüfen.

- Die wesentlichen Eigenschaften eines Systems müssen sich in Eigenschaften von überschaubaren, innerhalb nur einer Inspektion behandelbaren Teilen des Entwurfes spiegeln. Diese Voraussetzung macht die Anwendung des Verfahrens für die Unfallsicherheit problematisch, wenn man Levesons Beobachtung heranzieht, daß Unfälle oft durch die Interaktion von Fehlern in verschiedenen Systemkomponenten entstehen. Wenn Unfälle beispielsweise durch Interaktion von Fehlern in verschiedenen Entwurfsebenen entstehen können, dann ist die Erkennung solcher Unfallursachen durch die beschriebene Methode problematisch.

Diese Voraussetzungen fußen auf zwei Grundprämissen: Die wesentlichen Anforderungen an ein Dokument sind von Menschen formulierbar, und diese Formulierungen lassen sich von besonders befähigten Menschen überprüfen.

Sind diese Voraussetzungen gegeben, dann hat die Anwendung eines der angegeben Verfahren eine überaus erwünschte Folge: Die Verantwortung für spezifische Systemausfälle kann einzelnen Personen zugeordnet werden. Dabei ist nicht nur die Autorin verantwortlich, sondern ebenso die Gutachterinnen, die die für den Ausfall relevanten Eigenschaften eines Dokumentes überprüft haben. Hier besteht eine konkrete Möglichkeit, ein gemeinschaftliches Verantwortungsgefühl zu fördern, und es wird durch eine klare Aufgabenzuteilung zudem erschwert, daß die Verantwortung verschwindet. Die Schwierigkeit, die Voraussetzungen zu erfüllen, unterbindet zwar eine allzu überschwengliche Freude über das Verfahren, aber es zeigen sich interessante Ansätze, die sich für die Weiterentwicklung eines verantwortungerhaltenden Umgangs mit technischen Artefakten eignen könnten.

4.2 Programmierstil

Anfang der 1970er Jahre wurde die „strukturierte Programmierung" populär. Sie wird als Programmiermethodik propagiert, die unsystematische Basteleien bei der Entwicklung eines Programmsystems ersetzen soll. Zunächst sollen die wichtigsten ihr zugeschriebenen Eigenschaften anhand einiger grundlegender Artikel beschrieben werden. Dann werden die dort gemachten Schwerpunktsetzungen miteinander verglichen.

4.2.1 Methodik

Strukturierung von Programmen bedeutet, das Gesamtprogramm als aus Teilen zusammengesetzt aufzufassen, die möglichst genau definierte Teilaufgaben erfüllen, so daß die gemeinsame Erfüllung der Teilaufgaben die Gesamtaufgabe des Programms erfüllt. Diese Charakterisierung kennzeichnet die Methode des modularen Aufbaus eines Programmsystems ebenso wie den Verzicht auf die Goto-Anweisung, der vorgeschlagen wurde, um die Teilaufgabe eines Blocks aufeinanderfolgender Anweisungen oder einer Schleife möglichst einfach durch Vor- und Nachbedingungen zu kennzeichnen.

Dijkstra[20] fordert eine solche Aufteilung eines großen Problems in einzeln zu lösende Unterprobleme, um den Entwurfs- und Implementierungsprozeß beherrschbar zu machen. Bei Naur[82] findet man ein kleines Beispiel für einen solchen Ansatz. Wirth[116] beschreibt das Vorgehen bei der Entwicklung detaillierterer Beschreibungen aus einer Grobbeschreibung, und Parnas[87] beschäftigt sich mit den Kriterien, nach denen die Gesamtaufgabe in Teilaufgaben gespalten werden soll. Mills[77] macht deutlich, auf welchen grundlegenden Voraussetzungen über die Natur der Mathematik und des menschlichen Verständnisses das Verfahren beruht. Parnas et al.[89] machen deutlich, welche zusätzlichen Probleme zu lösen sind, wenn das Programmsystem aus einer sehr großen Anzahl von Modulen besteht. Endlich beschreibt Knuth[54] ein Programmier- und Dokumentationswerkzeug, das wie die strukturierte Programmierung ein grundlegende Verbesserung der inneren Einstellung der Programmiererin zum Programmieren hervorrufen kann.

Dijkstra[20] stellt das, was später als strukturierte Programmierung bekannt geworden ist, als den natürlichen Umgang von Menschen mit großen Problemen dar: Sie werden in eine Anzahl kleinerer Probleme aufgeteilt, einzeln gelöst, und die Teillösungen werden schließlich zu einer Gesamtlösung zusammengesetzt. Dijkstra begründet die von ihm „dissection technique" genannte Methode folgendermaßen:

My own feelings are perhaps best described by saying that I am perfectly aware that there is no Royal Road to Mathematics, in other words, that I have only a very small head and must live with it. I, therefore, see the dissection technique as one of the rather basic patterns of human understanding and think it worthwile to try to create circumstances in which it can be most fruitfully applied.

Diese Umstände bedeuten für Dijkstra in erster Linie eine möglichst weitgehende Unabhängigkeit der einzelnen Teile voneinander. Dabei betont Dijkstra einerseits die Rolle von Prozeduren zur Strukturierung eines Programms, andererseits den Verzicht auf Goto-Anweisungen, um den Kontrollfluß klarer erkennbar zu gestalten.

Zweierlei soll festgehalten werden: Dijkstra sieht die Programmierung als Mathematik an; und er betont, daß den Leistungen menschlichen Denkens Grenzen gesetzt sind, die in der Programmierung nicht überschritten werden sollen.

Naur[82] setzt an einem kleinen Beispiel solche Ideen in die Tat um. Er sieht eine Gesamtspezifikation als aus einzelnen Teilen zusammengesetzt an, und schlägt vor, die einzelnen Teile durch einzelne „action clusters", nämlich Programmfragmente mit spezifischen Aufgaben, zu erfüllen. Er führt vor, wofür Wirth[116] einen Begriff vorschlägt: Die schrittweise Verfeinerung der Spezifikation zu einem Programm.

Wirth betont den methodischen Charakter durch Kontrastierung mit einer Alternative: Herkömmlicherweise, so kritisiert er, werde Programmierung durch die Demonstration von fertigen Beispielen in einer bestimmten Programmiersprache gelehrt, wobei großer Wert auf die syntaktischen Details gelegt werde. Wirth beklagt: *As a consequence of these teaching methods, the students obtain the impression that programming consists mainly of mastering a language [...] and relying on one's intuition to somehow transform these ideas into finished programs. Clearly, programming courses should teach methods of design and construction, and the selected examples should be such that a gradual **development** can nicely be demonstrated.*

Diese Forderung versucht Wirth dann zu erfüllen, indem er schrittweise ein Programm entwickelt, das das bekannte n-Damen-Problem löst (die Positionierung von n Damen auf einem $n \times n$-Schachbrett, so daß sie sich nicht gegenseitig bedrohen). Während der Entwicklung des Programms werden verschiedene spezifische Programmiertechniken eingeführt, deren Anwendung eine gewisse Einsicht in das Problem voraussetzt. So wird etwa die Tatsache benutzt, daß es genügt, nur Konstellationen zu betrachten, die genau eine Dame pro Spalte enthalten, und es wird die Möglichkeit benutzt, daß auch unvollständige Konstellationen überprüft werden können.

Wirth macht, wie Dijkstra, einige implizite Voraussetzungen: Die Anwendung der Methodik, wie er sie beschreibt, setzt Einsicht in das Problem und Kreativität bei dessen Lösung voraus, Wirth beschreibt die Methode als etwas nicht Mechanisierbares. Er betont dies auch am Ende seines Aufsatzes, wo er sagt, daß er mit seiner Demonstration dem weitverbreiteten Glauben entgegenarbeiten wolle, bei Vorhandensein genügend mächtiger Programmiersprachen und genügend schneller Rechner sei das Programmieren eine leichte Angelegenheit. Er vertritt also den Standpunkt, daß der Einfluß der Problemstellungen auf die Schwierigkeiten bei der Programmierung zu wenig beachtet würde, weil man zu sehr an die Leistungsfähigkeit der Programmierhilfsmittel glaube.

Wirth macht zweierlei deutlich: Erstens glaubt er, daß man bei der Entwicklung von Programmen methodisch vorgehen kann. Zweitens wird aber demonstriert, daß diese Methode nicht mechanisch angewendet werden kann, sondern Einsicht in das Problem voraussetzt.

Parnas[87] stellt sich das Problem, nach Kriterien zu suchen, die den von Dijkstra geforderten und von Naur und Wirth demonstrierten Prozeß der Aufteilung einer Gesamtaufgabe in Teilaufgaben leiten können. Dazu stellt er ein Problem dar und gibt zwei Beispiele für Modularisierungen an. Das erste Beispiel stellt er als die herkömmliche Art und Weise dar, ein Problem aufzuteilen: Die Module entsprechen den verschiedenen Phasen, in die der Algorithmus eingeteilt werden kann. Das zweite Beispiel ist das von ihm propagierte: Hier werden solche Aufgaben einem Modul zugeordnet, die gewisse spezifische Entwurfsentscheidungen voraussetzen (eine solche Entscheidung kann etwa die Implementierung einer Liste als Feld sein, und ein Modul enthält dann die Funktionen, die die Manipulation von Listen erlauben). Parnas bezeichnet seinen Ansatz als „Information Hiding" (Verkapselung), weil die Auswirkungen gewisser Entwurfsentscheidungen sich auf jeweils nur ein Modul beschränken.

Als Ziele der Modularisierung eines Programms betont Parnas zusätzlich zur bekannten Verständlichkeit die Möglichkeit der Arbeitsteilung und der leichteren Änderbarkeit. Alle drei Ziele, so Parnas, könnten bei der Aufteilung nach dem Kriterium der Verkapselung besser erfüllt werden als bei der Aufteilung nach dem

Kriterium der Arbeitsphasen des Algorithmus, denn sie seien dann unabhängiger voneinander, was der Möglichkeit der Aufteilung eines Problems auf verschiedene Arbeitsgruppen ebenso zugute kommt wie der unabhängigen Änderbarkeit der Teile und der Verständlichkeit.

Auch bei Parnas ist die Aufteilung eines Problems in Unterprobleme keine mechanische Angelegenheit. Er untersucht die Bedingungen nicht, die gegeben sein müssen, damit das von ihm propagierte Kriterium benutzt werden kann. Aber die Ziele, die er explizt angibt, weisen darauf hin, daß die Unabhängigkeit der Entwurfsentscheidungen voneinander ein wesentliches Moment ist. Die Forderung, Entwurfsentscheidungen möglichst unabhängig voneinander zu treffen, setzt voraus, daß das Spektrum der Möglichkeiten für solche Entscheidungen bekannt und die gegenseitigen Einwirkungen gering sind.

Mills[77] bringt einige Voraussetzungen, die gegeben sein müssen, damit strukturierte Programmierung zum gewünschten Ziel führt, zu einer Synthese. Mills betont den methodischen Charakter strukturierter Programmierung, und er verspricht, daß man bei Anwendung dieser Methodik die Sicherheit gewinnen könne, daß ein Programm richtig sei. Diese Sicherheit kann nach Mills nur aus der Gedankenfolge stammen, die der Entwicklung eines Programms zugrundeliegt. Daher betont er die überragende Bedeutung der menschlichen Aufmerksamkeit für die Entwicklung von Programmen: *The personal discovery of this new reality changes the life of a programmer, by introducing an entirely new psychological awareness of the power and benefits of concentration in program design and coding.* Mills verleiht dieser Auffassung eine gewisse Dramatik. Diese erhält ihr Gewicht durch den Anspruch, daß Programme fehlerfrei sein können.

Mangelnde Aufmerksamkeit während der Erstellung des Entwurfs und des Programms kann nach Mills nicht durch spätere Aufmerksamkeit bei Beweis, Test oder Benutzung des Programms ersetzt werden, denn nur die Gedankenfolge, die der Erzeugung des Programms zugrundeliegt, kann das gewünschte Vertrauen in die Korrektheit des Programms liefern. Für Benutzung und Test leuchtet dies ein, kann doch im allgemeinen auch eine noch so lange ausfallfreie Benutzung nicht ausschließen, daß später Fehler auftreten. Aber Mills läßt auch mathematische Korrektheitsbeweise nicht als Rechtfertigungen der Korrektheit von Programmen gelten. Er begründet dies mit seiner Auffassung eines mathematischen Beweises: Wie alles menschliche Tun ist die Mathematik menschlicher Fehlbarkeit unterworfen, auch mathematische Argumentationen können also fehlerhaft sein. Die Benutzung von Formalismen könne Fehler nicht ausschließen, sondern nur

4.2 Programmierstil

die Kommunikation unter Menschen erleichtern und die Gedächtnisleistung der Beteiligten erhöhen.

Dennoch weist Mills der Mathematik eine spezielle Rolle bei der Sicherung der Korrektheit eines Programms zu, denn die Mathematik liefere besonders geeignete Hilfsmittel für die Argumentation. Letztendlich ist aber auch jede mathematisch gewonnene Überzeugung subjektiv: *If we believe a program is correct because of a formal proof of its correctness, our subjective confidence is in the proof methodology, and the further belief that this methodology applies to the full scope of the program.*

Mills insistiert auf der grundlegenden Bedeutung der Gedankenfolge, die der Entwicklung des Programms zugrundeliegt. Wie Dijkstra sieht er Programmierung als Mathematik, wie Dijkstra betont er die Fehlbarkeit mathematischer Argumentationen, und wie Dijkstra propagiert er die strukturierte Programmierung als Methode, um die problematischen Seiten mathematischer Argumentationen zu vermindern.

Parnas et al.[89] beschäftigen sich mit dem Problem, die beschriebene Methode des strukturierten Programmierens und der Modularisierung durch Verkapselung in umfangreicheren Projekten einzusetzen. Es ging ihnen um Programme in einer Größenordnung von einigen hundert Modulen. Bei Projekten dieses Umfangs, so Parnas et al., ist nicht mehr deutlich, welche Module von der Veränderung einer Entwurfsentscheidung betroffen werden können. Das bedeutet, daß die in Parnas[87] gemachte Voraussetzung, daß sich wesentliche Entwurfsentscheidungen voneinander trennen und voneinander in einzelnen Modulen abkapseln lassen, in großen Projekten nicht erfüllt ist.

Die Auswirkung der Änderung einer Entwurfsentscheidung läßt sich also bei großen Projekten nicht auf nur ein Modul beschränken; das Idealziel, das durch die Verkapselung erreicht werden soll, läßt sich also nicht erreichen. So stellt sich das Problem, zu bestimmen, welche von einigen hundert Modulen von der Änderung einer Designentscheidung betroffen werden können. Parnas et al. schlagen zu diesem Zweck eine spezielle Dokumentation vor, den „Module Guide". Dieser soll den Überblick über das Gesamtprojekt ermöglichen und deutlich machen, welche Menge von Modulen durch Veränderung welcher Entwurfsentscheidungen betroffen werden. Wie für kleine Projekte, bei deren Entwicklung Parnas[87] Verkapselung von Information als Modularisierungskriterium vorgeschlagen hatte, so schlägt er dieses Prinzip auch für umfangreichere Projekte vor, wobei auch die Existenz ganzer Untermodule Informationen sind, die in einem Modul verkapselt sein können. Damit ergibt sich ein hierarchischer Aufbau des Systems.

Der Module Guide, der den Überblick über das System erleichtern soll, ist entsprechend auch hierarchisch gegliedert: Zunächst wird die Funktionalität der höchsten Ebene auf einige Module aufgeteilt, dann wird für jedes Modul der obersten Ebene beschrieben, aus welchen Teilmodulen es besteht und welche Teilaufgaben diese zu übernehmen haben, und endlich geschieht dies für die zweite Ebene. Der Module Guide enthält nicht die Beschreibungen aller Module, sondern nur die der obersten drei Ebenen, und wird durch detaillierte Beschreibungen ergänzt. Damit ist er lang genug, um einen Überblick zu verschaffen, welche Funktionen von welchen Modulen ausgeführt werden, aber nicht zu lang, als daß er nicht gelesen werden könnte (Parnas et al. nennen einen Umfang von weniger als 30 Seiten).

Parnas et al. betonen die Notwendigkeit des Überblicks über das Gesamtprojekt. Diese ermöglichen sie durch eine nicht allzu umfangreiche Dokumentation der Aufgabenverteilung.

Die Bedeutung der Dokumentation eines Programms wird auch von Knuth[54] betont; auch seine Programmiermethodik läßt sich der strukturierten Programmierung zurechnen; während es bei den bisher beschriebenen Verfahren aber in erster Linie darum geht, wie man bei der Entwicklung eines Programms vorgeht, geht es bei Knuth vor allem um die verständliche Darstellung dieses Entwicklungsprozesses. Er beschreibt eine Programmiermethodik, in der die übliche Schwerpunktsetzung – Beschreibung eines Algorithmus für den Rechner mit Ergänzung um einige Kommentare für einen lesenden Menschen – umgedreht wird: *Let us change our traditional attitude to the construction of programs: Instead of imagining that our main task is to instruct a* **computer** *what to do, let us concentrate rather on explaining to* **human beings** *what we want a computer to do.* Knuth stellt Hilfsmittel vor, die es ermöglichen, sich bei der Darstellung eines Algorithmus mehr an den Bedürfnissen eines lesenden Menschen als an den Anforderungen einer Programmiersprache zu orientieren. Die spezielle Programmiersprache, die er für diesen Zweck entworfen hat, trägt den Namen „WEB".

Mit Enthusiasmus beschreibt Knuth die Folgen der Übernahme seiner Programmierweise. Die Einstellung zum Programmieren verändere sich grundlegend, die Programme würden besser. Der Anspruch, die Programmstruktur möglichst gut verständlich zu machen, zwingt zu besonderer Sorgfalt in der Planung und der Darstellung und fordert besonders bei trickreicher Programmierung eine sorgfältige Beschreibung des benutzten Verfahrens. Auf diese Weise werde, so Knuth, auf Tricks verzichtet oder relativ viel Dokumentation erzeugt, und so komme es, daß die Fehlersuche weniger Zeit koste. Knuth gibt an: *The WEB language encourages a discipline that I was previously unwilling to impose on myself.*

Die von Knuth angebotenen Werkzeuge ermöglichen zunächst einmal nur eine größere Flexibilität bei der Beschreibung eines Programms. Ein sinnvoller Einsatz dieser Werkzeuge setzt die Fähigkeit voraus, informelle Erklärungen und formale Programmfragmente in Ausgewogenheit zur Darstellung von Algorithmen zu benutzen. Da die Benutzung der WEB-Sprache zu einer erhöhten Flexibilität führt, ist es überraschend, wenn Knuth angibt, daß dies bei ihm zu einer disziplinierteren Programmierweise geführt hat. Der wesentliche Punkt für die Verbesserung der Programme kann also nicht in der benutzten Programmiersprache liegen. Die Programmiersprache erleichtert es nur, die geforderte Veränderung der Einstellung zum Programmieren aufrechtzuerhalten, nämlich, sich in der Beschreibung eines Algorithmus an den Bedürfnissen von Menschen statt an den Anforderungen von Maschinen zu orientieren. Erzwingen kann die Sprache nicht, daß den menschlichen Bedürfnisse Genüge geleistet wird. Das Prinzip, das Knuths Programmierweise zugrundeliegt, ist die autosuggestive Kraft der Vorstellung, ein Mensch wolle die anzufertigende Beschreibung des Programms verstehen.

Auch Knuths Ansatz betont damit die zentrale Rolle des menschlichen Verständnisses für die Korrektheit von Programmen; bemerkenswerterweise ist diese Rolle hier eine indirekte: Programme werden besser, wenn man sich bei ihrer Darstellung um das Verständnis eines Menschen bemüht. Wie entsprechende Darstellungen aussehen, ist natürlich davon abhängig, was für einen lesenden Menschen man sich bei der Anfertigung der Beschreibung vorstellt, und wie gut man in der Lage ist, den autosuggerierten Anforderungen zu genügen.

4.2.2 Schwerpunkte

Die Auffassung, daß menschliche Einsicht für die Zuverlässigkeit von Programmen die zentrale Rolle spielt, ist den verschiedenen beschriebenen Ansätzen gemeinsam, führt jedoch zu verschiedenen Schwerpunktsetzungen. Diese sollen jetzt mit anderen Verfahren und gegeneinander kontrastiert werden.

Bei Inspektionen entsteht ein wesentlicher Teil des Einsichtsgewinns aus der Zusammenarbeit mehrerer Menschen; jene Verfahren funktionieren nicht, wenn nur eine Person die Inspektion durchführt. Die dort ausgenutzten Effekte werden zum Teil auch bei den hier referierten Ansätzen ausgenutzt. Knuth etwa imaginiert einen lesenden Menschen, dem er sein Programm erklärt; wenn er dies überzeugend genug tut, kann dies vielleicht ähnliche Folgen haben wie der Lerneffekt, der eintritt, wenn man merkt, unter welchen Bedingungen das eigene Programm tatsächlich von Menschen verstanden werden kann. Mills stellt einen mathematischen Beweis als den Überzeugungsversuch eines anderen Menschen dar, daß die zu beweisende Aussage gilt. Letztendlich vertrauen aber diese beiden ebenso wie die anderen in diesem Abschnitt referierten Auffassungen darauf, daß ein System von einem einzelnen Menschen schon verstanden werden könne, wenn es nur einfach genug sei, und daß es möglich sei, durch besondere Disziplin bei der Beschreibung eines Algorithmus – wie Modularisierung mit Verkapselung, Verzicht auf Goto-Anweisungen, sorgfältige Dokumentation der Modulstruktur und der einzelnen Module – das Verständnis immer umfangreicherer Programme zu ermöglichen.

Eine gemeinsame Voraussetzung der Auffassungen ist die, daß die Problemstellung nicht fraglich sein darf: Dijkstra faßt ebenso wie Mills Programmierung als die Lösung eines mathematischen Problems auf. Naur und Wirth demonstrieren Beispiele ihrer Entwurfsmethoden, bei denen die Problemstellung relativ einfach ist und nur die Umsetzung in einem Algorithmus das Hauptproblem darstellt; nun kann man in einem kurzen Aufsatz auch keine allzu schwammige Aufgabenstellung anaslysieren, aber das hier gegebene Problem wird von keinem der beiden angesprochen. Ähnliches gilt für Parnas, und auch bei Parnas et al. ist es der Umfang, nicht die Mehrdeutigkeit der Aufgabenstellung, die problematisiert wird. Damit müssen die hier beschriebenen Methoden auf Einsatzbereiche beschränkt werden, in denen man über klar definierte Anforderungskataloge verfügt.

Eine weitere Gemeinsamkeit ist, daß die Zuverlässigkeit des Programms bei Anwendung der hier beschriebenen Techniken nicht objektiv quantifiziert ist. Mills legt größten Wert auf die Feststellung, daß selbst ein mathematischer Beweis nur subjektive Sicherheit liefern kann, weil die Sphäre der Mathematik und die Sphäre der Wirklichkeit, über die man Aussagen haben möchte, sich nicht notwendig decken. Die Anwendung der anderen Verfahren setzt voraus, daß die Zuverlässigkeit des Programms mit der Konzentration der Aufmerksamkeit der Programmiererin sinkt oder steigt.

4.2 Programmierstil

Neben solchen Gemeinsamkeiten weisen die verschiedenen Auffassungen aber auch Unterschiede in der Schwerpunktsetzung auf.

Sowohl Dijkstra als auch Mills betonen die mathematischen Aspekte der Programmierung von Rechnern; die Benutzung mathematischer Techniken soll bei ihnen dazu dienen, Programme verständlicher zu machen. Parnas dagegen betont die Rolle der Verkapselung von Informationen, sowohl in seinem frühen Aufsatz allein als auch in dem späten gemeinsam mit Clements und Weiss; zudem betonen Parnas et al.[89] die Bedeutung von Dokumentation. Ihre Technik, das Verständnis eines Programms zu erleichtern, beruht also nicht auf mathematischen Notationen und Argumentationen, sondern auf dem Entwurfsprozeß, der die zu verkapselnden Entwurfsentscheidungen liefert, und der Dokumentation, wenn sich die Auswirkungen von Entwurfsentscheidungen nicht mehr auf nur ein Modul beschränken lassen.

Diesem Ansatz ist Knuth nahe, der ebenfalls den größten Wert nicht auf mathematische Techniken legt, sondern glaubt, daß eine Darstellung dann am besten verständlich ist, wenn sie die Entwurfsentscheidungen in der Reihenfolge wiedergibt, in der sie gefällt wurden, und wenn die richtige Mischung formaler und informeller Elemente bei der Darstellung benutzt wird. Knuth vermittelt den Eindruck, daß dies die natürlichste Reihenfolge sei. Im mathematischen Formalismus allein sieht Knuth also keine Lösung des Problems, ein Programm einem Menschen möglichst gut verständlich zu machen.

Wirth schließlich betont, daß die Problemstellung mehr Einfluß als die Programmierhilfsmittel (wie Programmiersprachen oder schnelle Rechner) darauf habe, ob Programme verständlich sind.

Damit haben wir ein Spektrum von Schwerpunktsetzungen dafür, wovon beeinflußt wird, ob ein Programm verständlich ist oder nicht. Dijkstra und Mills betonen den Wert mathematischer Methoden, Parnas/Parnas et al. und Knuth betonen die Bedeutung der Darstellungsweise der Entwurfsentscheidungen, und Wirth betont die Bedeutung der Problemstellung. Alle drei Einflüsse sind wesentlich, die bequeme Anwendung der mathematischen Analysemethoden setzt jedoch schon einen bestimmten modularen Aufbau, also bestimmte Entwurfsentscheidungen voraus; die Fällung besonders geschickter gliedernder Entwurfsentscheidungen jedoch setzt wiederum eine gut modularisierbare Aufgabenstellung voraus.

Die zentrale Rolle des Verständnisses in den beschriebenen Ansätzen bietet die Gelegenheit, die Verantwortung für Entwurfsentscheidungen und damit für solche Ausfälle, die sich mit bestimmten Entwurfsentscheidungen begründen lassen, einzelnen Menschen zuzuordnen. Wenn eine so extreme Einstellung wie die von Mills propagierte, die von einer Programmiererin erwartet, ein fehlerfreies Programm zu liefern, sich durchsetzen kann, dann bedeutet das einen sehr anspruchsvollen Aspekt der Berufsmoral. Die beschriebenen Ansätze können also dazu dienen, die Wahrnehmung von Verantwortung für die Folgen des Einsatzes von Programmen zu fördern, wenn die Verantwortlichkeiten für Entwurfsentscheidungen einzelnen Menschen zugeordnet werden können und die Menschen nicht durch allzu hohe Leistungsanforderungen überfordert werden.

4.3 Große Entwerfer

Die im folgenden referierten Aufsätze legen den Schwerpunkt nicht auf diese durch Benutzung von Hilfsmitteln erreichbaren Ziele, sondern auf eine besondere Organisationsform, die die Zuweisung von Verantwortung für die Projektergebnisse besonders einfach macht. Die Ansätze kulminieren in dem Vorschlag, einer einzigen Person für das Ergebnis des Projektes die volle Verantwortung zuzuweisen und die organisatorischen Voraussetzungen zu schaffen, die dieser Person die Übernahme dieser Verantwortung ermöglichen soll. Dazu gehören andererseits weitreichende Entscheidungsbefugnisse, wie sie üblicherweise eher Mitgliedern des Management zukommen, andererseits eine tiefe Kenntnis des entstehenden Produkts, wie sie üblicherweise das technische Personal hat.

Die Bedeutung dieses Vorschlags wird untersucht, indem zunächst ein Idealbild der Arbeit an einem Projekt skizziert wird, wie es den beschriebenen methodenbasierten Ansätzen zugrundezuliegen scheint, die die Verwendung von Hilfsmitteln wie besonderen Programmiersprachen oder Entwicklungstechniken zum Zwecke der Sicherung der Verantwortungsübernahme vorschlagen. Dann werden die Probleme untersucht, die in diesem Idealbild nicht berücksichtigt werden. Schließlich wird der Organisationsansatz vorgestellt, der diese Probleme lösen soll, und es wird betrachtet, ob die wesentlichen Probleme der Wahrnehmung von Verantwortung auf diese Weise gelöst werden könnten.

4.3.1 Idealbild methodenzentrierter Programmentwicklung

Ansätze, die die Benutzung von Werkzeugen wie speziellen Programmiersprachen und Dokumentationsweisen, aber auch Beweis- oder Testtechniken oder besondere Verfahren zur Feststellung der Adäquatheit einer Spezifikation für die Unfallsicherheit von Programmen betonen, können sich auf folgendes Bild der Entwicklung von Programmen stützen:

Einem Individuum oder einer Gruppe von Menschen wurde die Aufgabe übertragen, für eine vorgegebene Aufgabe ein Programm zu entwerfen und zu implementieren.

Als erstes wird die Aufgabenstellung so weit wie möglich zu einer Spezifikation präzisiert, und es wird nach Möglichkeiten gesucht, die Adäquatheit dieser Spezifikation festzustellen, etwa durch den probeweisen Einsatz von Prototypen.

Aufbauend auf die so gewonnenen Kenntnisse wird ein System entworfen, das die als wesentlich bestimmte Funktionalität erfüllen kann. Dabei wird darauf geachtet, daß Teilmodule spezifiziert werden, die man möglichst unabhängig voneinander implementieren kann, so daß die Arbeit auf mehrere Personen aufgeteilt werden kann und diese möglichst wenig voneinander wissen müssen.

Jedes der Module wird bedarfsweise weiter aufgeteilt, so daß Schritt für Schritt und auf methodische Weise aus den immer weiter verfeinerten Teilspezifikationen Programmstücke und zugehörige Dokumentationen entstehen, die mit den anderen Programmstücken integriert werden können. Dabei betont man Verfahren, bei denen immer wieder lauffähige Programme mit eingeschränkter Funktionalität entstehen, so daß man durch probeweise Verwendung sichern kann, ob die anhand der Prototypen festgestellten Anforderungen erstens noch gelten und zweitens durch das entstehende Programm ausgefüllt werden können.

Diese Programmstücke können Inspektionen, formalen Beweisen oder Tests unterworfen werden, damit gesichert wird, daß sie die ihnen zugehörigen Spezifikationen erfüllen. Sowohl die systematische Art und Weise ihrer Erstellung wie die nachfolgenden Prüfungen erhöhen das Vertrauen der an der Entstehung beteiligten Personen darauf, daß die Programme ihre Spezifikationen erfüllen und daß die Spezifikationen den Aufgaben adäquat sind.

Durch die Verwendung der zur Verfügung stehenden Hilfsmittel entsteht somit ein gut dokumentiertes und gut verstandenes Programm, von dem sich die Beteiligten sicher sind, daß es seine Aufgaben erfüllt. Damit sind die Folgen seines Einsatzes absehbar, und der Einsatz ist verantwortbar.

4.3.2 Ein Organisationsproblem

Dafür, daß das skizzierte Idealbild nicht erreicht wird, werden verschiedene Gründe angeführt. Wir werden die von Brooks[11] und Hoare [43] beschriebenen Probleme wiedergeben. Hoare suggeriert auch einen Lösungsansatz für das von ihm beschriebene Problem, der von Baker[5] und Brooks[10] ausformuliert wird. Wir werden untersuchen, wie weit dieses Konzept trägt. Für das von Brooks[11] beschriebene Problem bietet sich allerdings keine naheliegende Lösung an.

Beginnen wir mit dem Problem, für das eine Lösung vorgeschlagen wird. Hoare [43] erzählt in seiner Turing-Award-Lecture die Geschichte eines Fehlschlags bei der Entwicklung eines umfangreichen Programms. Es handelt sich um einen Algol 60-Compiler. Hoare selbst ist der verantwortliche Manager des Projektes, aber noch einiger weiterer. Ein zuvor unter seiner Mitwirkung durchgeführtes Projekt, die Implementierung einer Teilsprache von Algol 60, war sehr erfolgreich verlaufen. Nun war er befördert worden, hatte einen erweiterten Verantwortungsbereich, so daß er die Entwicklung des neuen Compilers nicht sorgfältig verfolgte. Anschaulich beschreibt Hoare die sich abzeichnende Katastrophe und ihr Eintreten: Der Compiler konnte nicht ausgeliefert werden, und dreißig Mannjahre Programmierarbeit waren umsonst. Die Moral der Geschichte legt er einem Manager in den Mund: „You let your programmers do things which you yourself do not understand."

Mit dieser Geschichte motiviert Hoare sein Interesse an formalen Spezifikationen und an Möglichkeiten der Strukturierung von Systemprogrammen. Und diese Geschichte bildet den Hintergrund zu zwei anderen Katastrophengeschichten, an denen Hoare allerdings weniger direkt beteiligt war. Das eine ist die Entwicklung der Sprachdefinition von Algol 68, die nach Hoare in einem Dokument endete, daß sich ob seines Umfangs und seiner Komplexität jeglicher Bewertung entzog; das andere ist die Entwicklung von PL/I, ebenfalls ein Projekt, daß an überzogenen Ansprüchen gescheitert sei. Hoare beendet seinen Vortrag mit einer Warnung davor, sich von Ada zu versprechen, was man sich bereits von Algol 68 und PL/I versprochen hatte.

Hoare setzt zwei Schwerpunkte.

- Erstens weist er darauf hin, daß Verständnis wesentlich für den Erfolg eines Programmierprojektes ist. Er beschreibt, wie er, als die Katastrophe einmal offensichtlich wurde, von gewissen Pflichten entbunden wurde, um konzentrierter die Aufarbeitung betreiben zu können. Diese Aufarbeitung führte dann auch in kleinen Schritten zum Erfolg.

- Zweitens sagt er, daß Programmiersprachen nicht durch eine Unzahl von Automatismen die entstehenden Programme zuverlässiger machen, sondern dadurch, daß sie möglichst einfach sind. Dies begründet er damit, daß das Programmieren an sich schon extrem kompliziert ist, womit er die mögliche Vielzahl einander widersprechender Entwurfsziele meint, die gegeneinander abgewogen werden müssen. Wenn die zur Formulierung der Probleme benutze Sprache zudem sehr kompliziert ist, dann erschwert dies notwendigerweise die Aufgabe und geht auf Kosten der Zuverlässigkeit des Ergebnisses.

Der erste Schwerpunkt ist organisatorischer Art, der zweite bezieht sich auf Hilfsmittel. Hinsichtlich der Organisation empfiehlt Hoare bestmöglichen Einsatz, gerade auch fachlich, durch die Leitung, und er empfiehlt dem projektverantwortlichen Menschen, sich möglichst sachkundig zu machen und sich nicht darauf zu beschränken, die Arbeitsbedingungen herzustellen, der den Programmierer/innen ihre Arbeit möglichst erleichtern soll. Hinsichtlich der Benutzung von Hilfsmitteln empfiehlt Hoare aber die Beschränkung auf möglichst einfache Werkzeuge.

Von Baker[5] und Brooks[10] wird für das von Hoare beschriebene Organisationsproblem eine Lösung beschrieben, die im folgenden Unterabschnitt referiert werden soll.

4.3.3 Eine Lösung des Organisationsproblems

Baker[5] und Brooks[10] beziehen sich bei ihrer Beschreibung beide auf ein gemeinsames zugrundeliegendes Modell, das Mills vorgeschlagen hatte. Es beruht auf einer sehr weitgehenden Taylorisierung des Entwurfs- und Implementierungsprozesses von Programmen. Taylorisierung ist die Aufteilung von Teilaufgaben und Teilverantwortlichkeiten an Menschen, die dann nur noch einzelne Spezialaufgaben zu erledigen haben. Ziel ist es, auf diese Weise die Effizienz des Produktionsprozesses zu erhöhen.

Die von Baker beschriebene Organisationsform sieht folgendermaßen aus: Um zu vermeiden, daß fähige Programmierer/innen im Zuge ihrer Karriere auf Positionen hin befördert werden, auf denen sie ihre spezifischen Fähigkeiten nicht zum Einsatz bringen können, wird ein streng arbeitsteiliges Modell der Programmentwicklung beschrieben, das der erfahrenen Programmiererin die vollständige Verantwortung an einem Projekt zuordnet. Das gesamte Projekt wird von ihr geplant, implementiert und verantwortet. Da sie umfangreiche Aufgaben nicht allein lösen kann, wird nach Möglichkeiten gesucht, Routineaufgaben so weit wie möglich zu identifizieren, nach verschiedenen Typen zu klassifizieren, und sie Helfer/inne/n zu übergeben. Die verschiedenen Helferinnen sind dabei Spezialistinnen für die von ihnen bearbeiteten Teilaufgaben, nur die Hauptprogrammiererin muß alles verstehen können.

Baker[5] und Brooks[10] beschreiben leicht verschiedene Konzepte, aber die Unterschiede sind nicht wesentlich. Wir folgen hier der Deutlichkeit halber Brooks, der ein idealeres Bild zeichnet.

- Die Hauptprogrammiererin entwirft das zu implementierende Programm vollständig und spezifiziert jedes einzelne Modul. Die wesentlichen Module werden auch von ihr persönlich implementiert und sie persönlich testet auch das System. Sie hat zudem Weisungsbefugnis und Personalverantwortung über alle anderen Projektmitglieder.

- Die Nebenprogrammiererin ist eine andere erfahrene Programmiererin, die der Hauptprogrammiererin zur Seite steht, mit der sie Entwürfe diskutieren kann, und die sich ebensogut im gesamten Programm auskennen sollte wie die Hauptprogrammiererin. Sie implementiert Module, die von der Hauptprogrammiererin spezifiziert worden sind.

- Eine Managerin übernimmt Verwaltungsaufgaben, kümmert sich also um Geld, Leute, Räume, Maschinen. Baker beschreibt ein Projekt für einen externen Auftraggeber, und in diesem Fall übernimmt die Managerin auch die Vertragsgestaltung. Bei internen Projekten, so die Autoren, genüge eine Managerin für zwei Projektgruppen. Die Managerin übernimmt nicht die eigentliche Verantwortung über das Projekt – diese liegt bei der Hauptprogrammiererin.

4.3 Große Entwerfer

- Eine Schreiberin sorgt dafür, daß die von der Hauptprogrammiererin angefertigten Entwürfe in eine angemessene Form kommen, formuliert also anhand von Entwürfen die Dokumentation, kümmert sich um Bibliographie und Literaturnachweise und anderes.
- Die Schreiberin und die Managerin arbeiten, je nach Bedarf, mit je einer Sekretärin zusammen.
- Eine wichtige Rolle übernimmt die Archivarin. Sie verwaltet eine Datenbank mit allen Spezifikationen, Programmteilen, der zugehörigen Dokumentation, Testeingaben und den Ergebnissen von Testläufen. Sie macht die relevanten Dokumente denen verfügbar, die sie brauchen, und fügt Änderungen in die Datenbank ein. Nach Brooks kommt ihr die wichtige Funktion zu, das Programmieren von einer privaten zu einer öffentlichen Tätigkeit zu machen, indem das Ergebnis jedes Programmlaufs für jeden sichtbar gemacht werden kann.
- Eine Technikerin ist für die Funktion der benutzten Maschinen zuständig,
- eine Testerin führt die Testläufe durch und protokolliert die Ergebnisse,
- und eine Sprachexpertin wird herangezogen, wenn sich Probleme ergeben, die mit der benutzten Programmiersprache zusammenhängen. Diese kann ihre Dienste mehreren Projektgruppen zur Verfügung stellen.

Auf diese Weise, so die Hoffnung von Brooks, ist das entstehende Programm das Produkt nur eines Geistes, womit die sonst so schwerwiegenden Kommunikationsprobleme weitestgehend behoben sind. Die starre Arbeitsaufteilung nach formalen Kriterien, also die Spezialisierung auf relativ einfache Rollen, macht es relativ leicht, die Zuständigkeiten zu erkennen.

Dieses Extrembild arbeitsteiliger Programmentwicklung – nach Brooks – wird bei Baker etwas abgeschwächt, der ein Projekt beschreibt, in dem dieses Organisationskonzept ansatzweise umgesetzt wurde. Das Prinzip, daß eine Hauptprogrammiererin organisatorische wie fachliche Verantwortung trägt, dabei aber selbst in erster Linie fachliche und weniger organisatorische Aufgaben übernimmt, wurde hier beibehalten, aber das starre Schema der formalen Aufgabenzuweisung wurde dahingehend aufgeweicht, daß weitere Programmiererinnen herangezogen wurden, deren Arbeitsteilung untereinander inhaltlich, anhand des zu erledigenden Projektes definiert wurde. Die herkömmlichen Probleme bei der

Aufteilung von Aufgaben auf verschiedene Personen werden in diesem Konzept möglichst klein gehalten, indem sichergestellt wird, daß die Hauptprogrammiererin sich in dem entstehenden System gut auskennt, weil sie die wesentlichen Module selbst implementiert.

Baker wie Brooks betonen als Hauptrechtfertigungen dieses Konzepts arbeitsteiligen Programmierens die geringere Zahl beteiligter Personen, die klarere Aufgabenzuweisung, und die erheblichen Unterschiede zwischen mittelmäßigen Programmiererinnen auf der einen und sehr guten Programmiererinnen auf der anderen Seite. Sie sehen in der beschriebenen Organisationsform eine Möglichkeit, die Fähigkeiten der Letzteren besser auszunutzen.

Dieses Konzept ist, soweit es trägt, eine Lösung für das Hoaresche Problem, nämlich zu sichern, daß die Projektverantwortliche genügend Überblick über das Projekt hat. Einige Probleme fallen allerdings sofort auf:

- Brooks weist darauf hin, daß manche sehr großen Projekte wesentlich mehr Leistung erfordern, als auch sehr gute Programmiererinnen unter besten Bedingungen bringen können. Optimalerweise, so Brooks, organisiere man auf der untersten Ebene so, wie hier beschrieben, auf höhren Ebenen sind die Probleme der Aufgabenaufteilung gemäß inhaltlichen und damit weniger leicht bestimmbaren Kriterien jedoch nicht zu vermeiden.

- Baker erwähnt das Problem, ob sich Menschen fänden, die die Doppelbelastung der Verantwortung für die Organisation und die fachliche Arbeit zu übernehmen bereit sind, und erklärt, daß erfahrene Hauptprogrammiererinnen darin eine Erfüllung gefunden hätten, die sie sonst kaum erfahren hätten. Er untersucht allerdings nicht die Frage, ob es sich mit der Zufriedenheit der anderen Projektbeteiligten, der verschiedenen Spezialistinnen also, mit ihrer Arbeit ebenso verhält. Auswirkungen dieser Art von Arbeitsorganisation auf die Zufriedenheit mit der Arbeit untersucht er nicht systematisch. Erfahrungen in anderen Bereichen, etwa der industriellen Produktion, legen allerdings grundsätzliche Bedenken nahe. Problematische Aspekte extrem betriebener Arbeitsteilung werden mit keinem Wort erwähnt.

4.4 Die Brookssche These

Brooks[11] identifiziert als Problem beim Entwurf von Programmen einige von ihm als unvermeidbare angesehene Eigenschaften: Komplexität, Ungleichförmigkeit, Veränderbarkeit, und Unsichtbarkeit. Die aus diesen Eigenschaften resultierenden Schwierigkeiten nennt er essentiell, im Gegensatz zu akzidentiellen, die sich durch die Wahl spezieller Notationen lösen ließen.

Die Auffassung, daß es nicht in erster Linie die Mangelhaftigkeit der Hilfsmittel ist, die den Entwurf von Programmen schwierig macht, findet man auch bei Wirth[116] und Hoare[43]. Wirths Artikel endet mit den Worten: *If this paper has helped to dispel the widespread belief that programming is easy as long as the programming language is powerful enough and the available computer is fast enough, then it has achieved one of its purposes.* Und in Hoare sagt in seinem Vortrag: *Programmers are always surrounded by complexity; we cannot avoid it. Our applications are complex because we are ambitious to use our computers in ever more sophisticated ways. Programming is complex because of the large number of conflicting objectives for each of our programming projects.*

Auch Brooks ist der Auffassung, daß Programmiermethoden keine wesentlichen Verbesserungen bringen können. Er verdeutlicht seinen Standpunkt, indem er zwischen essentiellen und akzidentiellen Problemen der Programmentwicklung unterscheidet.

- Als essentiell betrachtet er Probleme, die aus den notwendigen Eigenschaften von Programmen resultieren: Er sieht ein Programm als ein abstraktes System aus aufeinander abgestimmten Datentypen und Daten, Algorithmen und Funktionsaufrufen. Das wesentliche Problem bei der Entwicklung von Programmen, so Brooks, besteht in der Festlegung dieses abstrakten Systems, also im Entwurf des Programms.

- Akzidentiell ist die Formulierung dieses abstrakten Entwurfes in Form einer konkreten Programmiersprache.

Neuartige Programmiersprachen und Entwicklungsmethoden können nur die akzidentielle Formulierung des Entwurfs vereinfachen, nicht aber den essentiellen Aufbau.

Brooks schließt, wie auch Wirth und Hoare, aus, daß durch eine geniale Methodologie der gordische Knoten der Programmentwicklung durchschlagen wird.

Diesen Standpunkt macht er plausibel, indem er seine Auffassung deutlich macht, daß sich Durchbrüche der Vergangenheit nur auf Akzidentien bezogen, die Essenz aber nicht betrafen, und daß auch die neuartigen Methoden, die heute vorgeschlagen werden, nur Akzidentien betreffen.

Zunächst beschreibt er drei methodologische Durchbrüche, die in der Vergangenheit das Programmieren wesentlich vereinfacht haben: Die Benutzung höherer Programmiersprachen; der Übergang von Stapelverarbeitung zu Teilnehmerbetrieb; und integrierte Programmierumgebungen. Diese drei Durchbrüche vereinfachten in erster Linie die Umsetzung eines Entwurfs in ein Programm, und betreffen damit in Brooksscher Sprechweise Akzidentien, nicht aber die Essenz, den Entwurf selbst.

Im Anschluß beschreibt Brooks einige aktuelle Kandidaten für methodologische Durchbrüche, und erklärt jeweils, warum er der Auffassung ist, daß auch sie nur Akzidentien betreffen. Er nennt Ada, objektorientierte Programmierung, Künstliche Intelligenz, Expertensysteme, „automatische" Programmierung, graphische Programmierung, Programmverifikation, neue Programmierumgebungen, und leistungsfähige Arbeitsplatzrechner. All diese Hilfsmittel und Methoden tragen nach Brooks nur zur Verminderung akzidentieller Probleme bei.

Als Möglichkeiten zur Verminderung der essentiellen Probleme schlägt Brooks vor:

- Programme zu kaufen statt sie anzufertigen;
- sich durch Benutzung von Prototypen um die Bestimmung der tatsächlichen Anforderungen zu bemühen;
- Programme nicht in einem großen Wurf zu planen, sondern sie inkrementell wachsend anzulegen;
- und schließlich besonders befähigte Entwerfer ganz besonders zu fördern.

Von diesen Möglichkeiten, so Brooks, dürfe man sich keine grundlegenden Durchbrüche versprechen, aber doch stetigen Fortschritt.

Das Kernresultat des Brooksschen Standpunktes kann ohne Benutzung der Begriffe Essenz und Akzidenz formuliert werden. Es soll Brookssche These genannt werden: Neuartige Notationen und Programmierhilfsmittel können nur die konkrete Formulierung eines Entwurfs, nicht den Entwurfsprozeß selbst vereinfachen.

4.4 Die Brookssche These

Die Diskussion der Brooksschen These läßt sich an zwei Einwänden aufhängen, deren Effekte sich gegenseitig aufheben: Ein flacher Einwand besteht darin, daß das Spektrum möglicher Formulierungen für die Systemstruktur sehr wohl Einfluß auf die empfundene Komplexität dieser Struktur und damit auf die Schwierigkeiten beim Entwurf haben kann, daß also das, was Brooks als Essenz bezeichnet, von dem, was er als Akzidentien bezeichnet, nicht unabhängig ist. Bliebe dies der einzige Einwand, dann würde die Brookssche These fallen. Der tiefere Einwand besteht darin, Brooks Auffassungen von Essenz und Akzidentien abzulehnen. Bei anders aufgefaßten Essenz- und Akzidenzbegriffen läßt sich die Brookssche These aufrechterhalten.

4.4.1 Der flache Einwand: Sprachrelativismus

Der flache Einwand gegend Brooks Aufteilung der Probleme bei der Softwareentwicklung besteht darin, daß die zur Formulierung von Systembestandteilen benutzten Begriffe sehr wohl dazu führen können, daß ein System mit einer gegebenen Funktionalität mal als einfach, mal als komplex eingeschätzt werden kann. Bestimmte Algorithmen wirken, auf die eine Weise ausgedrückt, sehr einfach, auf eine andere sehr schwierig. Ein Beispiel ist die Benutzung von Rekursion statt Programmschleifen, etwa bei der Formulierung des Quicksort-Algorithmus. Notationen, die weitergehende Abstraktion unterstützen, können dazu führen, daß die Programmiererin auch in abstrakteren Begriffen denkt, und ein in diesen Begriffen beschriebenes System daher als weniger komplex empfindet.

Diesen Standpunkt bezeichnet man als Sprachrelativismus des Denkens: Das Denken (also auch die Wahrnehmung eines Denkkonstruktes, etwa des Quicksort-Algorithmus, als komplex) hängt von den Begriffen ab, die zur Formulierung des Konzeptes benutzt werden. Stellt man sich auf diesen Standpunkt, dann ist es plausibel, daß gewisse Probleme durch Verwendung neuartiger Notationen entscheidend vereinfacht werden können, weil diesen Problemen adäquatere Begriffe gefunden werden können. Die Brookssche These, daß die Entwicklung von Programmen nicht durchgreifend durch neuartige Notationen und Hilfsmittel vereinfacht werden kann, fällt.

4.4.2 Der tiefe Einwand: Anforderungsabhängigkeit

Ein tieferer Einwand gegen den Ansatz von Brooks führt aber dazu, daß die These von Brooks nicht aufgegeben werden muß. Das Problem ist: Brooks spricht bei der Definition der Essenz die Anforderungen, denen das Programm zu genügen hat, gar nicht an! Er beschreibt nur die innere Struktur eines Programms, und sieht in der Komplexität dieser Struktur die Essenz eines Programms. Man kann aber auch die Essenz eines Programms darin sehen, daß es seine Aufgabe erfüllt, gleichgültig von seinem inneren Aufbau. Die essentielle Komplexität des Programmentwurfs besteht unter dieser Voraussetzung nicht in der Anordnung von Daten und Algorithmen, sondern in der Adäquatheit der explizit beschriebenen Anforderungen an die tatsächlichen Anforderungen. Die Sphären der tatsächlichen Anforderungen und der Notationen lassen sich nur durch menschliches Nachvollziehen verbinden. Eine spezielle Notation kann die expliziten Formulierungen übersichtlicher machen – die wirklichen Anforderungen befinden sich jedoch in einer anderen ontologischen Sphäre als die Notationen.

So stellt sich als essentielles Problem der Programmentwicklung: Woher kann man wissen, ob ein explizit aufgeschriebener Anforderungskatalog auf die Anforderungen paßt? Dieses Problem läßt sich durch neuartige Notationen in der Tat nicht lösen. Notationen können die Einsicht in die Leistungen eines Programmsystems erleichtern, und dasselbe gilt für die Benutzung von Inspektionen, den Hauptprogrammiereransatz und alle anderen Verfahren, deren Wirksamkeit darauf beruht, daß Menschen einen besseren Überblick über ein technisches System erhalten. Für einen besseren Zugang zu den wirklichen Anforderungen haben wir bislang jedoch nur die Benutzung von Prototypen gefunden, ein Ansatz, der aufgrund seiner essentiellen Offenheit keine sinnvoll quantifizierbare Sicherheit bietet.

Die Brookssche These bleibt gültig: Programmentwurf ist essentiell schwierig, und diese Schwierigkeit kann nicht mit Hilfe neuartiger Notationen oder anderer Hilfsmittel, die lediglich einen besseren Überblick über das technische System ermöglichen, ausgeräumt werden. Für den Entwurf gefahrenträchtiger Programme folgt daraus, daß die Anforderungen, die die essentielle Schwierigkeit darstellen, so einfach wie möglich gehalten werden müssen.

5 Beweise

5.1 Drei Beweisbegriffe

Mathematische Beweise haben das Flair besonderer Zuverlässigkeit. Das macht es nicht verwunderlich, daß zuweilen vorgeschlagen wird, die Korrektheit von Programmen mit Hilfe solcher Beweise zu überprüfen. Drei idealisierte Einstellungen zu solchen Versuchen sollen unterschieden werden:

- Zuweilen wird die Benutzung mathematischer Methoden in der Korrektheitssicherung von Programmen propagiert, ohne daß eine explizite Rechtfertigung dafür angegeben würde; man bezieht sich nur implizit auf eine besondere Sicherheit mathematischer Aussagen. Häufig betont man bei dieser Einstellung formale Aspekte der Mathematik. Die Gültigkeit von Axiomen und Schlußregeln ist bei dieser Einstellung die eigentliche Basis der Rechtfertigung per Beweis.

- Zuweilen wird der Hauptwert mathematischer Methoden darin gesehen, daß sie eindeutige und einfache Begriffsbildungen voraussetzen. Bevor ein Programm bewiesen werden kann, muß es daher gründlich durchdacht und verstanden sein. Damit ist ein – gewöhnlich individueller – Verständnisprozeß die eigentliche Basis der Rechtfertigung per Beweis.

- Zuweilen wird die Rechtfertigung der Sicherheit mathematischer Beweise darin gesehen, daß Menschen sich ausführlich darüber unterhalten haben. Die besondere Sicherheit über die Ergebnisse in der Mathematik ist bei dieser Einstellung auf besonders gut funktionierende soziale Prozesse in der Gemeinschaft der Mathematiker/innen zurückzuführen. Bei dieser Einstellung ist ein Kommunikationsprozeß die eigentliche Basis für die Rechtfertigung per Beweis.

Diese Einstellungen sind idealisiert dargestellt. Die in verschiedenen Texten ablesbaren Einstellungen zeigen diese Idealformen gewöhnlich nicht in Reinform, setzen aber oft solche Schwerpunkte. In diesem Kapitel sollen Beispiele für die drei beschriebenen idealisierten Einstellungen untersucht werden. Im Anschluß wird betrachtet, was die Einstellungen für den Bereich der Unfallsicherheit von Programmen bedeuten.

5.2 Die axiomatische Basis

5.2.1 Hoares idealer Beweisbegriff

Ein Beispiel für die erste Einstellung ist Hoares Artikel von 1969[42], dessen Kernidee sich bereits bei Naur[81] findet.

Hoare betrachtet mathematische Beweise als Deduktionen. Solche Deduktionen sind für den Korrektheitsnachweis von Programmen möglich, weil Hoare annimmt: *Computer programming is an exact science in that all the properties of a program and all the consequences of executing it in a given environment can, in principle, be found out from the text of the program itself by means of purely deductive reasoning.* An dieser einleitenden These lassen sich einige Schwerpunktsetzungen Hoares ablesen:

- Hoare spricht davon, daß sämtliche Konsequenzen aus Programmtext und Ablaufumgebung deduktiv abgeleitet werden können. Das bedeutet, daß er von anderen Konsequenzen absieht, also etwa von kontextabhängigen Problemen wie der Korrektheit oder Überprüfbarkeit der Eingaben, der Benutzbarkeit (Laufgeschwindigkeit, Bedienungsfreundlichkeit, Übersichtlichkeit der Ausgaben), der möglichen moralisch zu bewertenden Folgen bei spezifikationsgemäßem Lauf oder beim Ausfall des Programms.

- Hoare setzt voraus, daß die Ablaufumgebung, das "environment" des Programms, „gegeben" ist. Damit schränkt er die Bedeutung seiner Methode für die Fälle ein, in denen die Ablaufumgebung nicht hinreichend exakt beschrieben werden kann.

- Hoare legt den Schwerpunkt bei der Analyse von Programmen auf "purely deductive reasoning". „Deduktiv" bedeutet für Hoare, daß Aussagen, ausgehend von als wahr angenommenen Axiomen, mit exakten Schlußregeln abgeleitet werden sollen. Eine solche Ableitung ist ein Beweis.

- Hoare sagt, daß alle Konsequenzen einer Programmausführung bei gegebener Einsatzumgebung „im Prinzip" abgeleitet werden können. Die Formulierung „im Prinzip" macht deutlich, daß Hoare sich bewußt ist, hier eine Vereinfachung vorgenommen zu haben. Schon rekursionstheoretische Überlegungen schränken Hoares Anspruch ein. Hoare selbst führt später im Artikel einige Bedingungen dafür an, daß Programmbeweise sinnvoll für die Sicherung der Zuverlässigkeit eines Programms sind.

5.2 Die axiomatische Basis

Der für das Verständnis des Hoareschen Ansatzes wesentliche Begriff ist "purely deductive reasoning". Hoare stellt also solche Eigenschaften von Programmen in den Mittelpunkt des Interesses, die sich in seinen Augen allein durch rein deduktives Argumentieren behandeln lassen. Unter Deduktion versteht er die Anwendung von Schlußregeln auf Axiome und zuvor abgeleitete Sätze, um so neue Sätze abzuleiten. Hoare deutet auf Seite 578 an, daß er sich als Ideal ein rein formales Vorgehen vorstellt. Da er nur ein Beispiel angibt, ist nicht ganz deutlich, was er genau unter "formal proof" versteht. Das seine Idee illustrierende Beispielschema ähnelt allerdings dem aus der mathematischen Logik zur Formalisierung des Beweisbegriffs bekannten. Diese Ähnlichkeit legt nahe, daß Hoare einen syntaktisch definierbaren Beweisbegriff zugrundelegt.

Die Unfallsicherheit von Programmen kann also durch Beweisversuche der Hoareschen Art untersucht werden, soweit sich die Bedingungen für Unfälle durch formale Systeme repräsentieren lassen. Auch Hoare ist sich der Unterschiedlichkeit der Begriffssphären der tatsächlichen Einsatzfolgen einerseits und der formalsyntaktischen Argumentation über Programme andererseits bewußt. Daher formuliert er die folgenden Bedingungen (S.579):

> *The most improtant property of a program is whether it accomplishes the intentions of its user. If these intentions can be described rigorously by making assertions about the values of variables at the end (or at intermediate points) of the execution of the program, then the techniques described in this paper may be used to prove the correctness of the program, provided that the implementation of the programming language conforms to the axioms and rules which have been used in the proof. [...] When the correctness of a program, its compiler, and the hardware of the computer have all been established with mathematical certainty, it will be possible to place great reliance on the results of the program, and predict their properties with a confidence limited only by the reliability of the electronics.*

Zweierlei ist an diesem Passus bemerkenswert:

- Zum einen macht Hoare deutlich, daß der Beweis eines Programms allein nicht sichern kann, daß ein Rechner mit einem gegebenen Programm tut, was man von ihm erwartet. Vielmehr müssen zwei weitere Schritte getan werden: Der Schritt von den Erwartungen hin zum Hoareschen Formalismus, und der Schritt vom Programm hin zur tatsächlichen Ausführung.

Allerdings läßt Hoare es als möglich erscheinen, auch Compiler und Hardwareentwürfe formalsyntaktisch zu verifizieren.

- Zum anderen macht Hoare deutlich, daß der Schritt von der Spezifikation zum Programm mit „mathematischer Sicherheit" gemacht werden kann, so daß man sich auf das Programm in großem Maße verlassen kann. Der Ursprung der „mathematischen Sicherheit" eines Programmbeweises wird nicht genau bestimmt, der Kontext macht aber deutlich, daß der syntaktische Beweisbegriff der mathematischen Logik dem Ergebnis eines Programmbeweises die Autorität verleiht, die Hoare ihm zuspricht.

Der Schritt von den Erwartungen zum Hoareschen Formalismus wurde bereits im Kapitel über Spezifikationen behandelt. An dieser Stelle soll der zweite Schritt näher untersucht werden. Hoare stellt es als Ideal dar, wenn außer dem Programm auch Compiler und Hardware (und man muß ergänzen: das Betriebssystem) verifiziert sind. Es stellen sich zwei Fragen: Gibt es neben den offensichtlichen Aufwandsproblemen tiefliegendere Probleme bei der Realisierung des Hoareschen Idealzustands? Und: Inwieweit wird der Wert der Hoareschen Technik eingeschränkt, wenn dies Ideal, wie heute üblich, nicht erreicht wird?

Hoare betrachtet diese beiden Fragen nicht. Er macht aber deutlich, daß er entweder meint, daß Programmbeweise auch ohne Beweise des Übersetzers u.s.w. sinnvoll seien, oder daß es zumindestens keine prinzipiellen Probleme gebe, letztendlich auch hier Beweise zu führen, denn er geht davon aus, daß *the practical advantages of program proving will eventually outweigh the difficulties, in view of the increasing costs of programming error.* Dabei bezeichnet er als Kosten nicht nur den Aufwand, der für die Aufspürung von Fehlern in Programmen getrieben werden muß, sondern auch Ereignisse wie *a lost spacecraft, a collapsed building, a crashed aeroplane, or a world war. Thus the practice of program proving is not only a theoretical pursuit, followed in the interest of academic respectability, but a serious recommendation for the reduction of the costs associated with programming error.*(S.580)

5.2.2 Die prinzipielle Realisierbarkeit des Ideals

Hoare suggeriert, wie zitiert, die prinzipielle Möglichkeit, über einen spezifikationsgemäßen Programmlauf, nur in Abhängigkeit von der Zuverlässigkeit der Hardware, mit „mathematischer Sicherheit" Aussagen machen zu können.

Fetzer[28] beantwortet die Frage nach der prinzipiellen Realisierbarkeit des Hoareschen Ideals. Aufgrund einer Zuordnung von mathematischen Sätzen und Programmen in unterschiedliche ontologische Bereiche verneint er die Möglichkeit, gewisse Folgen von Programmausführungen deduktiv zu beweisen. Seine Argumentation ist eine Fallunterscheidung für zwei mögliche Deutungen eines Programms:

- Erstens kann ein Programm als Algorithmus, das ist ein mathematisches Objekt, verstanden werden. Für diesen Fall findet Fetzer die pointierte Formulierung (S.1059): *[N]othing follows from the verification of a "program" concerning the performance of any physical machine.*

- Zweitens kann ein Programm als eine Ursache gewisser Ereignisse in der physikalischen Welt gedeutet werden. In diesem Fall, so Fetzer, lassen sich deduktive Methoden nicht anwenden. (Fetzer selbst zieht diese Interpretation des Begriffs „Programm" der ersten vor.)

Beide Fälle machen es unmöglich, von einem deduktiven Programmbeweis auf Verhalten einer physikalischen Maschine zu schließen. Fetzer begründet seine Auffassung folgendermaßen: Ein mathematischer Satz ist ein syntaktisches Objekt, das in der Sphäre deduktiv rechtfertigbaren Wissens existiert. Diesem Bereich stellt Fetzer die Sphäre induktiv zu rechtfertigenden Wissens, also die Sphäre der Kausalität und der Induktion gegenüber. Hier siedelt Fetzer Programme an. In der Sphäre der Induktion, so Fetzer, sind deduktive Argumentationen nicht angemessen, daher läßt sich die Korrektheit von Programmen auch nicht mathematisch beweisen.

Zwischen Fetzers und Hoares Auffassung läßt sich folgendermaßen vermitteln: Hoare betont, daß es einen Weg von den Wünschen einer Anwenderin zum erfolgreichen Programmlauf gibt, auf welchem ein Schritt in der Sphäre deduktiven Wissens erfolgt. Fetzer betont, daß für Aussagen über die wirklichen Auswirkungen von Programmläufen induktive Argumentationen über die Arbeitsweise von

Rechnern nicht vermieden werden können. Die beiden Standpunkte schließen einander nicht aus.

Die verschiedenen Schwerpunktsetzungen machen aber einen Unterschied deutlich: Hoare meint, daß sich ein Anteil der Ausfallursachen per deduktiver Programmbeweise finden läßt, der den hohen Aufwand lohnt. Fetzers zitierte Formulierung zieht den Wert von Programmverifikationen für die praktische Anwendung dagegen in Frage. Eine Bewertung dieser unterschiedlichen Einschätzungen fällt allein mit Hilfe der Argumente, die Hoare und Fetzer bringen, nicht leicht. Hoare begründet nicht, warum er meint, daß ein wesentlicher Anteil der für Ausfälle von Programmen wesentlichen Fehler in der Sphäre des Deduktiven zu finden sind, und Fetzer begründet nicht, warum aus Argumentationen in der Sphäre des Deduktiven überhaupt nichts für die „performance of any physical machine" folgt.

Hoares Begründungslücke läßt sich schließen, indem man sich auf Programme beschränkt, auf die Hoares Auffassung paßt, also auf solche, die mathematisch formulierbare Anforderungen haben und auf erfahrungsgemäß gut funktionierenden Rechner abgearbeitet werden sollen. Fetzers Standpunkt läßt sich allenfalls durch eine ontologische Mauer zwischen den Objekten deduktiven und induktiven Wissens erklären.

Diese ontologische Mauer gibt es für viele Menschen, und vor allem für Informatikerinnen, jedoch nicht. Zum Zwecke der Illustration wählen wir Fetzers Begriffssystem und trennen eine Sphäre deduktiven Wissens von einer Sphäre induktiven Wissens. Die Schritte der Mathematisierung von in der Erfahrungswelt gegebenen Daten, der deduktiv rechtfertigbaren Manipulation dieser Daten und der Rückübersetzung der Ergebnisse in die Erfahrungswelt führt in vielen Bereichen immer wieder zum Erfolg. Dies ermöglicht induktive Argumentationen über den Zusammenhang von Berechnungsergebnissen und erfahrungsweltlichen Geschehnissen. Damit können Deduktionen Gegenstände induktiv gerechtfertigten Wissens sein, und eine gelungene Deduktion kann sehr wohl etwas über die „performance of a real machine" aussagen.

Fetzers Trennung der ontologischen Sphären resultiert aus einem wohl theoretisch wertvollen Idealbild menschlichen Wissens, daß aber menschlicher Handlungspraxis im allgemeinen nicht entspricht. Rein induktive und rein deduktive Rechtfertigungen von Aussagen finden sich nur in sehr abgegrenzten Handlungsgebieten, gewöhnlich bedient man sich eines Gemischs der verschiedenen Rechtfertigungsformen, ohne daß dies suspekt erschiene. Erfahrung und Denken, die man respektive den Sphären induktiven und deduktiven Wissens zuordnen kann, lassen sich nur in wenigen menschlichen Handlungsbereichen so streng trennen, wie Fetzer es voraussetzt.

5.2.3 Die Probleme bei Nichterreichung des Hoareschen Ideals

Die praktischen Probleme bei der Verifizierung von Programmen, speziell auch Compilern und Betriebssystemen, sowie Rechnerentwürfen sind, jedenfalls heute, anderer Natur als das von Fetzer betonte prinzipielle Problem. Man scheitert am Aufwand für die Beweise. Es stellt sich die Frage, was für einen Wert Verifikationen unter dieser Voraussetzung haben.

Die Verifikation kann nach der Auffassung Hoares gestützt auf die Autorität der Mathematik großes Vertrauen in die spezifikationsgemäße Semantik verifizierter Programme rechtfertigen. Der Zusammenhang zwischen formaler Spezifikation und Programmbedeutung ist damit gesichert, aber der Zusammenhang zwischen Anwenderwunsch und Spezifikation oder gar „wirklichen" Anforderungen und Spezifikation ist ebensowenig betrachtet wie die korrekte Übersetzung und Ausführung des Kompilats durch eine gegebene Maschine. Über den einen Schritt von der formalen Spezifikation zum Programmtext besteht aber „mathematical certainty".

In Anwendungssituationen mit höchsten Zuverlässigkeitsanforderungen ist ein hoher Aufwand zur Vermeidung auch nur einer Teilklasse möglicher Ausfallursachen gerechtfertigt, daher entwertet in solchen Fällen die Nichterreichung des Ideals das Hoaresche Verfahren nicht. Es ist zu beachten, daß die Adäquatheit der Spezifikation zuweilen einen besonders beträchtlichen Unsicherheitsfaktor darstellt (siehe etwa Smith[105]).

Hoare rechtfertigt den Wert von Beweisen mit der Autorität der Mathematik, spezieller mit dem Vertrauen, daß man in die Gültigkeit einer syntaktischen Ableitung eines Satzes aus Axiomen setzen kann. Er begründet aber nicht explizit, woher wiederum diese Technik ihre Autorität bezieht. Auf den ersten Blick kann man also Programmbeweise nur insoweit rechtfertigen, wie man dem Ergebnis syntaktischer Ableitungen Vertrauen schenkt. Aber der zweite Blick enthüllt sekundäre Effekte, die Programmbeweise ebenfalls rechtfertigen können.

- Zum einen setzt ein gelungener Programmbeweis, beim heutigen Stand der Technik zumindest, voraus, daß ein Mensch das Programm relativ gut verstanden hat. Dieser Aspekt wird im folgenden Abschnitt betrachtet.

- Zum anderen setzen formale Beweise formale Spezifikationen voraus. Deren Wert wurde einem früheren Kapitel untersucht. Hoare selbst sieht die Vor- und Nachbedingungen, derer man sich in seinem Kalkül bedient, als Spezifikationen der Bedeutung eines bewiesenen Programmstücks, und weist Programmbeweisen daher auch einen Wert für die Dokumentation von Programmen zu.

- Programmstücke, für deren Beweise maschinenabhängige Axiome herangezogen werden müssen, werden durch diese Abhängigkeit sehr deutlich als bei der Portierung änderungsbedürftig identifiziert; mögliche Fehlerquellen bei der Portierung sind damit besser erkennbar.

- Und endlich deutet Hoare an, daß Beweise von Programmen möglicherweise nur für relativ einfach entworfene Programme möglich sind (S.580): *As in other areas, reliability can be purchased only at the price of simplicity.* Daraus würde folgen, daß Programmbeweise leicht verständliche Programme voraussetzten, woraus wiederum eine geringere Fehleranfälligkeit folgen würde.

All diese Effekte von Programmbeweisen werden von den Schwierigkeiten, Rechnerentwürfe oder Compiler zu verifizieren, nicht betroffen. Hoares Technik hat also auch dann einen Wert, wenn man nicht das von ihm skizzierte Ideal erreicht.

Hoare deutet allerdings an, daß sich durch Programmbeweise der Einsatz von Programmen rechtfertigen läßt, bei deren Versagen es zu Flugzeugabstürzen oder zu einem Weltkrieg kommen kann. Fetzers Hinweis macht deutlich, daß Programmbeweise allein hierzu nie genügen können. Die zusätzlich zu erfüllenden Bedingungen werden von Hoare nicht aufgezählt, es bleibt bei einer Suggestion der Möglichkeit der Erfüllung solcher Bedingungen.

5.3 Die garantierte Einsicht

5.3.1 Dijkstras idealer Beweisbegriff

Dijkstra beschäftigt sich in verschiedenen Artikeln mit den Bedingungen der intellektuellen Bewältigung von Programmieraufgaben. Dabei stellt er immer wieder zweierlei heraus:

- Das Programmieren ist eine geistige menschliche Tätigkeit, die Ansprüche müssen daher an den intellektuellen Fähigkeiten von Menschen ausgerichtet werden.

- Die intellektuellen Fähigkeiten eines Menschen können durch die Verwendung bestimmter Techniken effizienter als bislang üblich zur Lösung von Programmierproblemen ausgenutzt werden. Eine besonders wichtige dieser Techniken ist der mathematische Programmbeweis.

In seinem Artikel von 1965 untersucht Dijkstra die Frage, wodurch Vertrauen in das Ergebnis eines Programmlaufs gerechtfertigt werden kann. Er untersucht als Kandidaten einen mathematischen Beweis; absolute Sicherheit, so Dijkstra, kann ein mathematischer Beweis nicht schaffen, denn dafür muß auch der Beweis selbst wiederum absolut gerechtfertigt werden, und wenn dies wieder durch einen mathematischen Beweis geschehen soll, dann führt dies zu einem infiniten Regreß. Die letzte Basis für das Vertrauen in ein Programm liegt daher, so Dijkstra, in einer weitgehenden Plausibilität. Dijkstra sieht als letzte Basis für das Vertrauen in die Korrektheit von Programmen also nicht die Autorität der Mathematik an, sondern eine individuelle Einsicht.

Zur Gewinnung einer ziemlich sicheren individuellen Einsicht ist die Mathematik nach Dijkstra aber sehr wohl geeignet (S.214): *In spite of all its deficiencies, mathematical reasoning presents an outstanding model of how to grasp extremely complicated structures with a brain of limited capacity.* Die Mathematik liefert demnach besonders leistungsfähige Werkzeuge, um Einsicht in manche verwickelte Strukturen zu bekommen.

Der Begriff der Mathematik als Werkzeugkasten legt die Verantwortung für die Korrektheit eines Programm in die Hände der Programmiererin. Die letzte Autorität ist nicht ein mathematischer Formalismus, sondern ein individuelles

Verständnis. Also ist für die Programmierung ebenso wichtig wie die Leistungsfähigkeit der Maschine *to take into consideration "what Man can think"*.

In seiner Turing-Award-Rede von 1972 skizziert Dijkstra sein Bild von der Software-Krise: Programme haben Fehler, Programmieren ist teuer. Er gibt sechs Argumente dafür, daß die Software-Krise überwunden werden kann; diese Argumente stellen die Erleichterung des Verständnisses in den Mittelpunkt:

1. Dijkstra fordert eine Beschränkung beim Programmieren auf verständliche Programme. Diese Beschränkung erleichtert viele Probleme beim Programmieren.

   Als Bedingungen für die Verständlichkeit von Programmen führt er den Verzicht auf Sprunganweisungen sowie Beweisskizzen für Programme an (S.864): *[N]o loop should be written down without providing a proof for termination or without stating the relation whose invariance will not be destroyed by the execution of the repeatable statement.* Die Quintessenz lautet: *I now suggest that we confine ourselves to the design and implementation of intellectually manageable programs.*

2. Es gibt viel weniger verständliche Programme als Programme überhaupt. Das schränkt den Suchraum beim Programmentwurf ein und macht die Arbeit daher leichter.

3. Testen, so Dijkstra, kann das Vertrauen in Korrektheit eines Programms nicht erhöhen (S.864): *The only effective way to raise the confidence level of a program significantly is to give a convincing proof of its correctness.* Dies ist offensichtlich ein persönliches Bekenntnis Dijkstras; das Vertrauen anderer Menschen in Programme kann auch durch Programmtests erhöht werden.

4. Abstraktion von Details kann die Komplexität eines Programms reduzieren.

5. Die Wahl der Programmiersprache hat auf die Lösung von Problemen Einfluß, da sie den Ausdruck gewisser Konzepte erleichtern oder erschweren kann. Allerdings (S.865): *Programming will remain very difficult, because once we have freed ourselves from the circumstantial cumbersomeness, we will find ourselves free to tackle the problems that are now well beyond our programming capacity.*

6. Modularisierung ermöglicht es, verschiedene Teilprobleme unabhängig voneinander zu lösen.

Das wiederkehrende Thema in Dijkstras Artikeln ist es, intellektuelle Überforderung beim Programmieren zu verhindern. Zu diesem Zweck sieht Dijkstra den mathematischen Beweis von Programmen als ein dem menschlichen Denken besonders gut angepaßtes Mittel, Vertrauen in die Korrektheit von Programmen zu gewinnen. Die Basis für das Vertrauen ist für Dijkstra das menschliche Denkvermögen, die Mathematik nur eine Technik, die dieses Denkvermögen besonders gut unterstützt, aber kein Patentrezept[20] S.214): *I am perfectly aware that there is no Royal Road to Mathematics, in other words, that I have only a very small head and I must live with it.*

5.3.2 Der Beweis als Verständnisgarantie

Dijkstra steht mit seiner Sicht der Mathematik als Denkverstärker nicht allein. Auch London[74] und Basili/Mills[6] sehen mathematische Beweise als Hilfsmittel des menschlichen Denkens und weniger als formale Ableitungen. Bei Basili und Mills kommt dabei noch ein neuer Aspekte hinein: Ein gelungener Beweis eines Programms setzt Verständnis eines Programms voraus, und eine schriftliche Darstellung eines Beweises kann als Urkunde über dieses Verständnis aufgefaßt werden. Der mathematische Beweis ist damit ein Verständnisnachweis. Gelungene Beweise garantieren Verständnis.

Die Sicht von Basili und Mills eines Beweises als Verständnisgarantie muß allerdings relativiert werden. Gerhart und Yelowitz[37] geben einige Beispiele aus der Fachliteratur dafür an, daß auch bewiesene Programme fehlerhaft sein können. Sie geben die folgenden Ursachen und Abhilfen an:

- Die Aufgabe war zuweilen nicht ganz klar. Eine Spezifikation in einer geeigneten Notation kann Lücken deutlicher machen.

- Die Fehler lagen nicht in der prinzipiellen Idee, sondern in der Umsetzung. Einmal erkannt waren sie relativ leicht zu beheben. Als Abhilfe wird hier vorgeschlagen, nicht nur Beweise zu benutzen, sondern auch Tests, die Suche nach komplizierten Benutzungen der Programmiersprache, Überprüfung durch einen anderen Menschen.

- Es wird mehr Prüfaufwand für die augenscheinlich schwierigeren Teile betrieben als für die einfacher wirkenden Programmteile. Annahmen darüber, in welchen Programmteilen mehr Fehler zu erwarten sind, stimmen aber zuweilen nicht. Gerhart und Yelowitz schlagen vor, keine Vorurteile darüber zu haben, was leicht und was schwierig sei. Diese Forderung erscheint allerdings unrealistisch.

- Auch gut strukturierte Programme haben Fehler. Strukturierte Programmierung garantiert also Fehlerfreiheit nicht. Als Abhilfe wird empfohlen, die Struktur für die Beweise zu nutzen.

- Alte Gewohnheiten werden nicht leicht abgelegt, speziell die Vernachlässigung der Niederschrift einer präzisen Anforderungsspezifikation. Training kann dem abhelfen.

Wie Gerharts und Yelowitz' Beobachtungen es deutlich machen, können menschliche Schwächen den Wert formaler Verfahren kompromittieren. Dies paßt zu Dijkstras Aufforderung, sich bei der Programmierung nicht nur an den Fähigkeiten der Maschinen, sondern auch an der geistigen Kapazität von Menschen zu orientieren. Dies legt die Verantwortung für die Korrektheit eines Programms, auch wenn sie formal bewiesen wird, in die Hand eines Menschen: Die richtige Benutzung mathematischer Werkzeuge, die Erkenntnis von Situationen, in denen das Verständnis überfordert ist, und die Prüfung der Grenzen des Bereichs, über die ein Beweis gesicherte Aussagen erlaubt, setzt ein verantwortungsbewußtes Verhalten voraus.

5.3.3 Hoares Beweisbegriff versus Dijkstras

Moser und Melliar-Smith[79] beschreiben Bedingungen der formalen Verifikation sicherheitskritischer Systeme. Formale Verifikation ist für sie die einzige Möglichkeit, mit sehr großer Sicherheit Aussagen über die Korrektheit eines Entwurfs zu machen. Auch sie stellen das Problem der Adäquatheit der Spezifikation heraus. Dabei ergibt sich ein Konflikt (S.802): *If we are to write a specification that can be understood and can inspire confidence, it is essential that the specification be brief and simple, preferably a page or two in length. Unfortunately, quite long and detailed specifications are necessary to achieve the precision and completeness required for formal program verification.* Durch eine

5.3 Die garantierte Einsicht

Hierarchie von Entwürfen verschiedener Abstraktionsgrade wird dieser Abstand überbrückt.

Die Korrespondenz der Ebenen dieser Hierarchie miteinander einerseits und die Korrespondenz des konkretesten Entwurfs mit dem Programmtext andererseits muß nach Moser/Melliar-Smith formal bewiesen werden, damit höchste Sicherheit erreicht werden kann. Die Rolle eines Beweisprüfprogramms beschreiben sie folgendermaßen (S.801): *[T]the proofs must be carried out with a very high degree of rigour to ensure the high level of safety required. Therefore, the verification is usually automated by employing a mechanical proof checker (also called an automated theorem prover). However, such a proof is usually far from automatic—the human must supply many trivial details of the proof and often in a manner that must accomodate the arcane internal workings of the prover. In effect, the human must create the proof, while the verification system is responsible for the soundness and completeness of the proof. Fortunately, experience has shown that, though mechanical verifiers frequently fail to find proofs that they might be expected to find, they seldom find proofs that are invalid.*

Nach der hier beschriebenen Auffassung setzt auch ein mit Rechnerunterstützung geführter Beweis menschliches Verständnis des Programms voraus. Der Rechner ist ein Hilfsmittel für die Buchhaltung über die noch durchzuführenden Beweisschritte und für einfache Konsistenzüberprüfungen; die Bestimmung der Beweisstrategie liegt in den Händen eines Menschen.

Die Überprüfung der Korrektheit eines elementaren Beweisschrittes übernimmt in diesem Fall ein Programm. Dieser Aspekt paßt zu Hoares Beweisbegriff als einer formalen Herleitung eines Satzes aus einer Menge von Axiomen. Voraussetzung für das Gelingen eines Beweises ist aber, beim beschriebenen Stand der Technik, das Verständnis durch einen Menschen. Unter diesen Bedingungen könnte man die Verantwortung für die Korrektheit eines bewiesenen Satzes dem Menschen zuordnen, der den Beweise vollzogen hat. Moser und Melliar-Smith wollen jedoch diese Verantwortung dem Rechner zuordnen. Sie berufen sich bei der Behauptung der Korrektheit eines Beweises also nicht auf das Verständnis eines Menschen, sondern, vermittelt durch ihr Vertrauen auf ein Programm zur Beweisüberprüfung, auf die Autorität der Mathematik, die formalen Ableitungen einen besonderen Status verleiht.

5.4 Soziale Prozesse

DeMillo, Lipton und Perlis[19] tragen einen eigenartigen Standpunkt vor: Die Basis des Vertrauens in mathematische Beweise liegt ihrer Ansicht nach in sozialen Prozessen der Beweisüberprüfung. Diese, so die Autoren, findet bei Programmbeweisen nicht statt, daher kann man sich hier nicht auf „mathematische Sicherheit", wie etwa Hoare es tut, berufen. Der Kernsatz lautet (S.275): *Mathematical proofs increase our confidence in the truth of mathematical statements only after they have been subjected to the social mechanisms of the mathematical community.*

Es ist das Anliegen von DeMillo, Lipton und Perlis, die Unterschiede zwischen typischen mathematischen Sätzen und Beweisen sowie typischen Korrektheitsaussagen über Programme und deren Beweisen möglichst deutlich zu machen. Sie betonen dabei sehr stark einen Aspekt, der das Vertrauen in mathematische Sätze begründeter erscheinen läßt als in programmiertechnische: Die sozialen Prozesse in der Mathematik, die den Übergang eines Satzes in den Korpus als gesichert angesehener Sätze der Mathematik bedingt.

Allerdings: Als Illustrationen wählen DeMillo, Lipton und Perlis stets mathematisch anspruchsvolle Sätze. Die Sätze, die beim Beweis von Programmen anfallen, sind gewöhnlich, worauf auch Moser/Melliar-Smith hinweisen, nicht besonders pfiffig. Sie sind nur umfangreich.

Nach DeMillo, Lipton und Perlis sichern in der Mathematik soziale Prozesse das Vertrauen in konzeptuell anspruchsvolle Behauptungen. Die Korrektheitsbehauptungen über Programme sind jedoch nicht konzeptuell, sondern nur vom Beweisumfang her anspruchsvoll. Es stellt sich die Frage, ob das Fehlen der sozialen Prozesse durch die geringeren konzeptuellen Schwierigkeiten aufgewogen werden kann. Vor einer kategorischen Ablehnung von Programmbeweisen für die Steigerung des Vertrauens in ihre Korrektheit muß diese Frage überprüft werden.

Es ist das Verdienst von DeMillo, Lipton und Perlis, auf die grundlegende Verschiedenheit zwischen dem typischen Begriff vom gesicherten mathematischen Satz und der Praxis des bewiesenen Programms hinzuweisen. Diese Verschiedenheit verbietet die blinde Übernahme der Rechtfertigungsmuster für das Vertrauen in einen Programmbeweis aus der Mathematik. Sie haben jedoch zweierlei versäumt:

- Vor einer kategorischen Ablehnung von Programmbeweisen bleibt zum einen nachzuweisen, daß man keine anderen Rechtfertigungsmuster für das Vertrauen in die Korrektheitsbeweise für Programme finden kann als die von DeMillo, Lipton und Perlis für die Mathematik dargestellten sozialen Prozesse. Die Berufung von Hoare sowie Moser und Melliar-Smith auf formale Ableitungen, die von Dijkstra sowie Basili und Mills auf das individuelle Verständnis als Basis des Vertrauens sind andere Kandidaten, die man unter den besonderen Bedingungen, die für Programmbeweise gelten, untersuchen müßte.

- Zum anderen lassen sich gewisse soziale Prozesse, von denen DeMillo, Lipton und Perlis annehmen, daß sie in der Mathematik Sicherheit schaffen, auch beim Beweis von Programmen fördern. Entwurfsinspektionen sind ein solches Mittel. Während offensichtlich ist, daß Inspektionen die sozialen Mechanismen der Mathematik nicht vollständig ersetzen, bleibt doch zu überprüfen, ob sich hier nicht wesentliche Elemente nachbilden lassen.

Diese Einwände schwächen die Position von DeMillo, Lipton und Perlis, zumal gegenüber solchen Fürsprechern von Beweisverfahren, die sich nicht lediglich auf die Autorität der Mathematik berufen, sondern eine andere Basis für das Vertrauen auf das Ergebnis von Programmbeweisen voraussetzen. Man kann ihre Kritik aber auch fruchtbar machen, indem man versucht, in Analogie zur Mathematik soziale Prozesse auch für die Überprüfung der Korrektheit von Programmbeweisen zu benutzen.

5.5 Beweise für die Unfallsicherheit von Programmen

Aus den verschiedenen Rechtfertigungsmustern für die Gültigkeit von Programmbeweisen resultieren unterschiedliche Folgerungen für die Anwendbarkeit rein formaler Beweise:

- Die formalistische Basis rechtfertigt die gedankenlose Anwendung von Axiomen und Schlußregeln, wenn deren Gültigkeit einmal eingesehen wurde. Wer diese Basis voraussetzt, darf sich von Fortschritten bei automatischen Beweisalgorithmen besondere Fortschritte für die Zukunft erhoffen. Als Extrem ist aus dieser Perspektive der vollautomatische Beweis von Programmen bei gegebener Spezifikation denkbar. Unter diesen Bedingungen ist, allerdings zur Zeit nur prinzipiell, letzten Endes nicht das menschliche Verständnisvermögen die Grenze mathematischer Beweise, sondern die Leistungsfähigkeit der automatischen Beweiser.

- Wer die Basis für das Vertrauen auf den Beweis im Verständnis eines Programms sieht, steht bei jedem Programm wieder vor der Aufgabe, sich ein möglichst gutes Verständnis zu erarbeiten. Hier können Maschinen helfen, über durchgeführte und noch durchzuführende Beweisschritte Buch zu führen und die Gültigkeit elemenentarer Beweisschritte zu überprüfen. Fortschritte bei automatischen Beweisverfahren können in diesem Fall diese Buchführung und die Überprüfung elementarer Schritte vereinfachen, aber automatische Beweiser, die weitgehend selbständig Beweise führen könnten, wären kontraproduktiv.

- Sieht man die Basis des Vertrauens in die Gültigkeit eines Beweises in sozialen Prozessen, so genügt nicht das Verständnis eines einzelnen; vielmehr ist Einigkeit mehrerer Personen über eine Korrektheitsaussage nötig. Fortschritte bei automatischen Beweisverfahren können das Verständnis mehrerer Menschen für ein Programm nur ebensoweit fördern wie das Verständnis eines einzelnen Menschen, wesentlich sind nur zusätzlich Gelegenheiten zum Austausch über das Verständnis.

Für die moralische Verantwortbarkeit des Einsatzes von sicherheitsrelevanten Programmen folgt daraus folgendes:

- Wenn eine Maschine die Beweise durchführt, dann liegt die Verantwortung bei der Autorin des Beweiserprogramms; dies läßt sich wohl in der Praxis kaum umsetzen. Bislang ist das Szenario jedoch einfach unrealistisch. Allerdings besteht schon bei den unvollkommenen automatischen Beweissystemen die Tendenz, Menschen von der Verantwortung für die Gültigkeit des Beweises zu entlasten (siehe Moser/Melliar-Smith).

- Beim verständnisorientierten Ansatz wird davon ausgegangen, daß ein Mensch die bewiesenen Aspekte verstanden hat. In der Auffassung von Basili und Mills kann durch einen Beweis zugleich die Verantwortung einer Person zugeordnet und, durch die Garantie, daß gewisse Aspekte des Programms verstanden wurden, eine wesentliche Bedingung für die Übernahme dieser Verantwortung überprüft werden.

- Beim an sozialen Prozessen orientierten Ansatz ist Vertrauen in einen Programmbeweis allenfalls dann gerechtfertigt, wenn eine Gruppe von Menschen sich über die bewiesenen Aspekte einig ist. Hier ist größere Sicherheit möglich als im Falle individuellen Verständnisses, weil mehr Menschen das Programm verstanden haben müssen. Problematisch wird hier die Zuordnung der Verantwortung; diese hängt von den konkreten sozialen Prozessen ab, die genutzt werden. Ohne weitere Festlegung von Details ergibt sich das Problem kollektiver Verantwortung.

Allen auf Beweisen beruhenden Techniken der Rechtfertigung der Unfallsicherheit von Programmen ist die Gefahr gemeinsam, daß schwierig formalisierbare Probleme aus dem Blick geraten. Ein formaler Beweis kann allenfalls ein Schritt einer Sicherheitsanalyse sein.

6 Tests

In der Testliteratur finden sich unterschiedliche Schwerpunkte bei Rechtfertigungen für die Konsequenzen, die aus gelungenen Testreihen gezogen werden. Zum Vergleich sollen diese Rechtfertigungen in fünf Klassen eingeteilt werden: Der erste Rechtfertigungstyp läßt sich besonders deutlich an einem naiven Verständnis der Rechtfertigung induktiven Wissens in der Physik illustrieren; weiter unten wird dies ausführlich geschehen. Die vier anderen Rechtfertigungstypen bilden ein Spektrum verschiedener Wertschätzungen von Tests. Die Extrempositionen dieses Spektrums werden selten explizit vertreten, daher sollen sie nicht ausführlich als besondere Typen analysiert werden; sie sollen hier jedoch, zur Markierung der Ausdehnung des Spektrums, kurz angeführt werden.

Eine Extremposition wird von Dijkstra[21] eingenommen, der Tests keine wesentliche Rolle im Vertrauensschaffungsprozeß in Programme zuerkennen will (S.864): *Today a usual technique is to make a program and then to test it. But: program testing can be a very effective way to show the presence of bugs, but it is hopelessly inadequate for showing their absence. The only effective way to raise the confidence level of a program significantly is to give a convincing proof of its correctness.* Die andere Extremposition findet sich beispielsweise bei Bologna und Rao[9] S.179): *Testing is the most powerful verification technique to verify the respondence of the source code functionality and performance to the specification.*

Zwischen diesen Extremen lassen sich zwei weitere Standpunkte deutlich voneinander trennen. Der eine sieht Tests als unvollkommene Beweise, deren Bedeutung in dem geringeren Aufwand liegt, der zur Durchführung von Tests nötig ist. Idealerweise liefert eine Testreihe ein einem Beweis äquivalenten Nachweis der Korrektheit eines Programms; dieses Ideal kann praktisch gewöhnlich nicht erreicht werden. In dieser Tradition findet man verschiedene Ansätze, Kriterien für die Bewertung einer Menge von auszuführenden Testfällen, kurz „Testkriterien", so zu definieren, daß ihre erfolgreiche Durchführung einem Beweis gleichkommt.

Ein anderer Standpunkt, der sich zwischen den beiden beschriebenen Extremen befindet, sieht in Tests eine Ergänzung von Beweisen; für gewisse Fragen, so die Vertreter dieser Position, liefern Beweise tiefere Einblicke, für andere jedoch Tests. Auch mathematische Programmbeweise, so betonen die Vertreterinnen dieser Position, zeigen nämlich Mängel, und nicht nur solche besonders hohen

Aufwands. Manchen dieser Mängel läßt sich mit Tests beikommen. So können Tests es

- verdeutlichen, wenn Spezifikationen nicht zutreffen, weil die Lektüre einer fehlerhaften Spezifikation und das Erleben eines fehlerhaften Systemverhaltens einen Fehler unterschiedlich deutlich erkennbar machen können.

- Wenn Tests auf der physikalischen Maschine ausgeführt werden, auf der das Programm später einmal laufen soll, dann findet damit neben einer Überprüfung des Programmtextes auch eine Überprüfung der Ausführungsumgebung statt.

- Tests lassen sich drittens auch von Laien, etwa den zukünftigen Benutzerinnen des Programms ausführen. Dies ist für die prototypenbasierte Entwicklung von Programmen wichtig.

Das Spektrum der Positionen zum Verhältnis von Tests zu Beweisen reicht also von dem Extremstandpunkt, daß Tests das wesentliche Mittel zur Schaffung von Vertrauen in Programme sind, über den Standpunkt, daß Tests Leistungen aufweisen, die Beweise nicht haben, und den Standpunkt, daß Tests eine Art unvollkommener Beweise sind, derer man sich bedient, weil der Aufwand geringer ist, bis hin zu dem anderen Extremstandpunkt, daß Tests das Vertrauen in Programme gar nicht wesentlich erhöhen können.

Die beiden zwischen den Extremen stehenden Typen von Rechtfertigungen von Tests werden in diesem Kapitel untersucht, nachdem ein Konzept vorgestellt wird, das einem naiven Verständnis der Physik analog ist. Am Schluß des Kapitels werden die verschiedenen Ansätze hinsichtlich der behaupteten Leistungen, der grundlegenden Annahmen und der Zuordnung von Verantwortung für bestimmte Programmeigenschaften miteinander verglichen.

6.1 Tests in Analogie zu einem naiven Bild der Physik

Die Rechtfertigung von Erwartungen über Programmausgaben bei Eingaben, die nicht getestet wurden, kann induktiv aufgrund der getesteten Eingaben erfolgen. Fetzer[28] betont die besonderen Schwierigkeiten induktiver Rechtfertigungen und nicht ihre spezifischen Leistungen. So erklärt sich der negative Ton, wenn er über die Leistungen von Tests von Rechnersystemen spricht, etwa (S.1061): *Repeated tests of any such system can provide only inductive evidence of reliability.* Es stellen sich die folgenden Fragen:

- Auf welchen Grundlagen beruhen induktive Rechtfertigungen?
- Wo liegen die Schwachstellen induktiver Rechtfertigungen?
- Können diese Schwachstellen ausgeglichen werden?

6.1.1 Induktive Rechtfertigungen

Die Grundlagen induktiver Rechtfertigungen lassen sich treffend an einem Extrembeispiel beschreiben: An der für die Naturwissenschaften als prototypisch aufgefaßten Physik, in der induktiv gewonnene Erkenntnisse, im Gegensatz zu Fetzers Auffassung, als relativ vertrauenswürdig angesehen werden.

Es sei bemerkt, daß in diesen Abschnitten ein sehr vereinfachtes Bild der Rechtfertigung von in der Physik gewonnenen Erkenntnissen zugrundegelegt wird; die Physik wird dargestellt, als verfahre man dort nach dem Schema

1. Aufstellung einer Hypothese,
2. Durchführung von Experimenten, die über die Geltung der Hypothese Aufschluß geben,
3. Vergleich von gemäß der Hypothese erwarteten und gewonnenen Testergebnissen und
4. Annahme oder Verwerfung der Hypothese.

Dieses eher naive Bild soll nicht den grundlegenden Prozeß der Erkenntnisgewinnung in der Physik darstellen, sondern einige Rechtfertigungsmuster veranschaulichen, deren Anwendung Fetzer für den Test von Programmen suggeriert. Dabei wird sich erweisen, daß die Rechtfertigung induktiv gewonnener Erkenntnisse in der Informatik sich nicht auf das Verfahren in einer so verstandenen Physik stützen kann.

Wir wollen zwei Typen induktiver Erkenntnisse unterscheiden; sie treten zwar oft gemeinsam auf, die Unterscheidung macht es aber möglich, auf zwei verschiedene Probleme hinzuweisen:

- Der eine Typ betrifft das Versuchsergebnis in einem konkreten Testfall. Wird ein Experiment unter bestimmten Versuchsbedingungen durchgeführt, so erhält man ein bestimmtes Ergebnis. Durch mehrfache Wiederholung des Experimentes unter immer wieder leicht veränderten Bedingungen lassen sich induktiv die relevanten Einflußgrößen finden. Wenn man darauf vertraut, alle relevanten Einflußgrößen kontrolliert zu haben, dann rechtfertigt sich dadurch das Vertrauen darauf, daß bei einem weiteren Experiment, das unter denselben Versuchsbedingungen durchgeführt wird, dasselbe Ergebnis erhalten wird. Induktiv läßt sich also die Abhängigkeit zwischen einem Satz von Versuchsbedingungen und einem Ergebnis rechtfertigen.

- Der zweite Typ induktiver Erkenntnisse bezieht sich auf die Geltung von Regeln, die die Ergebnisse von mehr als nur einem Satz von Versuchsbedingungen beschreiben und Kausalbeziehungen darstellen. Eine regelhafte Beziehung zwischen verschiedenen Einflußgrößen und den möglichen Ergebnissen wird hier schon vorausgesetzt, und es geht darum, die Regel zu bestimmen oder eine gegebene Regel zu überprüfen. Wir gehen bei diesem Typ davon aus, daß sich nicht alle möglichen Kombinationen von Einflußgrößen überprüfen lassen.

Durch den ersten Typus von Induktion wird das Vertrauen auf die korrekte Identifizierung und Kontrolle der relevanten Einflußgrößen gerechtfertigt. Es darf also keine nichtbeachteten Einflußgrößen geben, die während der Durchführung der Experimente stets den gleichen Wert hatten, für die dies aber nicht notwendig immer gilt. Die Rechtfertigung einer induktiven Erkenntnis dieses Typs kann also nur soweit reichen wie das Vertrauen, alle relevanten Einflußgrößen identifiziert zu haben.

Ein solches Vertrauen, über die Totalität von potentiell relevanten Versuchsbedingungen einen Überblick zu haben, setzt eine geschlossene Theorie über den relevanten Wirklichkeitsbereich voraus. In der Physik, nach deren Muster man induktive Erkenntnisse dieser Art finden könnte, ist eine solche Theorie gewöhnlich vorhanden.

Der zweite Typus induktiver Erkenntnisse baut auf dem ersten auf, setzt also ebenfalls eine geschlossene Theorie über den relevanten Wirklichkeitsbereich voraus. Aber hier wird eine spezifische Kausalbeziehung nicht nur zwischen tatsächlich untersuchten kontrollierten Einflußgrößen und einem Versuchsergebnis behauptet, sondern allgemein zwischen Einflußgrößen und Versuchsergebnissen, also auch für nichtuntersuchte Kombinationen von Einflußgrößen.

Das Vertrauen auf die Gültigkeit der Regeln, mit denen sich solche Beziehungen beschreiben lassen, muß über die Identifikation der relevanten Eingabegrößen hinaus die Möglichkeit voraussetzen, aus einigen Stichproben die allgemeinen Kausalgesetze abzuleiten, denen diese Stichproben entsprechen. Dieses Vertrauen zeigt sich, etwa in der Physik, in dem Mut, oft relativ einfache mathematische Formeln zur Beschreibung der Regeln zu benutzen, ohne daß die konkreten Einflußgrößen noch angegeben werden, für die die Regeln überprüft wurden; so entstehen mathematisch einfache allgemeine Gesetze wie $s = \frac{1}{2}gt^2$ statt etwa $s = \frac{1}{2.000000000000005}gt^2$, zwischen denen man aufgrund von Meßungenauigkeiten nicht entscheiden könnte. Die Rechtfertigung einfacher Regeln geschieht über das Vertrauen, daß die zu formulierenden Regelhaftigkeiten relativ einfacher Natur sind.

Eine dritte, eher methodische Grundlage des Vertrauens in induktiv gerechtfertigte Erkenntnisse läßt sich im Anschluß an die Beschreibung der Bedeutung sozialer Prozesse in der Mathematik von DeMillo, Lipton und Perlis[19] formulieren. Diese Grundlage setzt die geschlossene Theorie und das Vertrauen auf die Einfachheit der Regeln schon voraus. Zusätzlich muß auf Gewissenhaftigkeit bei der Durchführung und Beschreibung der Experimente vertraut werden; dieses Vertrauen läßt sich beispielsweise rechtfertigen, wenn man an das Funktionieren der sozialen Prozesse in der Wissenschaftlergemeinschaft glaubt.

6.1.2 Schwachstellen induktiver Rechtfertigungen

Bevor die beschriebenen, aus einem relativ einfachen Bild der wissenschaftlich betriebenen Physik übernommenen Rechtfertigungsmuster auf den Test von Programmen übertragen werden können, ist zu überprüfen, ob die Voraussetzungen gegeben sind.

Die Rechtfertigung induktiven Wissens durch Testreihen setzt

- die Kontrolle der wesentlichen Einflußgrößen und damit ein leidlich geschlossenes Bild des für das Testen wichtigen Wirklichkeitsbereichs voraus,

- das Zugrundeliegen relativ einfacher kausaler Regeln, und schließlich

- die sozialen Prozesse, die die Gewissenhaftigkeit der Ausführung der Experimente sichern.

Diese Anforderungen werden nacheinander untersucht.

Identifikation und Kontrolle der Einflußgrößen

Die für ein Testergebnis wesentlichen Einflußgrößen sind offensichtlich abhängig von den zu testenden Faktoren. Üblicherweise werden zumindest gewisse Beziehungen zwischen Eingaben an das Programm und Ausgaben des Programms untersucht, aber auch die Funktionsfähigkeit des Compilers, des Betriebssystems und der Hardware können als wesentliche Einflußgrößen angesehen werden, ebenso wie das Training des Personals und die Dokumentation des Systems.

Die Auflistung und Kontrolle aller als relevant angesehenen Einflußgrößen ist aus verschiedenen Gründen gewöhnlich nicht möglich:

- Beispielsweise übersteigt die Komplexität von Compiler, Betriebssystem und Hardware häufig die des zu testenden Programms, so daß etwa die Einhaltung der Versuchsbedingung, sich eines korrekten Compilers zu bedienen, nicht trivial ist.

  Dies ist allerdings kein spezifisches Problem von Programmtests. Auch in der naiv verstandenen Physik läßt sich die Frage nach dem erwartungsgemäßen Funktionieren der Meßapparaturen stellen.

- Wenn Fragen nach der Funktion der „Meßapparatur" ausgeklammert werden, wird das Problem der praktisch nutzbaren Formulierung der Einflußgrößen deutlicher. Als elementare physikalische Einflußgrößen benutzt man in der (naiv verstandenen) Physik möglichst gut quantifizierbare Größen wie etwa Längen und Massen. Die Wahl dieser einfacheren Einflußgrößen muß aber entweder systematisch begründet werden oder durch die Tradition gesichert sein, damit sich überprüfen läßt, ob eine Auflistung die wichtigen Größen vollständig erfaßt.

  Auch wenn man sich auf den Zusammenhang zwischen Eingaben und Ausgaben beschränkt und zudem Fehler des Compilers und des Laufzeitsystems ausklammert, liegt keine einfache Liste von Einflußgrößen nahe.

6.1 Tests in Analogie zu einem naiven Bild der Physik

Und wenn die wesentlichen Einflußgrößen nicht einmal gut identifiziert werden können, dann lassen sie sich schon gar nicht kontrollieren. So steht man bereits bei der Erfassung der relevanten Einflußgrößen für das bloße Ein-/Ausgabeverhalten eines Programms auf einer konkreten Maschine vor einem Problem. Durch die Betrachtung auch solcher Einflußgrößen, die weniger eindeutig meßbar sind wie beispielsweise das Training der Benutzerinnen, wird dieses Problem weiter verschärft, wodurch sich die direkte Übernahme von Rechtfertigungsmustern aus einer naiv verstandenen Physik noch strenger verbietet.

Kausalstruktur der Abhängigkeiten von Aus- und Eingaben

Die physikalischen Regeln werden als Ausdruck von Kausalitäten aufgefaßt. Dies rechtfertigt in der Physik den Übergang von den untersuchten Eingabefällen zu den nichtuntersuchten.

Die bei einer Reihe von Programmtests feststellbaren Regeln über die Abhängigkeiten von Ausgaben von Eingaben kann man aber kaum Kausalmechanismen nennen. Die kausalen Mechanismen, die in der Physik eine induktive Argumentation erlauben, sind auf einer viel tieferen konzeptuellen Ebene angesiedelt als die Ein-/Ausgabespezifikation von Programmen; diese Spezifikation ist viel zu abstrakt, um im herkömmlichen Sinne als Kausalregel gelten zu können.

Dieser Knoten kann durchschlagen werden, indem die Abhängigkeit der Ausgaben von den Eingaben als Kausalregel aufgefaßt wird. Damit die Rechtfertigungen der naiven Physik übertragen werden können, muß vorausgesetzt werden, daß diese Abhängigkeiten mathematisch relativ einfach beschreibbar sind; dies erlaubt in der Physik die Verallgemeinerung von Aussagen, die an wenigen überprüften punktuellen Stichproben von Versuchsbedingungen gewonnen wurden, auf ein mehrdimensionales Kontinuum.

Programme, die in Analogie zur naiven Physik als kausale Regeln gedeutet werden sollen, sollten also durch im mathematischen Sinne einfache Spezifikationen beschrieben werden können. Da vor dem Test nicht bekannt ist, ob das Programm korrekt ist, muß dies nicht nur für Programme gelten, die der Erwartung entsprechen, sondern auch für fehlerhafte Programme. Es muß also vorausgesetzt werden, daß das Verhalten des Programms, ob es Fehler hat oder nicht, durch mathematisch einfache Regeln exakt beschrieben werden kann.

Sicherung der gewissenhaften Durchführung der Tests

Die Gewissenhaftigkeit der Durchführung der Tests muß ebenfalls anders gesichert werden als es oben für die naive Physik dargestellt wurde. Soziale Prozesse, die diese Gewissenhaftigkeit erzeugen oder eine solche Haltung fördern, müssen explizit geschaffen werden. Reviews der Testbedingungen können dies möglicherweise zum Teil leisten, und auch die Einführung von Sanktionsmechanismen bei nachlässiger Durchführung; allerdings wäre weiter zu untersuchen, ob die Analogie mit den Prozessen in einer wissenschaftlichen Gemeinschaft nicht auch unter diesen Bedingungen zu gebrochen ist.

6.1.3 Zum Ausgleich der Analogiebrüche

Die Analogie zwischen dem dargestellten einfachen Begriff der Physik und dem Test von Programmen bricht an mehreren Stellen, die für die Übertragung von Rechtfertigungen induktiv gewonnenen Wissens vom einen in den anderen Bereich wichtig sind.

- Der Anspruch, die wesentlichen Einflußgrößen vollständig zu erfassen und zu kontrollieren, setzt eine geschlossene Theorie über die möglichen Einflußgrößen voraus.

- Der Anspruch, eine Theorie mit Kausalitätsanspruch aufzustellen, setzt ein – möglichst in physikalischen Begriffen – sehr einfach beschreibbares System voraus.

- Die Notwendigkeit, die Gewissenhaftigkeit der Testausführung zu überprüfen, legt es nahe, Prüfungs- und Sanktionsmechanismen einzuführen.

Zumindest die erste und die zweite der Anforderungen sind heute gewöhnlich nicht erfüllt, und es zeigen sich auch keine Wege, dies zu ändern. Induktive Rechtfertigungen bei Programmtests können nicht nach dem Muster der naiven Physik modelliert werden.

6.1.4 Andere Rechtfertigungen des Vertrauens auf getestete Programme

Der naivste Versuch der Rechtfertigung von Erkenntnissen, die beim Test von Programmen gewonnen werden, führt nicht zum Ziel. Das Vertrauen in die erwartungsgemäße Funktion von Programmen, die man mit Programmtests überprüft hat, muß also auf andere Weise gerechtfertigt werden.

Die Testliteratur enthält keine expliziten Analysen derartiger Rechtfertigungen. Diese müssen daher indirekt aus den verschiedenen Verfahrensvorschlägen abgeleitet werden.

Es wurde bereits beschrieben, wie sich diese Vorschläge in vier Klassen einteilen lassen, und daß zwei von diesen besonders wichtig sind: Diejenigen, die Tests als unvollkommene Beweise auffassen, und diejenigen, die die spezifischen Vorteile von Tests gegenüber Beweisen betonen. Solche Auffassungen und damit verbundene Rechtfertigungsmuster werden in den folgenden beiden Abschnitten untersucht. Sie sind spezifischer auf den Test von Programmen bezogen als die Muster aus der naiven Physik.

Ein besonders wichtiger Spezialfall der Auffassung von Tests als unvollkommenen Beweisen ist die Überprüfung statistischer Hypothesen über die Korrektheit von Programmen. Wegen der hohen Sicherheitsanforderungen, deren Erfüllung man nach Ansicht mancher Autoren mit Hilfe solcher quantitativer Methoden sichern kann, haben sie eine besondere Bedeutung erlangt. Sie werden in einem besonderen Kapitel behandelt.

6.2 Tests als mangelhafte Beweise

Die Sichtweise von Tests als mangelhaften Beweisen findet sich beispielsweise in Arbeiten von Adrion et al.[2], Clarke et al.[15], Fosdick und Osterweil[31], Frankl und Weyuker[32], Geller[36], Goodenough und Gerhart[39], Gourlay[40], Howden[47, 46] und Weyuker[112, 113, 114].

Diese Arbeiten lassen sich in drei Klassen einteilen:

- Adrion et al.[2] vertreten den Standpunkt, Programmtests lieferten weniger Sicherheit über die erwartungsgemäße Funktion als Beweisen, weil mit Tests nur stichprobenartig geprüft wird, was ein Beweis kategorisch sichert. Diese Auffassung ist wenig spezifisch, daher liegen auch keine für diese Auffassung spezifischen Rechtfertigungsmuster nahe. Adrion et al. beklagen den Mißstand, daß gesicherte Rechtfertigungen für die Verallgemeinerung von einzelnen Meßergebnissen zur Gesamtspezifikation nicht zu finden seien (S.166): *Many of the sophisticated techniques that have been recently developed are proving intractable in practical applications. At the same time, many of the heuristics in practice, while often successfully used, do not have a solid theoretical basis from which they can be generalized or validated.* Dennoch kommen Adrion et al. zu der nicht näher begründeten Auffassung (auch S.166): *Still, the importance of the validation and verification process in software development cannot be overstated. By using a variety of techniques and gaining a thorough understanding of the implications and limitations of the techniques, we can increase our confidence in the quality of the software.* Während der Nachweis von Einschränkungen der Leistungsfähigkeit der verschiedenen Techniken jedoch sehr klar formuliert werden können, fällt es nicht leicht, die tatsächlich zu erwartenden Leistungen ebenso klar zu fassen. Adrion et al. machen letzten Endes nicht klar, wie sich das Vertrauen in die Qualität von Programmen durch Anwendung der von Adrion et al. beschriebenen Techniken erhöht.

- Geller[36], Goodenough und Gerhart[39], Gourlay[40] und Howden[47] verfolgen weniger praxisbezogene als theoriegeleitete Wege zur Beurteilung des Testens. Sie beschreiben als ideale Testkriterien solche, deren Erfüllung einem Beweis, also der Aufdeckung aller Programmfehler gleichkommt, und suchen nach hinreichenden Bedingungen, die ein solches Testkriterium erfüllen muß.

Die von diesen Autoren vorgeschlagenen Testkriterien sind gewöhnlich nicht an der praktischen Einsetzbarkeit orientiert. Teils sind sie rein theoretische Konstrukte ganz ohne Hinweise auf eine auch nur unvollkommene praktische Umsetzung, teils werden allzu unwirkliche Voraussetzungen gemacht. Dies führt dazu, daß alle praktischen Tests unter diesem Blickwinkel als – sehr – unvollkommene Beweise erscheinen.

Wenn dieser Standpunkt vertreten wird, dann können für das durch Tests begründete Vertrauen in ein Programm dieselben Rechtfertigungen angenommen werden, wie sie für das Vertrauen auf Grund von Beweisen denkbar sind, nur wird durch die Schwierigkeiten bei der Durchführung der Wert der Rechtfertigung vermindert.

- Clarke et al.[15], Fosdick und Osterweil[31], Frankl und Weyuker[32], Howden[46] sowie Weyuker[112, 113, 114] legen größeren Wert auf die praktische Anwendbarkeit der von ihnen beschriebenen Teststrategien. Auch sie benutzen Testkriterien, aber sie sehen es offensichtlich nicht als Mangel an, daß auch eine vollkommene Erfüllung eines dieser Kriterien die mathematische Korrektheit eines Programms nicht sichern kann. Dabei legen sie im allgemeinen Wert darauf, daß das Testkriterium erfüllt werden kann, wenn es auch hier Vorschläge für Kriterien gibt, deren Erfüllung unbeschränkten Aufwand erfordert.

  Beispiele für Testkriterien werden weiter unten angegeben. Hier sei nur erwähnt, daß es zwei Grundtypen gibt: Funktionale Testkriterien auf der einen und strukturelle auf der anderen Seite; diese Begriffe werden weiter unten definiert. Den beiden Grundtypen lassen sich verschiedene Rechtfertigungsmuster zuordnen.

6.2.1 Testkriterien

Soll die Rechtfertigung des Vertrauens in ein Programm durch die erfolgreiche Durchführung einer Reihe von Testfällen objektiviert werden, so erscheint es sinnvoll, Kriterien anzugeben, nach denen die Adäquatheit einer solchen Testreihe beurteilt wird. Ein solches Kriterium heißt Testkriterium, und es ist ein Hilfsmittel zur Bewertung einer Anzahl von Testfällen.

Idealerweise gilt: Wenn eine Menge von Tests einem bestimmten Testkriterium genügt, dann sichert dies eine wohlbestimmbare Programmeigenschaft, die für die Korrektheit des Programms relevant ist. Dieses Ideal wird gewöhnlich nicht erreicht, weil die Testkriterien praktisch einsetzbar sein sollen und daher nur begrenzter, insbesondere endlicher Aufwand getrieben werden kann.

Wenn auch das Ideal kaum erreicht wird und es daher nicht möglich ist, verschiedene wohlbestimmbare Programmeigenschaften miteinander zu vergleichen, die von verschiedenen Testkriterien gesichert würden, so lassen sich doch die Testkriterien selbst untereinander vergleichen. So kann man beispielsweise schwächere von stärkeren Testkriterien unterscheiden, etwa nach dem Muster: Wenn jede Menge von Testfällen, die ein Testkriterium K_1 erfüllt, auch K_2 erfüllt, dann ist K_2 nicht stärker als K_1.

Allerdings besteht hier das Problem, daß der Zusammenhang der Stärke eines Testkriteriums mit den wirklich gefundenen Fehlern im Programm nicht eindeutig ist: Eine Menge von Testfällen, die wohl ein schwaches, nicht aber ein stärkeres Kriterium erfüllt, kann mehr Fehler aufdecken als eine andere Menge, die auch das stärkere Kriterium erfüllt. Die Erfüllung eines gegebenen Kriteriums läßt sinnvollerweise gewöhnlich nur als notwendige Bedingung zur Aufdeckung gewisser Fehler deuten, nicht als hinreichende.

Für die praktische Nutzung eines Testkriteriums sind zwei Ziele zu beachten:

1. Erstens ist es wichtig, daß das Testkriterium sichert, daß alle zu untersuchende Klassen von Kombinationen der Laufzeitbedingungen abgedeckt werden; diese Klassenbildung erfolgt gewöhnlich informell und in Abstimmung mit dem zweiten Ziel:

2. Das Testkriterium muß erfüllbar sein.

Das erste Ziel kann es, je nach Vorstellung über die Anzahl verschiedener zu beachtender Kombinationen von Laufzeitbedingungen, nötig machen, womöglich unendlich viele Testfälle durchzuführen. Das zweite Ziel schließt dies natürlich aus. In diesem Fall läßt sich das Vertrauen in die erwartungsgemäße Funktion des Programms nur für die mit Testfällen abgedeckten Klassen von Laufzeitbedingungen rechtfertigen.

Die zentrale Frage für die Adäquatheit eines Testkriteriums ist: Werden von jeder Klasse einander ähnlicher Laufzeitbedingungen genügend viele Testfälle ausgewählt? Eine Antwort auf diese Frage setzt voraus, daß man sich über die verschiedenen abzudeckenden Klassen von Laufzeitbedingungen klar ist. Die Untersuchung der Rechtfertigungsmuster, die der Anwendung solcher Testkriterien zugrundeliegen, setzt eine systematische Untersuchung der verschiedenen Möglichkeiten voraus, Klassen von gemeinsam abzudeckenden Testfällen zu identifizieren. Die schon erwähnten zwei Grundtypen spiegeln zwei Strategien, solche Klassen zu konstruieren:

- Ein Testkriterium kann aus der Anforderungsspezifikation des Programms abgeleitet werden; in diesem Falle spricht man von einem „funktionalen" Testkriterium oder „Black-box-Tests".

- Eine andere Möglichkeit besteht darin, das Testkriterium aus dem Text des zu testenden Programms zu entwickeln; ein solches Testkriterium nennt man oft „strukturell", die Tests heißen auch „White-box-Tests".

Daneben gibt es Mischtypen, bei denen sowohl die Spezifikation als auch der Programmtext zur Formulierung des Testkriteriums herangezogen wird. Hinzu kommt noch der „Back-to-back-Test", in dem durch mehrfache Implementierung eines Programms gemäß derselben Spezifikation und Vergleich der Ausgabe getestet wird.

6.2.2 Strukturelle Testkriterien

Beispiele für strukturelle Testkriterien sind die folgenden:

- Jede Anweisung muß wenigstens einmal ausgeführt werden.

- Jeder Pfad im Strukturgraphen des Programms muß wenigstens einmal ausgeführt werden.

- Alle Teilpfade von der Deklaration einer Variable bis zu jeder ihrer Benutzungsstellen müssen wenigstens einmal ausgeführt werden.

Die ersten beiden Kriterien betreffen den Kontrollfluß des Programms, das letzte den Datenfluß; das erste kann fehlerhafte Anweisungen erkennen lassen, das zweite Schnittstellenfehler zwischen verschiedenen Programmteilen, das dritte Anomalitäten bei Variablendeklarationen und -benutzungen. Das erste und das dritte angegebene Testkriterium fordern den Test höchstens endlich vieler Pfade und sind damit prinzipiell erfüllbar, das zweite kann bei manchen Programmen den Test unendlich vieler Pfade voraussetzen, es läßt sich in diesem Fall also nicht erfüllen.

Ein Vorteil struktureller Testkriterien gegenüber funktionalen liegt in der Exaktheit. Es ist sehr deutlich, unter welchen Bedingungen eine Menge von Testfällen das Kriterium erfüllt. Diese Härte läßt es denkbar erscheinen, das Verfahren zu automatisieren, also automatisch aus dem Programmtext Mengen von Testfällen zu generieren, die solche strukturellen Kriterien erfüllen; die prinzipiellen und die Aufwandsprobleme dürften hierfür denen von Programmbeweisen ähneln.

Strukturelle Testkriterien können allenfalls soweit sinnvoll sein, wie der Programmtext als Anleitung, Fehler zu finden, ausreicht. Gewöhnlich sind Fehler aber als Nichtübereinstimmung zwischen Programmergebnis und Erwartung oder Spezifikation definiert. Solange Erwartungen oder Spezifikationen nicht in die Auswahl der Testfälle eingehen, lassen sich also bestimmte Fehler gar nicht erkennen. Ein Fehlertyp, von dem häufig angegeben wird, er werde durch strukturelle Testkriterien schlecht entdeckt, sind fehlende Programmteile wie vergessene Fallunterscheidungen oder vergessene Prozeduren.

6.2.3 Funktionale Testkriterien

Howden[46] gibt Hinweise für die Auswahl von durchzuführenden Testeingaben anhand der Spezifikation eines Programms, also für funktionale Tests. Er schlägt vor, typische Fälle ebenso wie spezielle („Leereingaben"; Eingabe, die „Leerausgaben" hervorrufen sollten; Extremwerte für die einzelnen in der Spezifikation auftretenden Parameter; unzulässige Eingaben) auszuprobieren. Er beschreibt ein Projekt, in dem eine gebräuchliche Bibliothek numerischer Funktionen getestet wurde. Dabei macht Howden plausibel, daß es auch für spezifikationsbasierte Tests sinnvoll ist, sich auf die innere Struktur des Programms zu beziehen, indem man nämlich nicht in erster Linie die nach außen unterscheidbaren Funktionalitäten einzeln testet, sondern die beim Entwurf des Programms benutzten „design functions" (Entwurfsfunktionen).

Bei der von ihm beschriebenen Auswahl der Testfälle wird implizit deutlich, was Howden am Ende seines Artikels auch explizit sagt (S.169): *In order to construct a set of functional tests for a program, it is necessary to have a very deep understanding of how the program works. This understanding is necessary in order to isolate the design functions in the program. The same level of understanding is not necessary for structural testing.*

Die Identifikation der Entwurfsfunktionen und die Bestimmung sinnvoller Beispiele für die typischen und die verschiedenen besonderen Eingabewerte, mit denen die Tests letztendlich durchgeführt werden, läßt sich durch ein hartes Kriterium kaum sinnvoll überprüfen. Was ein typischer oder ein besonderer Wert ist, und wann genügend Testfälle vorliegen, liegt gewöhnlich im Ermessen von Menschen. Funktionale Testkriterien wie Howden sie beschreibt machen es daher notwendig, daß sich Menschen sorgfältig mit dem zu prüfenden Programm auseinandersetzen.

6.2.4 Indirekte Wirkungen von Testkriterien

Wenn sich auch heute Tests praktisch kaum so durchführen lassen, daß ihre Erfüllung höchsten Gewißheitsansprüchen genügt, so ist doch denkbar, daß in

Analogie zu formalen Beweisen Programmiertechniken entwickelt werden, die aussagekräftige Tests vereinfachen. Eine möglichst klare Herausarbeitung eines methodischen Kerns etwa in Form eines Testkriteriums kann den Entwurf solcher Programmiertechniken erleichtern. Insofern ist es auch nicht unbedingt abwegig, Testkriterien aufzustellen, deren Erfüllung heute absurd erscheint.

Ein, allerdings unrealistisches, Beispiel für die Orientierung des Programmierstils an der Testbarkeit findet sich bei Howden[45], der sich an einer Verallgemeinerung der folgenden Tatsache orientiert: Wenn bekannt ist, daß ein Programm ein Polynom n-ten Grades auswertet, dann kann die Korrektheit des Programms durch $n + 1$ Testeingaben überprüft werden. Howden benutzt eine Verallgemeinerung dieser Tatsache.

Wenn man ein Programm so schreibt, daß, ob es nun den Erwartungen entspricht oder nicht, stets aus einer endlichen Anzahl von Tests die allgemeine Regel abgeleitet werden kann, gemäß welcher die Ausgaben von den Eingaben abhängen, dann, so Howdens Idee, läßt sich das Programm vollständig testen.

Auf diesem Hintergrund erscheint die Suche nach einfachen Stilregeln oder einfach überprüfbaren Programmiertechniken sinnvoll, die die Ableitung der allgemeinen Regel ohne einen Programmbeweis ermöglichen.

6.3 Vorzüge von Tests gegenüber Beweisen

Neben Standpunkten, die Tests als mangelhafte Beweise sehen, sind solche Positionen interessant, die neben dem geringeren Aufwand noch weitere Vorzüge von Tests gegenüber Beweisen sehen. Einige solcher Ansätze sollen hier dargestellt werden.

6.3.1 Test des Entwurfsprozesses

Eine Möglichkeit der Rechtfertigung des Vertrauens auf getestete Programme, die mathematische oder physikalische Begriffe weniger in den Vordergrund stellt, ist die Rechtfertigung über die während des Entwurfsprozesses angewendete Sorgfalt. Wenn sich überprüfen läßt, daß der Entwurfsprozeß hinreichend sorgfältig durchgeführt wurde, dann läßt sich das Vertrauen auf die erwartungsgemäße Funktion eines Programms auf diese Weise auch rechtfertigen.

Die Idee besteht also darin, nicht eine in physikalischen Begriffen formulierte Theorie, sondern eine in sozialen Begriffen beschriebene über das Programm zu erarbeiten. Die erhoffte Sorgfalt könnte man stichprobenartig überprüfen: Beispielsweise durch Fragen nach dem benutzen Vorgehen beim Entwurf und der Kompetenz der Entwerferinnen, oder durch stichprobenartige Überprüfung der Dokumentation der Anforderungen, des Entwurfs und der angewendeten Prüfmethoden und der Festlegung von Verantwortlichkeiten für verschiedene Eigenschaften eines Systems. Unter den Voraussetzungen, daß erstens durch solche Prüfungen ein gewisses Maß an Sorgfalt während des Entwurfs gesichert ist, und daß man zweitens darauf vertraut, daß ein sorgfältig angefertigter Entwurf den geforderten Sicherheitsstandards entspricht, läßt sich das Vertrauen auf das Programm rechtfertigen.

Auch die Kausalzusammenhänge für beobachtete Phänomene werden in diesem Modell eher in sozialen Begriffen formuliert als in physikalischen. Das wesentliche Problem liegt in dem Schritt vom Vertrauen in die Sorgfalt im Entwurfsprozeß zum Vertrauen auf die Erfüllung der geforderten Sicherheitsstandards.

6.3.2 Untrüglichkeit von Tests

Gerhart und Yelowitz[37] erläutern, daß Beweise fehlerhaft sein können, und folgern daraus (S.206): *What is the role of formalism and mathematical reasoning in programming methodologies? Based on our study of errors, we conclude that it is one, but not the only, or necessarily best, tool for verifying programs. It provides evidence of a logical nature that programs are substantially correct, the degree of certainty being somewhat related to the depth of logical analysis and skills of the analyzer(s), but never absolute. On the other hand, testing provides empirical certainty of at least some correctness aspects of a program. Experience with both testing and mathematical reasoning should convince us that neither type of evidence is sufficient and that both types are necessary.*

Über die Leistungen von Beweisen gehen die von Tests bei dieser Sicht also insofern hinaus, als Tests „certainty" liefern (wenn auch lediglich für Spezialfälle), während Beweise nur „evidence" der Korrektheit des Programms bringen können.

6.3.3 Tests ohne Orakel

Weyuker[111] betrachtet den Fall, daß die richtigen Ergebnisse von Programmausführungen nicht in Form einer expliziten Spezifikation gegeben sind, oder daß die Ausgaben eines Programmlaufs nicht mit vertretbarem Aufwand auf ihre Korrektheit hin überprüft werden können. Als wichtiges Beispiel nennt sie Fließkommaarithmetik, andere naheliegende Möglichkeiten sind die Ausgaben eines Compilers bei Übersetzung eines umfangreichen Programms. Weyuker spricht in solchen Fällen davon, daß es kein Orakel gibt, daß die Richtigkeit der Ausgabe bei einem Programmlauf garantiert.

Weyuker schlägt für solche Fälle Plausibilitätsüberprüfungen vor. In diesem Falle ist der Vorteil, den Gerhart und Yelowitz im Testen sahen, nämlich die Untrüglichkeit, verloren. Aber ein anderer Vorteil des Testens gegenüber dem Beweisen kommt hier zum Tragen: Zum Test genügt es, das Ergebnis eines Programmlaufs mit den impliziten Erwartungen zu vergleichen; die exakten Beweisverfahren setzen dagegen explizite Spezifikationen voraus.

6.3.4 Test der Ablaufumgebung

Bologna und Rao[9] sprechen an, daß bei einem Test nicht nur das potentiell maschinenunabhängige Programm überprüft werden kann, sondern auch die Ablaufumgebung: Wird beim Test derselbe Rechnertyp oder sogar derselbe Rechner mit demselben Betriebssystem eingesetzt wie später beim Einsatz, dann lassen sich mit Tests neben Fehlern im Programm auch Fehler im Laufzeitsystem aufspüren.

Diesen Ansatz verallgemeinernd kann man sagen, daß sich mit der Kontrolle der Laufbedingungen beim Test neben dem Quelltext auch das Maschinenprogramm, das Betriebssystem, die Hardware, die Bedienungsfreundlichkeit und die Ausbildung des Personals stichprobenartig überprüfen läßt. Dies geht über formale Beweise hinaus, die erstens prinzipiell nur mathematische Modelle überprüfen und wo man sich zweitens aus Aufwandsgründen gewöhnlich auf sehr abstrakte Ebenen beschränkt.

6.4 Vergleich der drei Rechtfertigungstypen

Die aus der naiven Physik übernommenen Rechtfertigungstypen passen auf heutige Programme nur sehr schlecht.

Bei der Sichtweise von Tests als mangelhaften Beweisen sind harte Testkriterien für die Adäquatheit einer Menge von Testfällen denkbar, zumindest im Bereich struktureller Testkriterien. Allerdings müßte gerade bei strukturellen Testkriterien genauer untersucht werden, was die Erfüllung eines solchen harten Testkriteriums für die Fehlerfreiheit eines Programms bedeutet. Sinnvolle funktionale Testkriterien sind dagegen nur schwer hart zu machen, setzen also einen fähigen Menschen voraus, der die weichen Anforderungen, „typische" und „extreme" Fälle auszuwählen, in die Tat umsetzen kann. So oder so ist jedoch die Verantwortung für Fälle, in denen solche Eingaben fehlerhaft bearbeitet werden, die nicht durch einen Test abgedeckt wurden, nur schwer einer einzelnen Person zuzuordnen.

Soweit Tests nur als unvollkommene Beweise verstanden werden, sind die wirklichen Beweise ihnen also vorzuziehen. Dies gilt

- erstens, weil ein gelungener Beweis einen einfachen Entwurf voraussetzt,

- zweitens, weil ein Beweis ein relativ hartes Kriterium für die Beschäftigung mit einem Programm ist, und daher

- drittens, weil ein gelungener Beweis als Verständnisgarantie verstanden werden kann, und daher

- viertens neben der Zuweisung der Verantwortung für die Korrektheit an den Menschen, der den Beweis geführt hat, die Erfülltheit einer wesentlichen Voraussetzung für die Wahrnehmung dieser Verantwortung sichert.

All dies kann nach heutigen Maßstäben durch das Bild von Tests als mangelhaften Beweisen nicht garantiert werden; spezifische Rechtfertigungen von Tests als unvollkommenen Beweisen lassen sich nicht finden, der Rechtfertigungsanspruch müßte daher durch die stückweise Erfüllung der Rechtfertigungsmuster von Programmbeweisen erfolgen.

6.4 Vergleich der drei Rechtfertigungstypen

Allerdings ist denkbar, daß durch die Entwicklung eines Programmierstils, der aussagekräftige Tests erleichtert, auch solche Ansätze fruchtbar werden. Wenn man die über die Leistungsfähigkeit von Beweisen hinausgehenden besonderen Stärken von Tests betont, also die Überprüfung nichtformalisierter Anforderungen und die Überprüfung der Adäquatheit der formalisierten Anforderungen, dann erhalten Tests einen eigenen Platz im Prozeß der Vertrauenserhöhung in die erwartungsgemäße Funktion von Programmen. Die Probleme bei der Objektivierung der zur Auswahl von Testfällen zu erfüllenden Testkriterien sind dabei allerdings nicht zu übersehen. Die wesentliche Voraussetzung für die Rechtfertigung objektivierter Testkriterien müßte in einer Testtheorie bestehen, die die zunächst informellen Kriterien, die der Testauswahl zugrundeliegen, explizit machen. Nur so kann die Erfüllung der „wahren" Kriterien durch die formalen Kriterien überprüft werden. Begriffssysteme, die solche Überprüfungen durchzuführen gestatten, stehen noch aus.

Die Zuordnung von Verantwortung ist bei all diesen Rechtfertigungstypen gleichermaßen problematisch. Explizit wird dieses Problem bei keinem der Typen zum Thema. Eine Analyse zeigt, daß man gewöhnlich zwei wesentliche Teilaufgaben unterscheiden kann, die von verschiedenen Personen übernommen werden können:

- Die Aufstellung einer Hypothese, die Formulierung eines Testkriteriums oder die Aufstellung eines Katalogs zu überprüfender Laufzeiteigenschaften.

- Die Durchführung der Tests, die die Hypothese überprüfen, das Testkriterium erfüllen oder die Laufzeiteigenschaften untersuchen.

Verantwortung kommt den beteiligten Personen 1. gemäß ihrem Einfluß und 2. gemäß ihrem Wissen zu. Da der Zusammenhang zwischen Fehlerfreiheit und Erfüllung eines Kriteriums oder eines Anforderungskatalogs abzudeckender Fälle wenig direkt ist, könnte man meinen, daß der Person, die die konkreten Testfälle auswählt, der größere Einfluß zukommt; allerdings schreibt die andere Person die Teststrategie vor, hier kann es also zur systematischen Ausklammerung von Testfällen kommen. Die Zuordnung der Verantwortung gemäß dem Einfluß auf das Ergebnis ist also nicht ganz einfach.

Die Zuordnung von Wissen über das Programm ist ebenso uneindeutig. Die Aufstellung struktureller Testkriterien etwa setzt Wissen über den Zusammenhang zwischen getesteten Fällen und Fehler voraus, und Howden schreibt, wie zitiert, in Bezug auf funktionale Tests, daß eine tiefe Kenntnis zur Auswahl der zu untersuchenden Programmeigenschaften Voraussetzung ist. Andererseits wird konkretes Wissen über das Programm dann auch besonders während der Durchführung der Tests gewonnen. Es stellt sich auch die Frage, ob für die konkrete Auswahl der Testfälle, die die identifizierten Klassen abdecken sollen, besonderes Wissen vorausgesetzt werden muß. Diese Unklarheiten machen die Zuordnung der Verantwortung gemäß dem Wissens, das man bei verschiedenen am Test beteiligten Menschen voraussetzen darf, unklar.

Diese Punkte machen deutlich, daß Wissen über Programm und/oder Anforderungen notwendig ist, wenn durch Tests das Vertrauen in ein Programm erhöht werden soll. Anders als bei Beweisen oder Reviews wird jedoch nicht deutlich, wie auch gesichert werden kann, daß dieses Wissen vorliegt. Ein ausgearbeitetes Testkriterium und eine vollständig durchgeführte Testreihe allein sind jedenfalls kein Nachweis dieses Wissens.

Testkriterien und Testfälle lassen sich allerdings durch Inspektionen untersuchen. Hier ist eine Möglichkeit gegeben, auch für Tests Verantwortung festzulegen, wenn sie auch nicht dem Testen selbst entspringt.

7 Statistische Zuverlässigkeitsuntersuchungen

7.1 Statische Modelle

Tests als unvollkommene Beweise haben den Nachteil, daß es unklar ist, wann ein Programm als genügend getestet angesehen werden kann. Der Wert der vorgeschlagenen Testkriterien für diese Entscheidung ist, wie gesehen, letztendlich nicht gesichert. Eine andere Strategie ist die Bewertung der Software mit statistischen Begriffen; dies wird seit Anfang der 70er Jahre wird immer wieder vorgeschlagen. In diesem Kapitel wird zunächst kurz ein statischer, theoretischer Ansatz angesprochen, die Zuverlässigkeit von Software statistisch zu erfassen, dann wird ein dynamischer Ansatz beschrieben, an einigen Beispielen illustriert und bewertet.

Im Bereich der Software gehen viele Autoren davon aus, daß Fehler sofort mit ihrer Entdeckung behoben werden, oder daß Reparaturzeiten nicht gemessen werden; sie modellieren also die Lapriesche Wartbarkeit nicht (Iannino und Musa [48], S. 116; Beispiele bei Jelinski und Moranda[50], Littlewood und Verrall[73], Littlewood[68], Musa[80]), und auch die Verfügbarkeit interessiert daher nicht.

7.2 Ein statisches Modell

Einige Modelle beschreiben Software Reliability als ein statisches Phänomen. Bei Cheung[13], Schick/Wolverton[98], Iannino/Musa[48] und Musa[80] finden wir jeweils Hinweise auf ein Modell, in dem jeder einzelne aus einer Gesamtheit möglicher Eingabefälle mit einer Auftretens- und einer Versagenswahrscheinlichkeit versehen wird. Cheung etwa definiert Reliability folgendermaßen:

$$\text{reliability} = \sum_{\forall P \in L} q_P r_P$$

Dabei ist L die Menge aller möglichen Programmläufe oder Prozesse, die verschiedenen Eingaben entsprechen; P ist ein Prozeß aus dieser Menge; q_P ist die

Wahrscheinlichkeit, daß P abläuft, und r_R ist 1, wenn der Prozeß P das richtige Ergebnis berechnet, und sonst 0.

Dieses Modell setzt die Messung von Auftretenswahrscheinlichkeiten und die Bestimmung voraus, ob ein jedes beliebige Eingabedatum korrekt abgearbeitet wird. Beide Messungen sind praktisch gewöhnlich undurchführbar, weil die Anzahl möglicher Eingaben unüberschaubar groß ist, und weil die sogenannten Eingabeprofile, die den einzelnen Eingaben Wahrscheinlichkeiten zuordnen, nicht sinnvoll festgelegt werden können. Diese Modelle haben also einen eher theoretischen Wert.

Ein Typus statischer Modelle, bei dem man hofft, diesen Mangel umgehen zu können, sind eine Variation von Markovmodellen (siehe etwa Cheung[13], Laprie[56], Littlewood[67]). In diesen Modellen wird ein Programm als aus Modulen zusammengesetzt vorausgesetzt. Beispielsweise setzt Littlewood folgendes voraus:

- Angaben über die Übergangswahrscheinlichkeiten der einzelnen Module,

- Angaben über die Zeit, die in den einzelnen Modulen zugebracht wird (sein Modell benutzt hier allerdings in erster Linie Mittelwerte),

- Angaben über die Fehlerraten innerhalb der einzelnen Module (die man mit den weiter unter besprochenen dynamischen Modellen messen könne) und

- Angaben über die Fehlerraten beim Übergang der Module ineinander,

und berechnet daraus die Ausfallwahrscheinlichkeit des Programms.

Die Bestimmung all der vorausgesetzten Größen setzt die Kenntnis der Wahrscheinlichkeitsverteilung für die möglichen Eingaben, des sogenannten „Eingabeprofils", voraus; gewöhnlich ist dies nicht explizit gegeben. Littlewood schlägt daher beispielsweise für die Übergangswahrscheinlichkeiten zwischen verschiedenen Modulen vor, diese bei Testläufen zu messen. Dies setzt allerdings implizit voraus, daß die in den Testläufen aufgetretenen Eingaben hinsichtlich der Übergänge der Module ineinander repräsentativ für die Zeitdauer sind, für die die Zuverlässigkeitsaussagen gemacht werden sollen.

7.3 Dynamische Modelle

Dynamische Modelle beschreiben nicht die statistische Zuverlässigkeit eines Programms zu einem bestimmten Moment, sondern die Entwicklung dieser Zuverlässigkeit. Bei diesen Modellen wird nicht explizit davon ausgegangen, daß eine Eingabeverteilung angegeben werden kann. Der Ablauf einer solchen Untersuchung soll zunächst nach Abdel-Ghaly et al.[1] dargestellt werden, wo vier Phasen unterschieden werden:

1. Die Abschätzung der Zuverlässigkeit geht bei den meisten Modellen von einem Datensatz von Zeiten aus, die zwischen dem Auftreten von Ausfällen lagen. Nach Musa[80] sollte man für diese Protokolle nicht die Kalenderzeit, sondern die Rechnerlaufzeiten der Programme benutzen; andere Autoren schlagen vor, die Anzahl der Programmläufe zwischen den Ausfällen zu zählen.

   Die Sammlung solcher Daten bildet den ersten Schritt bei der Abschätzung der Zuverlässigkeit eines Programms. Aus diesem Datensatz soll die Zuverlässigkeit des Programms im Anschluß an den letzten Beobachtungszeitpunkt abgeschätzt werden.

2. Die zweite Phase besteht in der Wahl eines geeigneten statistischen Modells für zu erwartenden Fehlerzeiten.

   Die einfachsten Modelle beschreiben die Zeiten zwischen den Ausfällen einfach in Abhängigkeit von der Anzahl der Fehler im Programm, andere Modelle weisen verschiedenen Programmfehlern verschiedene Gewichte zu. Weiter unten werden drei Modelle beschrieben. Solche Modelle weisen Parameter auf, deren Werte anhand des erwähnten Datensatzes festgelegt werden müssen.

   Viele Modelle nehmen für die Zeit bis zum nächsten Fehler eine Exponentialverteilung an (etwa Jelinski und Moranda[50], Shooman[103], Musa [80], Littlewood und Verrall[73], und Littlewood[66]). Da gewöhnlich modelliert werden soll, daß die Zeiten zwischen Ausfällen statistisch gesehen länger werden, und der einzige Parameter der Exponentialverteilung die Ausfallrate $\lambda(t)$ ist, beschreiben die Modelle, wie mit zunehmender Testzeit diese Ausfallrate kleiner wird.

162   7 Statistische Zuverlässigkeitsuntersuchungen

3. In der dritten Phase werden die Werte der Parameter für den vorhandenen Datensatz bestimmt. Dies geschieht häufig mit Hilfe der Maximum-likelihood-Methode.

4. Zuletzt werden die in der dritten Phase bestimmten Parameter und das Modell aus der zweiten Phase dazu benutzt, ein Maß für die momentane Zuverlässigkeit des Programms zu bestimmen, etwa eine Wahrscheinlichkeitsverteilung für die Zeit bis zum nächsten Fehler. Zuweilen wird auch versucht, weitere Größen zu bestimmen, wie etwa die Verteilung der Zeit bis zum übernächsten Fehler, usw.

Abhängig von dem so bestimmten Wert kann entschieden werden, ob noch weitergetestet werden muß oder ob das Programm die gewünschte Zuverlässigkeit erreicht hat.

7.4 Rechtfertigung kritischer Anwendungen

Meist wird die Benutzung statistischer Methoden zur Abschätzung der Zuverlässigkeit von Software ökonomisch begründet, wie etwa bei Musa[80], der angibt, mit der Abschätzung der Softwarezuverlässigkeit könne man besser planen, wie Entwicklungskosten und Qualität des Endproduktes gegeneinander abgewogen werden sollen. Manche Autoren aber begründen die Beschäftigung mit quantifizierbaren Methoden der Abschätzung der Softwarezuverlässigkeit damit, daß Programme, die in Bereichen eingesetzt werden sollen, in denen ihr Versagen Menschenleben gefährden kann, eine Angabe über ihre Zuverlässigkeit enthalten müßten. Christodoulakis und Pantziou[14] etwa meinen, *the increase of complexity in recent software applications together with the high level of safety and fault tolerance requirements makes further research in the area essential.* Jelinski und Moranda[50]: *The importance of software and its reliability as an integral part of space transportation systems or strategic defense systems could not be overemphasized.* Littlewood[67]: *Computer systems are being increasingly depended upon to perform in situations where failures can have catastrophic costs – in both human and economic terms. Air and road vehicle traffic control, space and defense systems, manufacturing process control are just a few examples of such application areas.* Ramamoorthy/Bastani[93]: *In order to pave the way for the use of digital computers for critical applications, like nuclear power plant safety*

7.4 Rechtfertigung kritischer Anwendungen

systems, it must be shown that the computer system meets the specified reliability constraints. [...] testing is limited by other factors, namely, the difficulty in verifying the output corresponding to an input and the lack of realistic inputs (e.g., in a missile defense system). Shooman[103]: *[...] if a time-sharing system goes down infrequently for half an hour, 50 annoyed users have an unanticipated coffee break. It is a far different story if the air traffic control handling the metropolitan New York area crashes on a stormy night under saturated conditions, and requires a several minute system reloading delay before targets again appear on the video output terminals! In any of these situations, it is clear that a vital measure of computer system performance is both the hardware and software reliability.* Die häufige Erwähnung der Rechtfertigung des Computereinsatzes in unfallsicherheitsrelevanten Bereichen macht statistische Zuverlässigkeit von Programmen in dieser Arbeit besonders interessant.

Vorbehalte gegenüber der Anwendung dieser Verfahren hängen häufig mit dem momentanen Stand der Forschung zusammen, weniger mit grundsätzlichen Vorbehalten beim Einsatz statistischer Testmethoden zur Überprüfung der Zuverlässigkeit von Software; Downs und Garrone[22]: *There are, of course, a good many situations already in which reliability is of primary importance and in these situations, time and cost are secondary. Obvious examples concern life-critical situations and these arise in military, medical and other applications. For applications such as these, it is highly desirable to be able to make an accurate assessment of software reliability but, at the present time, the problem of reliability assessment appears to be very difficult.*

Es gibt aber auch Stimmen, die auf prinzipielle Schwierigkeiten hinweisen. Littlewood[66] etwa propagiert die Notwendigkeit, nicht einfach Programmausfälle zu zählen, sondern ihre Folgen abzuschätzen; in lebenswichtigen Anwendungen sei eine andere als die sonst immer sinnvolle Vorgehensweise bei der Bewertung von Software-Reliability nötig: *My own view, then, is that almost always the appropriate criterion to adopt is dynamic reliability [Bestimmung der Wahrscheinlichkeitsverteilung für die Zeit bis zum nächsten Ausfall] rather than number of remaining bugs. There are, though, situations where we might wish to have a very high assurance that no bugs remained. Examples would be an air traffic control system or nuclear power station safety system. It would not be sufficient to know that the program was very reliable, whilst containing bugs, if these bugs included ones with catastrophic consequences. This oberservation reveals the weakness of an analysis purely in terms of the **counting** of failures and bugs [...]. What we ought to have are models which enable us to predict the process of*

***consequences** of failures*. Ein sehr deutliches Urteil fällen auch Parnas et al.[90] S.644): *Much of the literature in software reliability is concerned with estimation and prediction of error-rates, the number of errors per lines of code. For safety purposes, such rates are both meaningless and unimportant. [...] Other portions of the literature are concerned with reliability growth models. These attempt to predict the reliability of the next (corrected) version on the basis of reliability data collected from previous versions. Most assume the failure rate is reduced whenever an error is corrected. They also assume the reductions in failure rates resulting from each correction are predictable. These assumptions are not justified by either theoretical or empirical studies of programs. [...] Because even small changes can have major effects, we should consider data obtained from previous versions of the program to be irrelevant.*

Parnas et al. sind also bereits gegenüber den Grundannahmen statistischer Analysen skeptisch. Aber auch bei Vernachlässigung dieser Schwierigkeiten treten Probleme auf: Durch eine sehr einfache stochastische Analyse können sie zeigen, daß der Testaufwand für die Korrektheitswahrscheinlichkeiten, die für Programme in unfallsicherheitsrelevanten Systemen gefordert sind, nach statistischen Kriterien gemessen enorm wäre. Ein Beispiel: Wenn mit relativ geringer Irrtumswahrscheinlichkeit, beispielsweise 1%, nachgewiesen werden soll, daß die Wahrscheinlichkeit eines unerwünschten Ereignisses sehr gering ist, etwa 10^{-6}, dann müssen zum Test der Hypothese sehr viele Testfälle, in diesem Falle sind es 4605169, ausprobiert werden. Dabei muß gesichert werden, daß der Zufallsprozeß, mit dem die Testfälle aus der Grundgesamtheit ausgewählt werden, der Einsatzsituation entspricht.

Nach dieser Erwähnung einiger Vorbehalte sollen typische Beispiele von Vorhersagemodellen für die statistische Zuverlässigkeit von Modellen sowie Möglichkeiten, sie zu bewerten, vorgestellt werden. Wir beginnen mit dem grundlegenden Begriff der Ausfallrate.

7.5 Ausfallrate

Viele Modelle benutzen den zentralen Begriff der **Ausfallrate**. Dieser ist aus der Abschätzung der Ausfallwahrscheinlichkeit für Hardware übernommen. Man geht dabei davon aus, ein System, das nach einer Zeit t mit einer Wahrscheinlichkeit p funktioniert, funktionere nach der Zeit $2t$ noch mit der Wahrscheinlichkeit

p^2, und so weiter. Die Zeit geht also exponentiell ein. Die Wahrscheinlichkeit $P(t)$, daß ein Modul nach der Zeit t nicht mehr arbeitet, ist dann:

$$P(t) = 1 - e^{-\lambda t}$$

λ wird die „Ausfallrate" genannt. Je größer diese Ausfallrate ist, desto kleiner sind die erwarteten fehlerfreien Laufzeiten.

Mit dem Problem, ob man dieses Modell auch für Ausfälle benutzen sollte, die von Softwareproblemen herrühren, haben wir uns im letzten Kapitel beschäftigt, und wir haben erkannt, daß ein solches Vorgehen zumindest einer besonderen Rechtfertigung bedarf.

7.6 Das Modell von Jelinski und Moranda

7.6.1 Darstellung

Frühe Modelle (Jelinski und Moranda[50], Shooman[103] oder Musa[80]) setzen eine Ausfallrate an, die proportional zur Gesamtzahl der noch im Programm vorhandenen Fehler ist. Sie gehen davon aus, daß zu Beginn N Fehler im Programm vorliegen, und daß mit jedem Ausfall genau ein Fehler aus dem Programm entfernt wird. Die Ausfallrate $\lambda(t)$ für jeden Zeitpunkt t wird von ihnen proportional zur Anzahl restlicher Fehler $N - (i - 1)$ angesetzt. Zusätzlich geht eine Proportionalitätskonstante ϕ ein, es gilt also $\lambda(t) = \phi \times (N - (i - 1))$. ϕ läßt sich dabei als ein Maß dafür deuten, wie wahrscheinlich ein Programmierfehler einen Programmausfall herbeiführt. ϕ ist nicht von der Zeit t abhängig, was bedeutet, daß in diesem Modell angenommen wird, daß alle Fehler, die früh gefundenen wie die spät gefundenen, einen gleichen Anteil am Fehlerverhalten des Programms haben und deshalb gleich leicht zu finden sind.

Bei der Anwendung dieses Modells werden die Parameter N und ϕ aus n gemessenen Werten mit Hilfe der Maximum-likelihood-Methode bestimmt, die so bestimmten Parameter werden in die obige Formel für $\lambda(t)$ eingesetzt, und damit kann die Fehlerrate nach n gefundenen Fehlern, also $\lambda(t_n)$ bestimmt werden.

7.6.2 Bewertung

Einige Probleme des Modells von Jelinksi und Moranda wurden schnell erkannt:

- Es wird nicht klar definiert, was ein Fehler ist. Implizit gemeint ist wohl am ehesten ein Teil des Programms, den man ändert, nachdem eine Fehlfunktion erkannt worden ist. Wenn allerdings nicht klar ist, was ein einzelner Fehler ist, dann ist auch nicht deutlich, was N, die „Gesamtzahl der Fehler zu Beginn", bedeuten soll.

- Korrekturen führen in der Praxis nicht immer zu einer Verbesserung des Fehlerverhaltens; zuweilen werden sogar neue Fehler eingefügt; das Modell erfaßt dies nicht.

- Fehler in häufig benutzten Programmteilen werden leichter erkannt als solche in seltener benutzten; man kann nicht jedem Fehler die gleiche „Offensichtlichkeit" ϕ zuordnen.

Weitere Probleme werden deutlich, wenn man versucht, das Modell praktisch anzuwenden. Sukert[107] weist etwa darauf hin, daß das Maximum-likelihood-Verfahren für mehrere seiner Datensätze nicht konvergierte. Abdel-Ghaly et al. [1] bemerken, daß die Voraussagen nach Jelinski und Moranda oft stark schwanken, wenn man das Verfahren bei n und $n+1$ gefundenen Fehlern anwendet; diese Instabilität des Verfahrens schmälert das Vertrauen in die Ergebnisse.

Bei Abdel-Ghaly et al. sind einige Datensätze von Fehlerzeiten angegeben, die ursprünglich von Musa stammen. Der erste enthält 136 Datenpunkte. Wenn man diesen Datensatz mit dem Verfahren von Jelinski und Moranda bearbeitet und ab dem zwanzigsten Wert den Median des vorausgesagten Wertes mit den gemessenen Werten vergleicht, erhält man die in Bild 7.1 dargestellten Kurven. Nach rechts ist die Fehlernummer aufgetragen, nach oben die gemessene Zeit (mit der durchgezogenen Linie) und der Median der Verteilung, die nach Jelinski und Moranda für die Zeit bis zum nächsten Ausfall bestimmt wurde. Die Punkte dürften im Grunde nicht durch Linien miteinander verbunden werden; das ist hier nur geschehen, um den Verlauf der Funktionen besser sichtbar zu machen. Die großen Abweichungen der wirklich gemessenen Zeiten von den Medianen der vorausgesagten Verteilungen zeigt problematische Seiten des Modells.

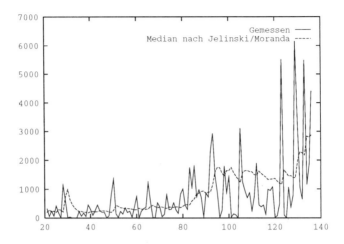

Abbildung 7.1: Median der Vorhersage des Modells von Jelinski und Moranda

7.7 Das Modell von Littlewood und Verrall

7.7.1 Darstellung

Littlewood und Verrall[73] veränderten das Modell von Jelinski und Moranda dahingehend, daß sie nicht einfach vom Vorhandensein einer Gesamtfehlerzahl ausgehen. Sie nehmen zudem an, daß eine Korrektur fehlschlagen kann. Dies erreichen sie, indem sie die Ausfallrate λ_i nach dem Fehler $(i-1)$ und vor dem Fehler i nicht als Funktion von i modellieren, sondern selbst wiederum als eine Wahrscheinlichkeitsverteilung; die Wahrscheinlichkeitsdichte von λ geben sie als Gammaverteilung mit den Parametern α und $\psi(i)$ an:

$$\frac{[\psi(i)]^\alpha \lambda_i^{\alpha-1} e^{-\psi(i)\lambda_i}}{\Gamma(\alpha)}$$

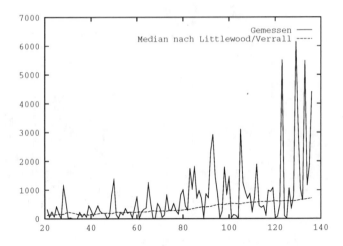

Abbildung 7.2: Median der Vorhersage des Modells von Littlewood und Verrall

α ist eine Konstante. Da der Erwartungswert $\psi(i)/\alpha$ mit der Zeit wachsen soll, muß $\psi(i)$ mit i wachsen. Littlewood[69] schlägt $\psi(i) = \beta_1 + \beta_2 i$ vor, schließt aber andere Funktionen, etwa quadratische, nicht aus.

7.7.2 Bewertung

Littlewood und Verrall gehen nicht vom Vorhandensein einer Gesamtfehlerzahl aus. Aber andere Voraussetzungen sind schwerer verständlich: Wodurch wird eine Gammaverteilung plausibel? Wie läßt sich eine bestimmte Gestalt von $\psi(i)$ begründen? Nur der Erfolg kann einem Modell a posteriori recht geben. Abdel-Ghaly et al.[1] und Keiller et al.[52] finden, daß das Modell von Littlewood und Verrall besser ist als das von Jelinski und Moranda. In Bild 7.2 findet sich der zugehörige Graph zu dem schon zuvor benutzten Datensatz.

7.8 Modelle von Downs und Garrone

7.8.1 Darstellung

Es wurden viele weitere Modelle entwickelt, die beschreiben sollten, wie die Reliability von Programmen sich entwickelt. Downs und Garrone[22] geben an, *of those [models of software reliability] that **have** been employed, there are none to our knowledge that have provided important assistance. The reason for this is that none of these models give sufficiently accurate estimates of reliability. [...] Adequate modelling of testing is likely to require models with a good many parameters and it is our contention that a many-parameter model should exhibit much greater predictive ability than existing models which attempt to capture the very complex reliability behaviour of software in models having only two or three parameters.* Downs und Garrone schlagen deshalb vor, Modelle mit vielen Parametern zu benutzen. Sie geben in ihrem Artikel mehrere solcher Modelle an und vergleichen sie miteinander und mit dem Modell von Littlewood und Verrall. Ihre Modellierungen beruhen einerseits auf der Idee, daß man jedes Programm in zwei Teile aufteilen könne, von denen der eine häufig und der andere seltener ausgeführt werde. Der stärker benutzte Teil verliere schneller seine Fehler, der andere langsamer. Im Extremfall gehen sie davon aus, daß die Fehler im weniger getesteten Teil so gut wie nicht abnehmen; mit diesem Modell haben sie recht gute Ergebnisse erzielt, insbesondere bessere als mit dem Modell von Littlewood und Verrall. Im einzelnen nehmen sie, daß die Fehlerrate λ_j nach der Entfernung von j Fehlern folgende Gestalt habe:

$$\lambda_j = K[N_1^{(j)} + Q]$$

$$N_1^{(j)} = \left[1 - \frac{1}{N_1^{(j-1)} + Q}\right]$$

K, Q und $N_1^{(0)}$ sind Konstanten, deren Werte mit dem Maximum-likelihood-Verfahren abgeschätzt werden. $N_1^{(0)}$ ist die Anzahl der Fehler im besser getesteten Programmteil zu Beginn des Testens, wenn noch keine Fehler gefunden sind, $N_1^{(j)}$ ist diese Anzahl nach der Elimination des Fehlers Nummer j. Q ist eine Konstante, in die der Anteil von Fehlern im weniger getesteten Teil sowie der Anteil am Gesamttestaufwand, der diesen Teil betrifft, eingeht. K ist eine weitere Konstante für die Skalierung. Mit dem schon oben benutzten Datensatz erhalten wir das in Bild 7.2 illustrierte Vorhersageverhalten. Downs und Garrone geben

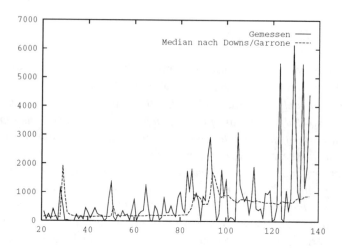

Abbildung 7.3: Median der Vorhersage des Modells von Downs und Garrone

noch einige weitere Modelle an. Das Modell, das in den Tests von Downs und Garrone am besten bewertet wurde, war eines, von dem die Autoren sagen, daß es nur ein ad-hoc-Modell sei. Mit einer Vielzahl von Parametern haben sie modelliert, daß die Fehlerrate beim Testen zunächst sinkt, solange ein bestimmtes Modul getestet wird. Irgendwann werden in diesem Modul nicht mehr so viele Fehler gefunden, die Fehlerrate sinkt nicht mehr, sie bleibt konstant. Endlich entscheidet die Testerin, daß das Modul genügend getestet worden sei, und fährt mit dem Test eines anderen Moduls fort. Da dieses andere Modul noch mehr Fehler enthält, erhöht sich nun die Fehlerrate wieder. Im Laufe der Zeit sinkt also die Fehlerrate zunächst, bleibt dann für eine Weile konstant, und steigt dann wieder an, aber nicht auf einen so hohen Wert wie am Anfang. Es müssen also zum einen die Zeiten der drei Phasen abgeschätzt werden, und zum anderen, bei welchem hohen Niveau die Fehlerrate beginnt, auf welches Niveau sie zunächst absinkt, und auf welches mittlere Niveau sie dann wieder steigt.

7.8.2 Bewertung

Dieses Modell bringt, dem Artikel von Downs und Garrone zufolge, bei weitem die besten Ergebnisse: Downs und Garrone untersuchen insgesamt acht Modelle an sechzehn verschiedenen Datensätzen und vergleichen die Ergebnisse jeweils paarweise.

Jedes Modell konnte bei Downs und Garrone mit sieben anderen Modellen mit Hilfe von sechzehn Datensätzen verglichen werden; diese $7 \times 16 = 112$ Vergleiche wurden mit verschiedenen statistischen Tests durchgeführt, die im nächsten Abschnitt beschrieben werden. Nach der Kolmogorov-Smirnov-Statistik war das zuletzt vorgestellte Modell in 98 Fällen besser als die Vergleichsmodelle, nach der Cramer-von Mises-Statistik in 99 Fällen, und nach der „prequential statistic" noch in 86 Fällen. Kein anderes Modell schnitt bei Downs und Garrone so gut ab wie ihr aufwendigstes.

Dieses Ergebnis scheint den Vorschlag von Downs und Garrone zu untermauern, bei der Modellierung von Software Reliability Modelle mit vielen Parametern zu benutzen, mit denen man versucht, der Komplexität des Prozesses der Softwareentwicklung besser gerecht zu werden. Die prinzipiellen Probleme bei einem solchen Vorgehen sind jedoch nicht von der Hand zu weisen: Es ist schwieriger, eine Vielzahl von Parametern intuitiv zu begründen und gegeneinander abzuwägen als eine nur geringe Zahl. Die Vorstellungen, die es von der Entwicklung von Programmen gibt, sind heute nicht sehr einheitlich, und das bedeutet, daß die Wahl der Parametrisierung des Prozesses der Softwareentwicklung keine einfache und sichere Sache ist. Wenn eine Vielzahl von Parametern benutzt wird, deren intuitive Begründung allzu kompliziert ist, ist nicht sicher, daß sie tatsächlich das erfassen, was erfaßt werden soll. Die möglicherweise besseren Ergebnisse könnten einfach deswegen entstehen, weil im maximum-likelihood-Verfahren mehr Möglichkeiten zur Maximierung der Wahrscheinlichkeit bestehen. Unter welchen Bedingungen das mit wenig gut verstandenen Parametern modellierte Modell womöglich nicht mehr angemessen wäre, ist aber nicht zu erkennen.

7.9 Zur Bewertung von statistischen Modellen

7.9.1 Vergleich von Modellen

Nach der Veröffentlichung einer Vielzahl verschiedener Modelle, die alle ihre schnell erkennbaren Probleme haben, stellte sich bald die Frage, wie Modelle verglichen werden sollten. Sukert[107] vergleicht die von verschiedenen Modellen vorhergesagten Fehlerzahlen mit den entdeckten; Abdel-Ghaly et al.[1] haben mehrere Qualitätskriterien von Modellen der Software-Zuverlässigkeit und ihre Meßbarkeit beschrieben, die zu beurteilen gestatten, wie gut die vorhergesagten Verteilungen der Zeiten bis zum nächsten Fehler zu den gemessenen Werten passen. Solche Maße ermöglichen einen relativen Vergleich verschiedener Modelle; auch Downs und Garrone[22] führen vor, wie man verschiedene Modelle miteinander vergleichen kann.

Bei solchen Untersuchungen läßt sich bestimmen, welches zweier Modelle nach einem bestimmten Maß für einen bestimmten Datensatz das bessere ist. Bei Abdel-Ghaly et al. finden wir: *The performance of [all models] varies greatly from one data set to another. Until recently users had no way of deciding which, if any, reliability metrics could be trusted. All that was available was a great deal of special pleading from advocates of particular models: "trust my model and you can trust the predictions." This is not good enough. No model is totally convincing on* ***a priori*** *grounds. More importantly, a "good"* ***model*** *is only one of the three components needed for good prediction.* Die beiden anderen Komponenten sind, wie oben bereits beschrieben, die Schätzung der Parameter des Modells (im allgemeinen per maximum likelihood aus den schon gemessenen Werten), und die Vorhersage (im allgemeinen durch Einsetzen der geschätzten Werte in das Modell für die Verteilung der Zeit bis zum nächsten Ausfall).

7.9.2 Bewertung eines einzelnen Modells

Bewertung per χ^2-Test

Wenn man Modelle der Softwarezuverlässigkeit für kritische Anwendungen benutzen will, dann genügt es nicht, zwei Modelle miteinander vergleichen zu

7.9 Zur Bewertung von statistischen Modellen

können, man muß vielmehr prüfen, ob ein Modell den praktischen Anforderungen genügt. Ich möchte eine abgewandelte Form des χ^2-Tests vorschlagen; ein normaler χ^2-Test kann nicht direkt angewendet werden, weil nicht eine einzige Wahrscheinlichkeitsverteilung vorliegt, sondern ein nichtstationärer Zufallsprozeß.

Aus einem Vorhersagesystem läßt sich auf folgende Weise eine feste Wahrscheinlichkeitsverteilung gewinnen: Nehmen wir an, es seien bereits i Ausfälle aufgetreten. Es wird zunächst mit Hilfe des Vorhersagesystems eine Wahrscheinlichkeitsverteilung w_{i+1} für die Zeit bis zum nächsten Ausfall bestimmt, und dann wird eine solche Zeit t_{i+1} gemessen. Wenn das benutzte Modell zutrifft, dann sind die Werte $w_j(t_j)$ im Intervall [0, 1] gleichverteilt, und diese Hypothese kann mit Hilfe eines χ^2-Tests geprüft werden.

Benutzt man fünf Freiheitsgrade, so berechnen sich für die oben dargestellten Datensätze bei dem Modell von Jelinski und Moranda ein χ^2-Wert von 15.586; für Littlewood/Verrall ergibt sich 10.828. Bei fünf Freiheitsgraden ergibt sich, daß in 90% der Fälle der χ^2-Wert kleiner sein sollte als 9.236, und in 99% kleiner als 15.086. Wenn wir eine Irrtumswahrscheinlichkeit von 1% zulassen, lehnen wir nur das Jelinski/Moranda-Vorhersagemodell für den betrachteten Datensatz ab, bei einer Irrtumswahrscheinlichkeit von 10% auch das von Littlewood und Verrall.

Der u-Plot

Eine andere Möglichkeit der Bewertung eines Vorhersagesystems besteht darin, zu vergleichen, wie gut die empirische Verteilungsfunktion der Zeiten bis zum nächsten Ausfall mit den vorhergesagten Werten übereinstimmt. Der u-Plot von Littlewood (siehe etwa Littlewood/Keiller[70]) ist eine Methode dafür. Auch wird jeder Meßwert in die jeweils geltende Verteilungsfunktion eingesetzt. Die so gewonnenen Werte sollten also, wie eben, eine im Intervall [0, 1] gleichverteilte Zufallsgröße X sein. Ob dies erfüllt ist, überprüfen Littlewood und Keiller mit einem Kolmogorov-Test: Die Gesamtanzahl der gemessenen X sei n, die Anzahl der Messungen im Intervall $[0, t]$ sei $n(t)$. Es wird die Zahl $K = \sup\{n(t)/n - t | 0 \leq t \leq 1\}$ gesucht, die beschreibt, wie stark die Verteilung der Messungen von der Gleichverteilung abweicht. Die Kolmogorov-Smirnovsche λ-Verteilung gibt dann die Verteilung von $\lambda = K \times \sqrt{n}$ an. Bei unserem betrachteten Datensatz erhalten wir für Jelinski/Moranda ein λ von 1.92, für Littlewood/Verrall ein λ von 1.27. λ liegt mit einer Wahrscheinlichkeit von 99% unter 1.63, und mit einer

Wahrscheinlichkeit von 90% unter 1.23. Auch bei Anwendung dieses Verfahrens weisen wir bei einer zulässigen Irrtumswahrscheinlichkeit von einem Prozent nur das Modell von Jelinski und Moranda zurück, bei einer von zehn Prozent auch das von Littlewood und Verrall.

7.9.3 Kriterien für die Bewertung von Modellen

Was müßte man von einem Modell verlangen, um sich auf seine Voraussagen so weit verlassen zu können, daß man etwa den Einsatz des untersuchten Programms in kritischen Bereichen zuläßt? Downs und Garrone haben oben angeführt, die heutigen Modelle seien zu ungenau für einen praktischen Einsatz. Wie genau müßte die Vorhersage sein?

Zwei Anforderungen scheinen zentral zu sein:

1. Die vom Modell vorhergesagten Verteilungen der Fehlerzeiten müssen gut zu den gemessenen Fehlern passen. Es gibt Maße für diese Übereinstimmungen; Mindestanforderungen an ein Vorhersagesystem für einen bestimmten Zweck werden aber nicht definiert.

2. Ein Modell muß nicht nur gute Ergebnisse liefern, die Grundbegriffe des Modells müssen auch intuitiv plausibel und überprüfbar sein.

    Wenn dies nicht der Fall ist, ist nicht deutlich, unter welchen veränderten Randbedingungen das Vorhersagesystem versagen würde und also keine Aussagen über das Programmverhalten aus dem statistischen Modell ableitbar wären. Das bedeutet zum Beispiel eine Einschränkung für die Anzahl der Parameter eines Modells; das bedeutet aber auch die Notwendigkeit der Untersuchung der Eingaben an das Programm, denn wenn durch eine veränderte Benutzung des Gesamtprogramms ganz andere Module ihre Fehler offenbaren können, als es die Monate und Jahre zuvor der Fall war, dann muß dies berücksichtigt werden.

Die Entwicklung von Software ist bis heute ein wenig verstandener Ablauf. Wenn man mit einer Sicherheit, die den Einsatz eines Programms in kritischen Bereichen rechtfertigen können soll, Aussagen über die Zuverlässigkeit eines Programms aus der modellierten Entwicklung des Fehlerverhaltens dieses Systems ableiten will, dann müssen die Modelle überzeugend sein. Die Grenzen

7.9 Zur Bewertung von statistischen Modellen

der Modelle müssen deutlich erkennbar sein, die Ansprüche, die von Vertretern der Modelle erhoben werden können und auch solche, die nicht erhoben werden können, sollten identifiziert werden können. All dies ist für die Modelle zur Abschätzung der Zuverlässigkeit von Programmen heute nicht der Fall. Ein experimenteller Einsatz in Gebieten, in denen ein Versagen der Modelle nicht gefährlich ist, kann aber sinnvoll sein, um Erfahrungen zu sammeln.

Die Verwendung statistischer Methoden bei der Validierung von Programmen läßt es möglich erscheinen, Aussagen über die Zuverlässigkeit des Programms zu machen, ohne daß ein Mensch den Aufbau kennen müßte. Dies setzt einen möglicherweise hohen Testaufwand voraus, der aber unter Umständen automatisiert werden kann. Menschliche Aufmerksamkeit kann gespart werden.

Allerdings müssen dafür die Voraussetzungen statistischen Testens gegeben sein: Die Auswahl der Testfälle muß den Bedingungen beim Einsatz des Programms entsprechen. Dies kann nur garantiert werden, wenn ein Mensch die Einsatzsituation ebensogut kennt wie das Auswahlverfahren für die Testfälle.

Läßt sich die Verantwortung für die Zuverlässigkeit eines Programms also dem Menschen zuordnen, der die Übereinstimmung zwischen Testauswahlprozeß und Einsatzbedingungen überprüft? Die Frage läßt sich auf das folgende Problem reduzieren: Rechtfertigt die erfolgreichen Durchführung einer statistisch signifikanten Menge von Tests das Vertrauen auf die Zuverlässigkeit auf ein Programm, wenn der Aufbau des Programms unbekannt ist? Oder noch kürzer: Sind rein induktive Rechtfertigungen des Vertrauens in ein Programm zulässig?

Dieses Problem kann hier nicht gelöst werden; aber es gibt eine Möglichkeit, es zu umgehen, wie sie etwa dem Clean-room-Verfahren der Softwareherstellung (Currit et al.[17], Selby et al.[101]) abgelesen werden kann: Nach statistischen Kriterien durchgeführte Testreihen werden hier nur als Qualitätskontrolle benutzt, in den früheren Phasen der Entstehung wird die Software durch Inspektionen, idealerweise ohne Ausführung der Programme geprüft. Es ist allerdings auch hier nicht ganz deutlich, welche spezifische Verantwortung in diesem Fall den Testerinnen zukommt. Wenn dieses Problem geklärt werden kann, erscheint ein Einsatz statistischer Testmethoden als Ergänzung zu Maßnahmen, die die Einsicht in ein gegebenes Programm erhöhen, sinnvoll.

8 Redundanz

Mit den bislang vorgestellten Methoden zur Verbesserung der Zuverlässigkeit von Software verfolgt man das Ziel, fehlerhafte Programmstellen zu erkennen und weitmöglichst zu korrigieren. Die Identifikation von Fehlern und ihre Korrektur ist dabei relativ kostspielig. Man hat deshalb Ansätze entwickelt, die es ersparen sollen, jeden Designfehler zu finden und zu korrigieren, indem man die Rechensysteme so konstruiert, daß das Auftreten mancher Fehler toleriert wird. Dies versucht man zum Beispiel mit Hilfe von **Redundanztechniken**. Die Grundidee ist die folgende: Damit Programmierfehler nicht zu Fehlfunktionen führen, stellt man mehrere Module her, die die gleiche Teilaufgabe erfüllen sollen. Wird festgestellt, daß eines der Module ein fehlerhaftes Ergebnis geliefert hat, so werden die Ergebnisse eines anderen Moduls benutzt. Wenn man davon ausgeht, daß die Module so konstruiert werden können, daß sie nicht alle bei den gleichen Eingabefällen versagen, dann läßt sich auf diese Weise eine Verbesserung der Zuverlässigkeit erreichen.

Solche Redundanzverfahren werden heute noch nicht im großen Stil dazu eingesetzt, die Zuverlässigkeit von Software zu erhöhen. Das kann sich in Zukunft ändern. Fürsprecher wie Gmeiner und Voges[38] oder Avižienis und Kelly[4] geben zuweilen als besonderen Vorzug dieser Methoden die Kosteneinsparungen an, die damit zu erreichen seien. Wie will man aber Kosten sparen, wenn doch die gleiche Arbeit – die Herstellung eines Moduls, das eine bestimmte Teilaufgabe erfüllt – mehrfach geleistet werden muß?

Dies soll folgendermaßen geschehen: Wenn Programme in kritischen Bereichen eingesetzt werden sollen, dann, so die genannten Autoren, falle ein Großteil der Kosten nicht beim Entwurf, sondern bei der Validierung der Software an. Dies ist, bei sehr hohen Anforderungen an die Zuverlässigkeit der Programme, sehr kostspielig.

Der Einsatz von Redundanzverfahren soll den Aufwand vermindern und solche Kosten senken, indem man als relativ billig vorausgesetzte Phasen wie den Entwurf und die Implementierung von Programmen mehrfach unabhängig voneinander durchführt, um sich später einen gewissen Teil des Aufwands bei der teuren Validierung zu sparen.

Redundanz bei der Softwareerstellung soll nicht nur dafür eingesetzt werden, zur Laufzeit die Ausfälle fehlerhafter Programmodule zu maskieren. Schon in der

Entwicklungsphase werden Redundanzverfahren benutzt, um mehr oder andere Fehler zu finden, als es mit den schon vorgestellten Verfahren geschieht, oder um Kosten zu sparen. Bevor beschrieben wird, wie die verschiedenen Methoden im einzelnen aussehen, werden die Ideen beschrieben, die den Redundanzverfahren zugrundeliegen.

8.1 Redundanz in der Rechnerhardware

Breiten Einsatz finden Redundanzverfahren heute im Bereich der Rechnerhardware für ausfallsichere Rechensysteme. Redundanz bedeutet hier, daß ein Rechnermodul, das eine besonders kritische Funktion übernehmen soll, mehrfach vorhanden ist. Dies können Sensoren, ganze Rechner, einzelne Rechenwerke, Speichermodule, Datenbusse oder Effektoren sein. Zu diesen herkömmlichen Rechnerkomponenten kommen dann noch Module hinzu, die die Erkennung und die Bearbeitung von Komponentenausfällen übernehmen; die Redundanz macht also zusätzliche Komponenten nötig. Fehlererkennungsmodule können einem Benutzer Fehlfunktionen anzeigen; andere Module können das Ausmaß von Fehlfunktionen abschätzen und Fehlerkorrekturen durchführen.

Nicht immer bedeutet Redundanz eine Verdoppelung eines Moduls. So kann zum Beispiel mit Hilfe einer Parity-Schaltung ein Ein-Bit-Fehler in einem Datenwort erkannt werden, wenn das Wort aus dem Speicher ausgelesen wird, ohne daß man alle Bits des Speicherwortes mehrfach speichert. Die einfache Verdoppelung ist jedoch eine häufig vorgeschlagene Technik. Vergleicher können feststellen, ob zwei Rechenwerke die gleichen Ergebnisse liefern, oder ob zwei Sensoren, die den gleichen Wert messen sollten, dies auch tun.

Wird ein Fehler festgestellt, so wird im schlechtesten Falle einfach nur der Benutzerin eine Meldung darüber gemacht. Zuweilen lassen sich Fehler maskieren, zum Beispiel wenn eine Mehrzahl von funktional gleichwertigen Modulen das gleiche Ergebnis liefert, indem etwa per Mehrheitsentscheidung bestimmt wird, welches der von den einzelnen Modulen bestimmten Ergebnisse als Gesamtergebnis geliefert werden soll. So werden beispielsweise die Ausgaben miteinander verglichen, die von den vier funktional gleichwertigen Rechnern des Space-Shuttle an die Effektoren gehen (siehe Sklaroff[104]). Die Ausgabewerte jedes Rechners im Shuttle werden nicht nur an die Effektoren, sondern auch an

8.1 Redundanz in der Rechnerhardware

die Vergleichsmodule der drei anderen Rechner übermittelt. Weicht der Ausgabewert eines der Rechner von dem der anderen in zwei aufeinanderfolgenden Kommandos ab, so wird dieser Rechner desaktiviert. Auf diese Weise kann der Ausfall von einem oder zwei Rechnern toleriert werden (wenn nicht auf ein Mal ein doppelter, identischer Fehler in mehreren der vier Rechner auftritt; dieser Fall wird von Sklaroff wohl als zu unwahrscheinlich angenommen, als daß er meinte, ihn erwähnen zu müssen). Sind nur noch zwei Rechner betriebsbereit, dann, so Sklaroff, sollen immer noch Selbsttests die Identifikation von Fehlern ermöglichen.

Hardwareredundanz ermöglicht eine Fehlerkennung, Fehleridentifizierung und manchmal eine Fehlerausmerzung; die Vergleicher im Space Shuttle ermöglichen es, Fehler zu erkennen und sie bestimmten Rechnern zuzuordnen.

Nicht nur im Space Shuttle findet redundante Hardware Anwendung. Parity-Bits im Speicher und auf Datenbussen findet man in vielen Rechnern, und mehrere Rechner werden auch in Flugzeugen verwendet, deren Flugfähigkeit von Rechnern abhängt (siehe etwa Kaplan[51]).

Um die Leistungsfähigkeit von Redundanzverfahren abschätzen zu können, und um nachzuweisen, daß man mit einer bestimmten Rechnerarchitektur eine bestimmte Zuverlässigkeit erreicht hat, muß man die Zuverlässigkeit einer solchen Architektur modellieren. Dies geschieht mit statistischen Verfahren.

Hardware altert, einzelne Speicherbits können vorübergehend oder gänzlich ausfallen oder ihren Zustand wechseln. Diese Phänomene lassen sich allgemeiner Ansicht nach statistisch relativ gut erfassen. Man kann statistische Modelle finden, die anerkanntermaßen den Ausfall von Hardwarekomponenten von Rechnern relativ gut beschreiben; man kann Ausfälle als Zufallsvariablen modellieren, die bestimmten Verteilungen gehorchen; man kann daraus Ausfallwahrscheinlichkeiten ableiten, und man kann mit anschaulichen Maßen, wie zum Beispiel einer „mittleren Zeit zwischen Fehlern" (**mean time between failures**, **MTBF**), operieren.

Hardwareausfälle werden zum Beispiel oft als statistisch voneinander unabhängig angenommen, was die theoretische Analyse vereinfacht. Eine Größe, mit der man die Zuverlässigkeit eines Hardwaremoduls darzustellen versucht, ist die Wahrscheinlichkeit, daß das Modul in einer bestimmten Zeitspanne fehlerfrei arbeitet. Häufig nimmt man diese Wahrscheinlichkeit als negativ exponentiell verteilt an, d. h. die Wahrscheinlichkeit, daß ein Modul innerhalb der Zeit t fehlerfrei arbeitet, wird als $P(t) = e^{-\lambda t}$ modelliert. Dabei ist der Parameter λ die **Ausfallrate** (Toy[109]); je höher die Ausfallrate, desto geringer ist die Wahrscheinlichkeit, daß das Modul in einer gegebenen Zeitspanne fehlerfrei arbeitet.

Nach Toy kann man die Ausfallrate qualitativ als eine Funktion des Lebensalters einer Population von Modulen ansehen; häufig beobachte man die sogenannte Badewannenform: Zu Beginn der Lebensdauer einer Population von Modulen sei die Ausfallrate hoch. Hier spielten die Auswirkungen von Fertigungsfehlern eine Rolle. Dann senke sie sich auf eine niedrige Ebene und bleibe dort für eine ganze Weile konstant. Dies sei der normalerweise betrachtete Bereich. Endlich steige die Ausfallrate wieder, da sich Alterungserscheinungen bemerkbar machten

Mit den anerkannten statistischen Modellen für die Ausfälle von Rechnermodulen ausgestattet kann man darangehen, den Wert verschiedener Verfahren für die Erhöhung der Zuverlässigkeit von Hardware abzuschätzen. Man modelliert die Zuverlässigkeiten für die einzelnen Module, man modelliert, wie die Funktionsfähigkeit des Gesamtsystems von der Funktionsfähigkeit der einzelnen Module abhängt, und man leitet daraus ein Modell der Zuverlässigkeit für das Gesamtsystem ab. Im allgemeinen wird dabei für den Ausfall der Einzelmodule statistische Unabhängigkeit angenommen.

Setzt man die Gültigkeit der statistischen Modellierung voraus, läßt sich gut abschätzen, welchen Aufwand man treiben muß, um aus wenig zuverlässigen Komponenten ein zuverlässigeres System aufzubauen. Man weiß zudem, welche Fehlfunktionen man berücksichtigen muß. Diese Idee soll auf den Bereich der Software übertragen werden.

8.2 Softwarefehler versus Hardwarefehler

Inwiefern sind die vorgestellten Hardwarefehler mit Softwarefehlern vergleichbar? Den betrachteten Hardwarefehlern liegen physikalische Ursachen zugrunde, für die der modellierte Zufallsbegriff angemessen sein mag; das soll hier jedoch nicht näher untersucht werden. Die Softwarefehler, um die wir uns kümmern wollen, sind aber Designfehler; sie entstehen, wenn ein Mensch eine falsche Entwurfsentscheidung trifft. Ob solche Fehler, deren Ursache man, wenn überhaupt, am ehesten mit kognitionspsychologischen Begriffen beschreiben kann, sich wie

Hardwarefehler sinnvoll als statistisch unabhängige Ausfallserscheinungen von Komponenten modellieren lassen, bedarf einer Untersuchung.

8.3 Zur Abhängigkeit der Ausfälle von den Eingaben

Software zeigt keine alternungsbedingten Ausfälle im erwähnten Sinne. Software, die nicht gepflegt wird, wird an sich nicht verbessert oder verschlechtert. Veränderungen der dynamischen Zuverlässigkeit der Software können aber durch eine Veränderung der Eingaben entstehen; wenn ich etwa weiß, daß die Optimierungsphase meines Pascal-Compilers oft fehlerhaften Code erzeugt, werde ich bei Benutzung des Compilers auf eine Optimierung verzichten. Software kann also dadurch eine bessere Zuverlässigkeit gewinnen, daß ihre Benutzung geändert wird. Die Möglichkeit, auf fehleranfälligere Operationen zu verzichten, wird nicht selten genutzt.

Man modelliert bei der Betrachtung von Hardwarefehlern im allgemeinen die Eingabe an das Rechensystem, bei der der Fehler aufgetreten ist, nicht. Man scheint also vorauszusetzen, daß der Charakter der Eingabe für den Ausfall des Systems unwesentlich sei, oder daß man hier zumindest von Unabhängigkeit der Zufallsprozesse (zum einen Auswahl eines Eingabedatums, zum anderen Fehlfunktion oder korrekte Arbeit des Rechners) ausgehen könne.

Softwarefehler sind von der Eingabe, mit der ein Programm gespeist wird, in größtem Maße abhängig. Software, die sorgfältig getestet wurde, wird in den getesteten Fällen höchstens noch schwer erkennbare Fehler haben. Unerwartete Eingaben aber, die nicht in Testserien berücksichtigt wurden, können Fehler aufdecken.

8.4 Statistische Modellierung der Eingabe

Zudem kann man normalerweise nicht davon ausgehen, daß die Elemente der Eingabemenge zur Einsatzzeit des Programms statistisch unabhängig voneinander ausgewählt werden. Diese Voraussetzung wird jedoch in der Literatur nicht selten getroffen. Das sogenannte „**Eingabeprofil**" eines Programms ist eine Verteilung, die jedem Element der Menge der möglichen Eingaben für das Programm eine Auftretenswahrscheinlichkeit zuordnet. Dieses Eingabeprofil ist aber, bei einigermaßen umfangreichen und reich strukturierten Eingaben, wie zum Beispiel im Falle von Programmtexten, die man einem Compiler als Eingabe gibt, sehr stark von der einzelnen Einsatzsituation abhängig.

Statistiken können nur dann aussagekräftig sein, wenn die Größen, die zueinander in Beziehung gesetzt werden, für den betrachteten Bereich interessant sind. Wenn die Struktur eines betrachteten Bereiches sehr wichtig ist, dann muß sie in der Statistik berücksichtigt werden. Für das Beispiel der Eingaben an einen Rechner bedeutet das, daß die Möglichkeit einer sehr komplizierten Struktur der Eingabe eine sehr komplizierte statistische Modellierung zur Folge haben muß.

Die hohe Strukturiertheit der Eingabedaten ist im Falle von Programmtexten sehr einfach zu sehen. Aber man kann einen Programmiersprachentext auch als eine Folge von Buchstaben oder gar von Bits auffassen. Die hohe Strukturiertheit, die sich ergibt, wenn man Programmteile als Deklarationen oder Schleifen erkennt, oder gar die, die erscheint, wenn man Schleifen und Prozeduren als Sortieroperationen erkennt, verschwindet dann. Auf der Bitebene erkennen wir womöglich eine so geringe Struktur, daß uns auch einfache statistische Verfahren angemessen erscheinen könnten, die Eingabe zu beschreiben. Wir könnten womöglich Aussagen über Abhängigkeiten und Unabhängigkeiten von Werten dieser „Zufallsfolge" machen. Wenn wir verschiedene Programme auf dieser Ebene miteinander vergleichen, könnten wir womöglich befriedigende statistische Ergebnisse bekommen; letzten Endes sind dies aber Aussagen über die Kodierung der Eingabetexte, wenn wir zum Beispiel feststellen, daß jedes achte Bit eine 0 ist. Diese Feststellung läßt jedoch kaum Aussagen über die Algorithmen zu, um die es in den Programmen auf einer höheren begrifflichen Ebene geht.

Auf der tiefen begrifflichen Ebene läßt sich das Ausfallverhalten beispielsweise eines Compilers nur sehr, sehr aufwendig beschreiben. In die Funktionsweise eines Compilers erhält man keinen guten Einblick, wenn der Ablauf mit Argumentationen über Bitfolgen oder gar Spannungsschwankungen in Flipflops beschrieben wird, vielmehr stammen unter anderem „Buchstabe", „Bezeichner", „Symboltabelle" und „Codefragment" aus der interessanten begrifflichen Ebene.

Die Struktur des Übersetzungsprogramms, das einen Programmtext einliest, prägt der Bitfolge eine abstraktere Struktur auf. Die hohe Strukturiertheit einer Eingabe

8.4 Statistische Modellierung der Eingabe

ist auch in anderen Fällen eine Sache der Sichtweise; ein tieferes Verständnis, das eine Voraussetzung für ein Vertrauen in die Lauffähigkeit des Programms ist, ergibt sich kaum auf einer sehr niedrigen konzeptuellen Ebene.

Um sinnvolle statistische Aussagen zu erhalten, muß also darauf geachtet werden, daß die richtige begriffliche Ebene modelliert wird. Im Bereich der Software gehört die Struktur der Eingabedaten dazu. Diese hat man aber bislang nicht erfolgreich statistisch modelliert; es finden sich keine Arbeiten über den Zusammenhang der Struktur der Eingabe an ein Programm mit seinem Ausfallverhalten. Vielmehr sieht man von der Struktur der einzelnen Eingabedaten ab und modelliert lediglich ein bestimmtes Systemverhalten: Ob es mit der Spezifikation übereinstimme oder nicht. Ein Verzicht auf die Modellierung der Struktur macht es aber unmöglich, ein Ergebnis, daß für ein bestimmtes Eingabedatum gewonnen wurde, auf andere zu übertragen. Solche Statistiken lassen keine Induktion auf Eigenschaften anderer Elemente der Eingabemenge zu, weil es in ihrem Begriffsrahmen keine Kriterien dafür gibt, wie repräsentativ eine bestimmte Menge von Eingabedaten für die Gesamtmenge ist.

Es stellt sich die Frage, ob die geringe Strukturierung, die man voraussetzt, um eine Folge von Eingabewerten mit statistischen Methoden analysieren zu dürfen, normalerweise gegeben ist. Dieses Problem macht die Anwendung statistischer Verfahren zur Begründung der Zuverlässigkeit von Softwaresystemen problematisch. Wir haben gesehen, daß die Struktur der Eingabe an ein Programm von der Begriffsebene abhängt, auf der man die Eingabe betrachtet. Wenn wir die Idee, die dem Programm zugrundeliegt, verstanden haben, wissen wir, auf welcher konzeptuellen Ebene wir das Programm und seine Eingaben analysieren sollten. Ein Gedanke, die Struktur einer Eingabe zu erfassen, ist demnach der, zu betrachten, wie das Programm auf die Eingabe reagieren sollte. Programme, die einem Algorithmus entsprechen, sind im allgemeinen strukturierte Gebilde. Verschiedene Eingaben können unterschiedliche Programmteile in unterschiedlicher Reihenfolge zur Ausführung bringen. Der Algorithmus selbst prägt den Eingabedaten damit eine Struktur auf: Jedem Eingabedatum entspricht eine Folge von Ausführungsschritten des Algorithmus, und diese Folgen können als Repräsentanten der Struktur eines Eingabedatums dienen. Unter dieser Bedingung sind Eingabedaten, im Sinne eines bestimmten Algorithmus, von dem sie verarbeitet werden, stets strukturiert; heute benutzte statistische Verfahren, die diese Struktur nicht berücksichtigen, wären stets problematisch, wenn es nötig ist, die Eingaben auf derselben konzeptuellen Ebene zu betrachten wie das Programm.

Trotz dieser Schwierigkeiten gehen statistische Untersuchungen, die sich mit der Leistungsfähigkeit von Redundanzverfahren beschäftigen, vom Vorhandensein eines Eingabeprofils aus (Eckhardt/Lee[25], Saglietti/Ehrenberger[97]).

Will man Veränderungen der Zuverlässigkeit von Software, die mit Veränderungen der Eingabemenge zusammenhängen, statistisch modellieren, dann müßte man ein Modell der Veränderung der Struktur der Eingabe und der daraus folgenden Veränderung der Benutzung bestimmter Programmodule in Abhängigkeit von ihrer Fehleranfälligkeit entwerfen, und diese Modelle wären auf ihre statistischen Eigenschaften hin zu überprüfen.

8.5 Zur Veränderung von Programmen

Die Zuverlässigkeit von Software kann sich auch verändern, wenn die Programme selbst verändert werden. Auch hier sind es nicht physikalische Alterungsprozesse, sondern es sind menschliche, von einer Unzahl möglicher Einflußfaktoren abhängige Entscheidungen, die die Veränderungen hervorrufen. Unter welchen Bedingungen man hier dieselben statistischen Methoden anwenden darf wie bei physikalischen Prozessen, bei denen man sich traut, die Einflußfaktoren auf eine relativ übersichtliche Zahl zusammenzustreichen, bedarf einer Untersuchung.

Die Fehler, die in Programmen erkennbar werden, haben andere Ursachen als die Fehler, um die man sich bei der Modellierung der Zuverlässigkeit von Rechnerhardware kümmert. Wenn man an die Exaktheit der statistischen Modellierung hohe Ansprüche stellt, wie es für die Rechtfertigungen des Einsatzes von Rechnern in kritischen Bereichen der Fall ist, dann muß man untersuchen, ob die Modelle, die für die Modellierung von materialwissenschaftlich beschreibbaren Ursachen benutzt werden und die sich dort bewährt haben mögen, auf die Klasse von kognitionspsychologisch zu beschreibenden Ursachen angewendet werden können und ob die mit diesem Modellen gewonnenen Ergebnisse dort ähnlich hohes Vertrauen rechtfertigen.

8.6 Verschiedene Redundanztechniken

Wenn nicht nur physikalische Fehlerursachen, sondern auch Designfehler toleriert werden sollen, dann müssen die verschiedenen Module unterschiedlich entworfen worden sein.

Mehrfacher Entwurf soll also nicht – wie beim Entwurf von Hardware – einfach redundante Module erzeugen. Obwohl von der gleichen Spezifikation ausgegangen wird, nimmt man an, daß die Module sich unterscheiden. Durch die Anwendung unterschiedlicher Techniken oder aufgrund persönlicher Eigenschaften der Programmiererinnen und Programmierer oder aufgrund irgendwelcher Zufälle sollen die Module bei manchen Eingaben unterschiedliche Ausgaben liefern. Dabei wird davon ausgegangen, daß im allgemeinen eine große Wahrscheinlichkeit besteht, daß ein beliebiges Eingabedatum richtig verarbeitet wird. Die Wahrscheinlichkeit, daß mehrere Versionen bei der gleichen Eingabe ausfallen, wird als relativ gering angesehen.

Um einen Fehler zu tolerieren, sind mehrere Teilaufgaben zu erfüllen:

- Zunächst muß es einen Mechanismus geben, der erkennt, daß eine Fehlfunktion stattgefunden hat.

- Dann muß versucht werden, das Ausmaß der Fehlfunktion festzustellen.

- Mit dieser Information kann man versuchen, eventuelle Auswirkungen der Fehlfunktion zu verhindern oder rückgängig zu machen.

- Dann sollte die Ursache, die zu dem Fehler geführt hat, etwa das fehlerhafte Modul, identifiziert werden.

- Dieses sollte desaktiviert werden, oder es muß der Benutzerin oder dem Benutzer angezeigt werden, welches Modul Fehlfunktionen gezeigt hat.

Nicht immer werden alle diese Teilaufgaben erfüllt. Zuweilen geht man davon aus, daß die Fehlfunktion so früh festgestellt wird, daß sich noch keine Auswirkungen ergeben haben, die man abschätzen oder rückgängig machen müßte. Zuweilen kann ein Rechner bei einer Fehlfunktion nicht abgeschaltet werden, weil er eine für das Gesamtsystem kritische Funktion erfüllt. Zuweilen nutzt man die Redundanz nicht während des praktischen Einsatzes, sondern nur während der Entwicklung, um manche Fehler einfacher feststellen zu können; in diesem Fall ist überhaupt nur die Fehlererkennung und die Identifikation der Ursache notwendig.

Die verschiedenen Teilaufgaben eines fehlertoleranten Systems können auf verschiedene Art erfüllt werden. Zwei Verfahren sind bekannt geworden: Die **Rücksetz-Technik** (recovery blocks[94], und die **N-Versionen-Programmierung**[12].

8.7 Die Rücksetz-Technik

Die Rücksetz-Technik ähnelt ein wenig der Methode der kalten Reserve bei der Hardwareredundanz. Eine Teilaufgabe wird dabei nicht von einem einzelnen Modul übernommen, sondern von einem System redundanter Module, die bedarfsweise nacheinander versuchen, das Problem zu lösen. Gewöhnlich wird folgendermaßen verfahren: Zu Beginn der Arbeit des Modulsystems wird der Zustand gespeichert, damit er nach einem eventuellen Fehler später wiederhergestellt werden kann; dann beginnt das erste Teilmodul mit seiner eigentlichen Arbeit. Im Verlauf dieses Lösungsversuches können Unterbrechungen auftreten (Cristian[16]). Diese haben zweierlei Charakter:

- Die Möglichkeit mancher Unterbrechungen ist von der Programmiererin vorhergesehen. Man kann durch Testprädikate überprüfen, ob an bestimmten Programmstellen bestimmte Bedingungen erfüllt sind. Kann eine solche Zusicherung, die im einfachsten Fall in der Angabe eines booleschen Ausdrucks bestehen kann, nicht bestätigt werden, so wird die Abarbeitung des Programmoduls unterbrochen; auf diese Weise können Fehlermöglichkeiten abgefangen werden, die in einem gewissen Maße vorhergesehen wurden.

- Andere Unterbrechungen können vom Compiler oder dem Betriebssystem vorgenommen werden, ohne daß das vorgesehen sein muß. Hierunter können Divisionen durch Null oder andere arithmetische Fehlerbedingungen wie Unter- oder Überlauf fallen, ebenso wie ein Zugriff auf ein nichtvorhandenes Arrayelement oder ein Leseversuch einer nichtinitialisierten Variable. Auf diese Weise lassen sich auch manche nicht vorhergesehene Fehler abfangen.

8.7 Die Rücksetz-Technik

Wenn keine Unterbrechung auftritt, hat das Modulsystem seine Aufgabe erfolgreich beendet.

Die Redundanz wird wichtig, wenn eine Unterbrechung auftritt. In diesem Fall wird das Modulsystem mit Hilfe des gespeicherten Rücksetzpunktes wieder in einen definierten Zustand zurückversetzt. Dann wird ein anderes Teilmodul aktiviert, das die gleiche Aufgabe lösen soll wie dasjenige, das gerade versagte; auch im Verlauf der Arbeit dieses zweiten Moduls kann eine Unterbrechung auftreten, die dann ebenso behandelt wird wie beim ersten Male. Diese Folge kann sich wiederholen, wenn in den einander ersetzenden Modulen auftretende Unterbrechungen abgefangen werden müssen. Versagt auch das letzte Modul für eine Teilaufgabe, so hat das gesamte Redundanzverfahren versagt.

Das beschriebene Verfahren trägt die Bezeichnung „backward error-recovery", weil in einem Fehlerfall die bereits durchgeführten Arbeiten rückgängig gemacht werden; der zu Beginn der Arbeit des Teilmoduls bestehende Zustand wird wiederhergestellt. Häufig ist der Aufwand, den man treiben muß, um für den Fehlerfall einen Rücksetzpunkt zu haben, groß. Dies gilt insbesondere, wenn das redundant anzulegende Modul mit anderen Modulen kommunizieren muß (Jalote/Campbell[49]). In speziellen Fällen bedient man sich daher der „forward error-recovery", bei der man nicht von Zeit zu Zeit eine Beschreibung des Systemzustands sichert, sondern stets vom augenblicklichen Zustand aus weiterverfährt. Bei diesem Verfahren muß man im Falle einer Unterbrechung erfahren, welche Arbeiten bereits ausgeführt wurden, und an welcher Stelle des Moduls der Fehler aufgetreten ist. Auf diesen Erkenntnissen aufbauend wird dann die Lösung der Teilaufgabe, die zu einer Unterbrechung geführt hat, auf eine andere Weise versucht. Hierzu ist es allerdings nötig, daß sämtliche Fehlermöglichkeiten vorausgesehen wurden; diese Methode ist für die Tolerierung von Designfehler daher nicht geeignet.

Rücksetzverfahren haben verschiedene Nachteile:

- Die Formulierung der Testprädikate und die Festsetzung der Rücksetzpunkte stellen besondere Schwierigkeiten dar. Man muß sicherstellen, daß durch das Testprädikat keine neue Fehlerquelle in das Programm eingeführt wird; komplexer wird das Programm dadurch allerdings auf jeden Fall.

- Außerdem dürfte es häufig schwierig sein, gute Programmstellen für Rücksetzpunkte zu finden. Diese bedeuten eine gewisse Geschwindigkeitseinbuße schon im herkömmlichen Betrieb.

- Treten aber tatsächlich Unterbrechungen auf, so muß ein zweites Modul die gesamte Arbeit wiederholen. Auch dies wird zuweilen einen erheblichen Zeitaufwand bedeuten.

- Die kritischen Anwendungssituationen erfordern häufig Prozeßrechensysteme, bei denen Laufzeiten eine große Rolle spielen. Bei Anwendung der Rücksetztechnik muß man mit sehr unterschiedlichen möglichen Laufzeiten für verschiedene Eingaben rechnen. Wenn dies auch in gewissen Fällen praktikabel sein mag, so stellt es doch häufig eine besondere zusätzliche Schwierigkeit dar.

- Endlich setzt eine so enge Integration der redundanten Module in einem Programm, wie es eben beschrieben wurde, häufig voraus, daß die Module auf dem gleichen Rechner laufen; fällt die Hardware aus, dann fällt damit auch das ganze System aus.

Viele dieser Schwierigkeiten versucht man mit der N-Versionen-Programmierung zu vermeiden.

8.8 N-Versionen-Programmierung

Neben der Rücksetz-Technik ist die **N-Versionen-Programmierung** ein zuweilen propagiertes Redundanzverfahren zur Erhöhung der Zuverlässigkeit von Programmen (Chen/Avižienis[12], Avižienis/Kelly[4], Avižienis[3]). Bei diesem Verfahren werden die redundanten Teilmodule stets allesamt ausgeführt. Die Ergebnisse der N Module werden miteinander verglichen, und ein gemeinsamer Ausgabewert wird berechnet. Normalerweise wird vorgeschlagen, die Ergebnisse bitweise zu vergleichen und das Ergebnis, das am häufigsten genannt wird, als Gesamtergebnis zu liefern; Chen und Avižienis schlagen für den Vergleich numerischer Resultate auch inexakte Vergleichsverfahren vor, von denen sie allerdings sagen, daß sie mit besonderen Schwierigkeiten behaftet seien. Wir wollen auf die Probleme beim Vergleich von Lösungen nicht näher eingehen.

Dieses Verfahren ähnelt oberflächlich der Technik der heißen Reserve beim Hardware-Design: Alle redundanten Module laufen zugleich, in einem Fehlerfall kann ohne Zeitverlust ein korrektes Ergebnis geliefert werden.

Wir haben weiter oben angemerkt, daß man nicht einfach davon ausgehen kann, daß Modelle, die für die Modellierung von Alterungsausfällen in Hardware benutzt werden, auch für die Modellierung von Designfehlern in Software benutzt werden dürfen. Chen und Avižienis geben schon 1977 in ihrer Schlußfolgerung an: *If missing program functions are the predominant software defects, then N-version programming may not be an effective approach.* Knight und Leveson[53] haben im Rahmen eines Experiments die Hypothese der statistischen Unabhängigkeit von Designfehlern in verschiedenen Softwareversionen an einem Beispiel widerlegt. Dieses Experiment soll jetzt beschrieben werden.

8.9 Das Modell von Knight und Leveson

Im Experiment von Knight und Leveson schrieben 27 Studentinnen oder Studenten gemäß einer gemeinsamen Spezifikation je ein Programm. Diese hatten Längen von 327 bis 1004 Zeilen. Knight und Leveson: *In order to make the experiment realistic, an attempt was made to choose an application that would normally be a candidate for the inclusion of fault tolerance. The problem that was selected for programming is a simple (but realistic) antimissile system that came originally from an aerospace company. The program is required to read some data that represent radar reflections and, using a collection of conditions, has to decide whether the reflections come from an object that is a threat or otherwise. If the decision is made that the object is a threat, a signal to launch an interceptor has to be generated. The problem is known as the "launch interceptor" problem and the various conditions upon which the decisions depend are referred to as "launch interceptor conditions" (LIC's).* Die einzelnen Bedingungen betreffen geometrisch beschriebene Eigenschaften einer Menge von Punkten, so etwa, ob eine gegebene Punktmenge in einem Kreis mit gegebenem Radius liegt, ob drei gegebene Punkte einen gestreckten Winkel bilden oder nicht, oder ob die Fläche eines durch drei Punkte gegebenen Dreiecks größer als eine gegebene Fläche ist.

Die 27 Programme wurden einem Annahmetest mit jeweils 200 Testeingaben unterzogen, die für jedes Programm neu bestimmt wurden. Traten hier Fehler auf, so wurde das Programm zurückgegeben, verändert, und erneut dem Annahmetest unterzogen.

Nach erfolgreicher Absolvierung des Annahmetests wurden die jeweiligen Programme nicht mehr verändert. Nun folgte die simulierte Einsatzphase. Zu diesem Zweck wurde ein 28. Programm erstellt, das sogenannte „Goldprogramm". Dieses Programm wurde besonders sorgfältig geprüft; die Autoren haben *considerable confidence in its accuracy*. Dieses Programm wurde benutzt, um die Ergebnisse von einer Million Testfällen zu berechnen. Jedes der 27 eigentlichen Versuchsprogramme wurde ebenfalls mit diesen Testfällen ausgeführt, und die Ergebnisse wurden mit den als korrekt vorausgesetzten verglichen. Dabei ergab sich, daß die Zuverlässigkeiten der einzelnen Testprogramme relativ hoch waren: Sechs Programme versagten in keinem einzigen der 1000000 Testfälle; noch das schlechteste Programm hatte immerhin eine Erfolgsquote von 99.0344%.

Um die Hypothese der statistischen Unabhängigkeit von Fehlern in verschiedenen Versionen zu testen, bestimmten Knight und Leveson folgende Werte: Die Wahrscheinlichkeiten, daß ein Programm bei einem beliebigen Eingabedatensatz versage, wurde mit dem Quotienten aus der Anzahl der fehlerhaft bearbeiteten Eingabedatensätze und der Gesamtzahl der überprüften Datensätze, also 1000000, abgeschätzt. So konnte für jedes der 27 Programme eine Ausfallwahrscheinlichkeit p_i, mit $1 \leq i \leq 27$, angesetzt werden.

Wenn die Ausfallwahrscheinlichkeiten voneinander unabhängig sind, so kann man die Wahrscheinlichkeit P_0, daß bei einem gegebenen Datensatz kein Fehler auftritt, mit

$$P_0 = \prod_{i=1}^{27}(1 - p_i)$$

berechnen. Die Wahrscheinlichkeit P_1, daß genau ein Fehler auftritt, wäre dann

$$P_1 = \sum_{i=1}^{27} \frac{P_0 p_i}{1 - p_i},$$

und die Wahrscheinlichkeit, daß wenigstens zwei Fehler auftreten,

$$P_{\text{more}} = 1 - P_0 - P_1.$$

Nun betrachten Knight und Leveson die Anzahl K der Testfälle, die in mehr als einer Programmversion Fehler hervorrufen. Eine Gesamtzahl von n (hier 1000000) Testfällen ist ausgeführt worden. Wenn statistische Unabhängigkeit für den Ausfall mehrerer Programmversionen bei einem gegebenen Testfall besteht, dann gehorcht K einer Binomialverteilung mit dem Parameter P_{more}:

$$P(K = x) = \binom{n}{x} (P_{more})^x (1 - P_{more})^{(n-x)}$$

Die zu K gehörige standardisierte Größe z, die also den Erwartungswert 0 und die Standardabweichung 1 hat, ist

$$z = \frac{K - nP_{more}}{\sqrt{nP_{more}(1 - P_{more})}}.$$

Das Produkt $nP_{more}(1 - P_{more}) \approx 126.75$ ist groß genug, um die Binomialverteilung mit einer Normalverteilung abzuschätzen. Hier gilt nun $P(z < 2.33) = 0.99$. Der von Knight und Leveson beobachtete Wert von z liegt jedoch bei 100.51, ist also größer als 2.33 (es wurden $K = 1255$ Eingabedatensätze gefunden, die mehr als ein Programm ausfallen ließen); man weist also die Unabhängigkeitsthese mit einer Sicherheit von 99% zurück. Diesem Experiment zufolge ist eine statistische Unabhängigkeit der Eingabefälle, in denen verschiedene Programme versagen, nicht gegeben.

8.10 Das Modell von Eckhardt und Lee

Das einfache Modell der Unabhängigkeit der Versagenswahrscheinlichkeiten verschiedener „unabhängig" entwickelter Programmodule für eine beliebige Eingabe wurde im Experiment von Knight und Leveson nicht bestätigt. Wenn N-Versionen-Programmierung dennoch in kritischen Bereichen eingesetzt werden soll, so müssen zunächst glaubwürdigere Modelle für die Versagenswahrscheinlichkeiten eines Gesamtsystems erarbeitet werden. Eckhardt und Lee[25] schlagen ein besseres Modell vor.

Wir haben gesehen, daß Knight und Leveson die Hypothese der Unabhängigkeit des Ausfalls verschiedener Programmversionen für das gleiche Eingabedatum betrachten. Sie interessieren sich also für das Fehlverhalten, wie es für Benutzerinnen des Programms erkennbar wäre. Dafür müssen sie dieses Fehlverhalten quantifizieren. Sie tun dies, indem sie die Ausgabe des zu testenden Programms mit einer als korrekt vorausgesetzten Lösung vergleichen.

Man könnte sich auch dafür entscheiden, die statistische Abhängigkeit oder Unabhängigkeit von verschiedenen Designfehlern voneinander zu untersuchen, etwa, um die Vermutung zu überprüfen, daß manche Teilprobleme schwieriger zu lösen seien als andere; auch diese Vermutung ist intuitiv ansprechend. Hier ist allerdings die Modellierung und die Erkennung von Fehlern wesentlich schwieriger. Man dürfte nicht einfach die Ausgaben der getesteten Programme betrachten, denn manche Designfehler machen sich nicht stets als Fehlfunktion bemerkbar; man müßte vielmehr jedes Programm genau verstehen, um die Struktur einschätzen zu können, um eine sinnvolle Einteilung in Teilmodule zu erkennen und um festzustellen, ob jedes der Teilmodule fehlerfrei oder defekt ist. Dann wäre zu untersuchen, inwiefern verschiedene Programme vergleichbar sind, inwieweit die Programme in analoge Teilmodule aufgespalten werden können. Die Quantifizierung wäre mit wesentlich mehr Unsicherheiten behaftet.

Außerdem könnte man die Unabhängigkeit des Entstehens der Software modellieren. Littlewood und Miller[71, 72] versuchen dies. Sie modellieren verschiedene Designprozesse durch die Versagenswahrscheinlichkeiten für verschiedene Klassen von Eingabewerten, und nehmen an, verschiedene Designprozesse von Software würden verschiedene Fehlerprofile für die so entwickelten Programme wahrscheinlich machen[72]: *different methodologies will not be identical in the ways they find input cases 'difficult'*.

Wie unterscheidet sich zunächst das Modell von Eckhardt und Lee von dem, das von Knight und Leveson widerlegt wurde?

Eckhardt und Lee gehen von der Relevanz zweier Zufallsprozesse aus. Der eine beschreibt die Auswahl von Testdaten aus einer Gesamtmenge zur Laufzeit des Programms; sie gehen davon aus, daß die Auswahl von Eingaben an ein Programm durch eine Folge von Zufallsvariablen modelliert werden können. Diese Folge soll stationär und unabhängig sein, das bedeutet, daß sich die Wahrscheinlichkeitsverteilung, welche Eingaben gewählt würden, im Laufe der Zeit nicht ändert, und daß jede Eingabe von den vorhergehenden nicht statistisch abhängig ist. Wir müssen wohl, wie oben besprochen, die Gültigkeit beider Voraussetzungen anzweifeln:

- Wir haben oben gesehen, wie problematisch es sein kann, bei hochstrukturierten Größen statistische Modelle zu benutzen, die diese Struktur nicht wiedergeben.

- Man wird im allgemeinen kaum von einer gleichbleibenden Wahrscheinlichkeitsverteilung und von Unabhängigkeit der Eingabe sprechen dürfen.

8.10 Das Modell von Eckhardt und Lee

Oft kann man die Benutzung von Programmen in Phasen einteilen, in denen jeweils in irgendeinem Sinne ähnliche Probleme gelöst werden, oft werden sich auch die Größen, die einem Programm als Eingaben gegeben werden, nur wenig ändern. Im Normalbetrieb sollte man dies etwa bei einem Programm, das in einer Regelungsanlage Meßwerte aufnimmt, erwarten können.

Wie man diese problematischen Voraussetzungen verbessern könnte, ist nicht deutlich. Eine gute Modellierung der Eingaben an das Programm müßte sehr situationsspezifisch sein; es ist nicht erkennbar, wie weitgehende Ersetzungen der tatsächlichen Abläufe durch statistische Modelle hier überhaupt sinnvoll sind.

Der zweite Zufallsprozeß, den Eckhardt und Lee berücksichtigen, ist der der Erstellung von Programmen. Sie gehen von einer konzeptuellen Population von Programmen aus, aus der durch jede Programmentwicklung ein Element ausgewählt wird. Diesen Zufallsprozeß charakterisieren Eckhardt und Lee durch die Wahrscheinlichkeit $\theta(x)$, daß ein aus der Gesamtpopulation zufällig ausgewähltes Programm bei Eingabe des Datums x versagt.

Eckhardt und Lee gehen implizit davon aus, daß diese Funktion θ existiert, daß man also für jedes Eingabedatum x eine solche Wahrscheinlichkeit $\theta(x)$ angeben könne, die beschreibt, wie wahrscheinlich das Datum fehlerhaft verarbeitet wird. Diese Annahme beruht erstens auf der Voraussetzung der Existenz einer Grundgesamtheit von Programmen, was noch plausibel scheint; man kann alle Programmtexte über einem gegebenen Alphabet aufzählen. Aber sie beruht zweitens auf der Annahme der Existenz einer Verteilung, die beschreibt, wie wahrscheinlich jede einzelne Version mit einem bestimmten Ausfallverhalten aus dieser Grundgesamtheit ausgewählt wird. Diese Voraussetzung ist problematischer, denn hier finden wir schon implizit, was Littlewood und Miller dann explizit angeben: Den Versuch einer Modellierung des Prozesses der Softwarentstehung durch einen Zufallsprozeß.

Die Vorbehalte bei einer solchen Modellierung sind schon genannt worden; es sind die gleichen, die die einfache statistische Modellierung einer hochstrukturierten Größe problematisch erscheinen lassen. Eckhardt und Lee gehen davon aus, der Softwareentwicklungsprozeß liefere eine Wahrscheinlichkeitsverteilung. Sie setzen das Vorhandenseins eines Auswahlprozesses voraus, dem man eine solche Verteilung zuordnen könne.

Eckhardt und Lee modellieren das Programmieren als einen Auswahlprozeß, ohne die verschiedenen Phasen bis zum Vorliegen eines fertigen, vertrauenswürdigen Programms genauer zu analysieren. Sie sehen von den Einzelphasen ab und betrachten nur den Gesamtprozeß. Allerdings wäre die Modellierung der einzelnen Phasen der Programmentstehung auch recht schwierig.

Für den Gesamtprozeß nehmen Eckhardt und Lee an, daß verschiedene Ausführungen dieses Prozesses unabhängig voneinander gemäß einer gemeinsamen Verteilung Programme auswählen. Eckhardt und Lee gehen also davon aus, daß der Auswahlprozeß für verschiedene Programme auch unabhängig voneinander abläuft. Was jedoch der Begriff „Unabhängigkeit" bedeutet, bleibt hier unklar. Bedeutet es einfach, daß die an den verschiedenen Projekten Beteiligten sich nicht miteinander unterhalten? Oder daß sie nicht von gemeinsamen Dokumenten ausgehen? Letzteres ist nicht möglich, denn es wird im allgemeinen von einer gemeinsamen Problemstellung, normalerweise sogar von einer gemeinsamen Spezifikation ausgegangen; die Rechner haben zudem gewöhnlich als von-Neumann-Rechner eine ähnliche Struktur.

Die Unabhängigkeit muß also relativiert werden. Es gibt gemeinsame Grundbedingungen. Wie wird dies berücksichtigt? Dies geschieht wohl mit der Wahrscheinlichkeitsverteilung für die Auswahl eines bestimmten Programms. Es scheint sehr, sehr schwierig, eine solche Wahrscheinlichkeitsverteilung anzugeben, zu verstehen und konzeptuell zu beurteilen.

Wir können also eine im Modell von Eckhardt und Lee vorausgesetzte grundlegende Größe nicht angeben und nicht überprüfen. Deswegen kann man dieses Modell kaum zur Validierung kritischer Software benutzen. Wozu kann es dann gut sein? Es kann immerhin dazu dienen, nachzuweisen, wo zusätzliche Schwierigkeiten liegen, die von einem Modell gelöst werden müßten, das für die Validierung kritischer Software benutzt werden soll.

Im folgenden werden die Benennungen von Littlewood und Miller übernommen. Eckhardt und Lee nehmen an, daß zwei Zufallsprozesse für die Bewertung der Sicherheit eines redundanten Systems relevant sind; den einen beschreiben sie mit einer Zufallsvariable X für die Auswahl von Eingabewerten x aus einer Gesamtmenge von möglichen Eingabewerte $\mathcal{X}$, und den anderen durch die Zufallsvariablen $\Pi_1, \Pi_2, ..., \Pi_n$, die für die Auswahl von n Programmen aus einer Gesamtpopulation $\mathcal{P}$ stehen. Eckhardt und Lee definieren dann eine Funktion v:

$$v : \mathcal{P} \times \mathcal{X} \to \{0, 1\}$$

$$v(\pi, x) = \begin{cases} 1 & \text{wenn Programm } \pi \text{ mit der Eingabe } x \text{ versagt} \\ 0 & \text{sonst} \end{cases}$$

8.10 Das Modell von Eckhardt und Lee

Die Wahrscheinlichkeiten für die Eingabedaten X beschreibe die Funktion $Q(\cdot)$, die für die Programme $S(\cdot)$. $v(\Pi_i, X)$ ist eine Zufallsvariable, die abhängig von einem zufällig gewählten Programm und einer zufällig gewählten Eingabe angibt, ob diese Kombination zu einem Fehlschlag führt, analog kann man $v(\pi, X)$ und $v(\Pi_i, x)$ konstruieren, bei denen entweder das Programm oder die Eingabe fest ist. Mit $E(\cdot)$ sei der Erwartungswert einer Zufallsvariable bezeichnet.

Die Wahrscheinlichkeit, daß ein fest vorgegebenes Programm π bei einer zufällig gewählten Eingabe versagt, lautet:

$$E(v(\pi, X)) = \sum_{x \in \mathcal{X}} v(\pi, x) Q(x)$$

Die Wahrscheinlichkeit, daß ein zufällig ausgewähltes Programm bei einer fest vorgegebenen Eingabe x versagt, wird θ genannt:

$$\theta(x) = E(v(\Pi_i, x)) = \sum_{\pi \in \mathcal{P}} v(\pi, x) S(\pi)$$

$\theta(x)$ ist der (mit der Auftretenswahrscheinlichkeit gewichtete) Anteil von Programmen, die bei einer bestimmten Eingabe x versagen. Ein großer Wert von $\theta(x)$ bedeutet, daß die Eingabe x oft fehlerhaft bearbeitet wird, daß x also ein besonders schwierig zu behandelndes Eingabedatum ist; die zufällige Auswahl eines Programms ist hier bereits vorausgesetzt. Ist $\theta(\cdot)$ konstant, so bedeutet dies, daß alle Eingabewerte gleich schwierig sind.

Man kann aus θ eine Zufallsvariable $\Theta = \theta(X)$ ableiten, die für ein zufällig ausgewähltes Eingabedatum beschreibt, wie hoch die Versagenswahrscheinlichkeit ist. Der Erwartungswert von Θ ist die Wahrscheinlichkeit, daß ein zufällig ausgewähltes Programm bei einer zufällig gewählten Eingabe versagt:

$$E(\Theta) = E(v(\Pi_i, X)) = \sum_{x \in \mathcal{X}} Q(x) \sum_{\pi \in \mathcal{P}} v(\pi, x) S(\pi).$$

Die Varianz von Θ,

$$\begin{aligned} \mathrm{Var}(\Theta) &= E\left((E(\Theta) - \Theta)^2\right) \\ &= E(\Theta^2) - E^2(\Theta) \end{aligned}$$

ist Null, wenn für alle möglichen Eingaben x der Wert von $\theta(x)$ gleich dem Erwartungswert ist, wenn also alle möglichen Eingaben gleichermaßen schwierig sind.

Eckhardt und Lee beschreiben die Wahrscheinlichkeit, daß zwei zufällig ausgewählte, unabhängig entworfene Programme bei einer zufälligen Eingabe beide versagen, als:

$$\sum_{x \in \mathcal{X}} \sum_{\pi_1 \in \mathcal{P}} \sum_{\pi_2 \in \mathcal{P}} (Q(x)S(\pi_1)S(\pi_2)v(\pi_1, x)v(\pi_2, x))$$
$$= \sum_{x \in \mathcal{X}} (Q(x) (\sum_{\pi_1 \in \mathcal{P}} (S(\pi_1)v(\pi_1, x))) (\sum_{\pi_2 \in \mathcal{P}} (S(\pi_2)v(\pi_2, x))))$$
$$= \sum_{x \in \mathcal{X}} (Q(x) (\theta(x)) (\theta(x)))$$
$$= E(\Theta^2)$$
$$= E^2(\Theta) + \text{Var}(\Theta)$$

Mit dem naiven Ansatz, der das Fehlerverhalten unabhängig voneinander ansetzt, kommt man nur auf den Term $E^2(\Theta)$. Die Varianz der Schwierigkeit verschiedener Aufgaben geht also in diesem Modell zusätzlich in die Ausfallwahrscheinlichkeit kein. Unabhängigkeit der Ausfälle darf man nach diesem Modell nur annehmen, wenn alle Eingabedatensätze gleichmäßig schwierig sind, und je höher die Varianz ist, je unterschiedlicher also die Schwierigkeiten für verschiedene Eingabedatensätze ist, desto höher wird nach diesem Modell die Wahrscheinlichkeit sein, daß von zwei zufällig ausgewählten Versionen für eine zufällige Eingabe beide ein fehlerhaftes Ergebnis liefern.

Zu den schon erwähnten Problemen des statistischen Ansatzes zur Abschätzung der Fehlerträchtigkeit von Programmen für kritische Anwendungen kommt eine neue Schwierigkeit hinzu: Wie soll man die Anfälligkeit einer Population von Programmen für Fehler bei verschiedenen Eingaben messen? Wie groß müßte die Anzahl der Programme sein, die man schreiben müßte, um θ für ein einziges x bestimmen zu können? Und für wieviele und welche x aus der im allgemeinen unendlichen Menge $\mathcal{X}$ müßte man die Tests vornehmen? Die praktischen Probleme sind erheblich.

8.11 Das Modell von Littlewood und Miller

Littlewood und Miller bauen auf dem eben beschriebenen Modell für den Ausfall von Programmen von Eckhardt und Lee auf, und teilen dabei deren problematische Grundannahmen; sie erweitern allerdings das Modell noch, auf wiederum problematische Weise. Sie haben beobachtet, daß in jenem Modell eine einzige Verteilung die Auswahl eines Programms aus der Gesamtheit der möglichen

8.11 Das Modell von Littlewood und Miller

Programme beschreibt. Diese Verteilung konnte man über die Funktion $\theta(\cdot)$ beschreiben, und hierauf aufbauend wurde darauf hingewiesen, daß man bei redundanten Systemen im allgemeinen höhere Ausfallwahrscheinlichkeiten erwarten müsse als für den Fall der statistischen Unabhängigkeit der Fehler.

Littlewood und Miller schlagen nun vor, nicht Unabhängigkeit der Fehler anzustreben, sondern eine negative Kovarianz. In diesem Fall, wenn also die Eingabedatensätze, die in der einen Menge von Programmen mit einer besonders hohen Wahrscheinlichkeit zu einer Fehlfunktion führen, in den Programmen einer anderen Menge von Programmen mit einer besonders geringen Wahrscheinlichkeit Fehler hervorrufen, dann könne man, so Littlewood und Miller, das Ergebnis, das man bei Unabhängigkeit der Ausfälle in verschiedenen Versionen hätte, verbessern. Littlewood und Miller nehmen dafür nicht nur eine Wahrscheinlichkeitsfunktion $S(\cdot)$ an, gemäß welcher der Programmentwicklungsprozeß ein Element aus der Grundgesamtheit der Programme auswählt, sondern mehrere, etwa $S_1(\cdot)$, $S_2(\cdot)$, ..., $S_n(\cdot)$. Jedes der S_i ordnet jedem Programm π der Grundgesamtheit eine Wahrscheinlichkeit $S_i(\pi)$ zu, mit der bei Benutzung der Programmentwicklungsmethode M_i das Programm π hergestellt wird.

Littlewood und Miller gehen also nicht nur von einem einzigen Verfahren aus, Programme zu schreiben, sondern von verschiedenen Möglichkeiten. Jede dieser Möglichkeiten definiert eine eigene Wahrscheinlichkeitsfunktion. Darauf aufbauend läßt sich jedem Verfahren eine Zufallsvariable Θ_{M_i} zuordnen, die mit bestimmten Wahrscheinlichkeiten bestimmte Programme als Werte annimmt. Die Wahrscheinlichkeit, daß zwei Programme, von denen das erste mit dem Verfahren M_1 und das zweite mit dem Verfahren M_2 hergestellt worden ist, beide versagen, ist nun:

$$E(\Theta_{M_1})E(\Theta_{M_2}) + \text{Kovarianz}(\Theta_{M_1}, \Theta_{M_2})$$

Ist die Kovarianz negativ, gleichen sich also Stärken und Schwächen der Verfahren M_1 und M_2 aus, so kann gegenüber dem Falle der Unabhängigkeit der individuellen Ausfälle eine Verbesserung erzielt werden.

Littlewood und Miller brauchen hierfür die starken Voraussetzungen, daß erstens verschiedene Methoden M_i verschiedene Auswahlwahrscheinlichkeiten S_{M_i} implizierten, und daß zweitens die verschiedenen S_{M_i} auch unterschiedliche Fehler Θ_{M_i} zur Folge hätten. Sie ziehen aus ihren Berechnungen den Schluß, daß erzwungene Diversität von Programmentwicklungsmethoden (*forced diversity*), in der etwa unterschiedliche Programmiersprachen benutzt würden, bessere Ergebnisse liefern könnten als tatsächlich unabhängige Programmentwicklung.

Littlewood und Miller machen selbst deutlich, daß sich ihr Ansatz kaum zur Quantifizierung eignet:*[...] we need to consider the degree to which methodological diversity can help. This is determined by factors such as $Cov(\Theta_{M_1}, \Theta_{M_2})$ [...] and it seems implausible to us that it will be possible to measure or estimate these in practice. The problem is that they are averages over populations of programs which <u>could</u> be written to satisfy a particular set of requirements.*

8.12 Das Experiment von Eckhardt et al.

Eckhardt et al.[24] beschreiben ein weiteres Experiment, mit dem sie die Leistungen von Softwareredundanzverfahren für die Sicherung von Software untersuchten. Zwanzig Teams lösten unabhängig voneinander ein flugtechnisches Programmierproblem mit hohen Korrektheitsanforderungen. In diesem Experiment wurde festgestellt, daß Redundanz die Sicherheit in Anwendungsfällen, in denen die verschiedenen Zuverlässigkeiten der einzelnen Komponenten sehr unterschiedlich sind, erheblich erhöhen kann. In Fällen jedoch, in denen alle Einzelprogramme eine relativ hohe Sicherheit haben, wurde die Sicherheit nur wenig verbessert: Sie stellen zum Beispiel fest, daß die Ausfallwahrscheinlichkeit bei einer Klasse von Eingaben, die von allen Programmen relativ gut bearbeitet wurde, nur um etwa ein Viertel vermindert wurde.

Die Autoren stellen zwei besonders problematische Fehlerquellen fest, die auch in relativ sicheren Programmen zu gemeinsamen Ausfällen führen, und die wesentlich wahrscheinlicher wirksam werden, als man es im Falle der Unabhängigkeit von Ausfällen erwarten würde: einerseits sind dies schlecht verstandene Spezifikationen, und andererseits besonders schwierige Eingabefälle. Diese Ergebnisse decken sich mit den Ergebnissen anderer Untersuchungen und bestätigen ein weiteres Mal die besondere Schwierigkeit, die das Verständnis des zu lösenden Programms darstellt.

8.13 Self Checks

Leveson, Cha, Knight und Shimeall[65] beschreiben ein Experiment, in dem sie die Aufgabenstellung und die Programme aus ihrer Untersuchung der Un-

8.13 Self Checks

abhängigkeit von Fehlfunktionen noch einmal verwenden. In diesem Experiment wurde nur die Fehlererkennung, nicht die Tolerierung von Fehlern beachtet. Es sollte die Effizienz sogenannter **Self checks** überprüft werden. Self checks sind Programmstücke, die man dem zu überprüfenden Programm einfügt. Wenn ein Fehler auftritt, so sollen sie ihn erkennen und eine entsprechende Fehlermeldung liefern.

Gewisse Self checks kann man allein auf der Spezifikation aufbauend konstruieren. Im Experiment wurde von den 24 Teilnehmerinnen und Teilnehmern verlangt, schon nach der Lektüre der Spezifikation die ersten Self checks zu planen. Jedes von acht Programmen aus dem oben beschriebenen Experiment von Knight und Leveson, in denen man je wenigstens zwei Fehler gefunden hatte, wurde danach an je drei Teilnehmerinnen und Teilnehmer ausgegeben. In der nun folgenden Phase wurden die Programmtexte gelesen, und in dieser Phase wurden einige Fehler gefunden. Anschließend wurden die Programme durch die Self checks ergänzt und mit 200 Testfällen überprüft; schon im ersten Experiment war der Annahmetest so durchgeführt worden. Programme, die jetzt versagten, gingen an die Teilnehmerinnen und Teilnehmer zurück und wurden korrigiert und erneut dem Annahmetest unterzogen. Anschließend wurde jedes der Programme mit 100000 neuen Eingabedatensätzen getestet. Immer, wenn ein Self check einen Fehler meldete, wurde überprüft, ob auch ein Fehler vorlag. Insgesamt fand man auf diese Weise 34 Self checks, die einen vorhandenen Fehler auch anzeigten, 78 Self checks zeigten einen vorhandenen, bereits bekannten Fehler nicht an, obwohl sie das Modul überprüften, in dem ein Fehler auftrat. Zehn Self checks meldeten Fehler, die keine waren; die übrigen 867 Self checks meldeten in den 100000 Testfällen keine Fehler, hätten aber auch bei diesen Eingabedaten keine Fehler melden müssen.

Durch die Ergänzung der Programme durch self checks wurden auch neue Fehlermöglichkeiten eingeführt. Eine andere interessante Beobachtung betrifft die Phasen, in denen Programmierfehler festgestellt wurden. Von 21 entdeckten Fehlern wurden vier aufgrund von Self checks gefunden, die allein auf der Spezifikation beruhten, neun durch die Lektüre des Programmtextes, und 8 durch Self checks, die im Anschluß an die Lektüre des Programms entworfen wurden. Das bedeutet, daß die Kenntnis des Programmtextes beim Entwurf von Self checks eine große Hilfe sein kann, und daß Black-box-basiertes Testen nicht die optimale Methode ist. Es überrascht aber auch auf den ersten Blick der große Anteil von Fehlern, die allein durch Lektüre des Textes entdeckt wurden; dies ist ein Hinweis auf die Leistungsfähigkeit verständnisbasierter Verfahren.

Mehrfach wird erwähnt, daß sich Fehler oder Fehlalarme auf unberücksichtigte Eigenschaften der Fließkommaarithmetik zurückführen ließen. Aussagen, die im Bereich der reellen Zahlen gelten, stimmen im Bereich der im Rechner dargestellten Fließkommazahlen nicht mehr. Dies wird häufig übersehen. Das ist ein Hinweis darauf, daß die Gesetze der Fließkommaarithmetik zu kompliziert sind, als daß man sich auf eine korrekte Berücksichtigung der Rechenregeln in Programmen für kritische Anwendungen verlassen sollte. Möglicherweise ist in diesen Bereichen entweder ein Verzicht auf diese schwer verständliche Datenstruktur angebracht, oder der Anteil der Funktionen, die Fließkommaarithmetik benutzen, sollte gering gehalten werden, und diese Funktionen sollten sehr genau auf ihre Korrektheit hin überprüft werden.

Endlich ist interessant, daß von 20 von vornherein bekannten Fehlern nur 12 entdeckt wurden; sechs Fehler wurden zusätzlich gefunden, aber insgesamt 22 Fehler wurden gefunden, die durch die Einfügung von checks neu in die Programme eingefügt wurden. Dies ist nicht besonders schlimm, da solche Fehler durch einen Vergleich mit den ursprünglichen Versionen bald gefunden werden können (Back-to-back-testing scheint in diesem Falle sinnvoll).

Self checks können also dabei helfen, bestimmte Fehler zu finden. Sie setzen eine Lektüre und ein gewisses Verständnis des Programms voraus. Quantifizierungen der Sicherheit, die man mit solchen Self checks erreichen könnte, sind allerdings wiederum problematisch. Viele Fehler bleiben auch bei der Verwendung von Self checks unentdeckt.

Auch bei Shimeall und Leveson[102] werden Self checks und andere Fehlerbehebungsverfahren betrachtet und mit Fehlertoleranzverfahren verglichen. Sie merken an:

If voting tolerates faults detected by testing, then elimination or reduction in testing can possibly be justified, and testing could be completed while the software is being used. However, if the faults detected by fault elimination are not tolerated by voting at run-time, then testing cannot be eliminated. Furthermore, any argument for reduction of testing would need to prove that the reduction in testing merely results in the nondetection (and nonelimination) of the faults that voting will reliably tolerate during execution and does not result in run-time failures caused by faults that might have been detected and eliminated by increased testing.

[...] Fault-elimination techniques are used to detect faults which are then (hopefully) eliminated before the production use of the software. On the other hand,

fault-tolerance techniques may tolerate the errors caused by faults, but the faults remain in the code. Tolerating an error once that is caused by a fault does not necessarily mean that all errors caused by that fault will be tolerated.

8.14 Softwareredundanz in der Praxis

Die Erprobung neuer Techniken ist sinnvoll, um etwas über ihr Potential zu erfahren; ihrem praktischen Einsatz muß aber eine sorgfältige Einschätzung der Vor- und Nachteile vorausgehen; eine Versuchung liegt sicherlich, wie schon erwähnt, im Versprechen geringerer Entwicklungskosten und in der intuitiv plausiblen und interessanten Idee.

Softwareredundanztechniken werden nicht mehr nur theoretisch vorgeschlagen, sondern auch praktisch eingesetzt. Im Space Shuttle gibt es zusätzlich zu den vier redundanten Rechnern einen weiteren, der kritische Flugfunktionen ebenfalls übernehmen kann, und für den eine andere Firma die Programme erstellt hat. Fällt die Software der vier identisch entworfenen Rechner aus, so kann manuell auf den fünften Rechner umgeschaltet werden (Garman[35]).

Auch im Airbus 320 wird redundante Software eingesetzt (Rouquet und Traverse[96]), ebenso bei der schwedischen staatlichen Eisenbahn und in manchen Kernreaktoren (Neumann[85]). Solange mit dem Einsatz von Softwareredundanz nicht eine Einschränkung der herkömmlichen Bemühungen um Fehlerfreiheit bedeutet, kann man solche Techniken sicherlich gutheißen.

Leveson[60] berichtet jedoch, daß zum Beispiel Sperry Avionics beim Entwurf eines Autopiloten auf die Erfüllung relativ weitgehender White-box-Testkriterien mit der Begründung verzichten wolle, daß mit Hilfe des Back-to-back-Testens ein genügender funktionaler Test der Komponenten möglich sei; man halte es daher für gerechtfertigt, sich beim White-box-Testen auf die Erfüllung einer geringeren Anforderungsstufe zu beschränken. Verständnisorientierte Validierung soll also zum Teil durch Black-box-Tests ersetzt werden. Die Luftfahrtbehörde der USA, die FAA, so Leveson, wolle ihnen erlauben, dies zu versuchen. Der Ersatz anerkannter Validierungsmethoden durch problematische Verfahren in kritischen Bereichen, in denen der Ausfall des Programms Menschenleben kosten kann, findet womöglich schon statt. Die Versuchung, mit der Anwendung dieser nur schwer einzuschätzenden Technik Kosten zu sparen, scheint allzu groß.

8.15 Statistische Programmodellierung

Die Fehler in Programmen kommen durch menschliches Denken und menschliche Entscheidungen zustande. Statistische Modelle, die diese Fehlerquellen zufriedenstellend beschreiben, sind nicht bekannt. Welche Werte soll zum Beispiel die Zufallsvariable annehmen können, Man behilft sich, indem man zum Beispiel für das zu untersuchende Programm eine Zufallsfunktion konstruiert, die jedem Element des Eingabebereiches eine Eins (für eine Fehlfunktion) oder eine Null (für ein richtig berechnetes Ergebnis) zuordnet (Eckhardt/Lee[25]). Damit muß man aber vom Vorhandensein einer Eingabeverteilung ausgehen.

Werden verschiedene Programme betrachtet, die die gleiche Funktion erfüllen sollen, so zeigen sich womöglich verschiedene Fehler. Sind aber diese Fehler statistisch unabhängig, oder sind sie voneinander abhängig? Und wenn sie abhängig sind, wie kann man die Abhängigkeit modellieren, um abschätzen zu können, wie sicher ein Fehler in einer der Versionen erkannt wird? Man setzt auch bei der Betrachtung dieser Fragen eine Identität der statistischen Verteilungen voraus, die die Fehlerfälle bei Programmen verschiedener Programmiererinnen und Programmierer zeigen könnten. Ließe man von verschiedenen Menschen nach der gleichen Spezifikation je ein Programm schreiben, hätten wir also eine Population von Programmen, die die gleiche Aufgabe erfüllen sollen, so zeigen diese möglicherweise verschiedene Designfehler; es scheint aber intuitiv plausibel, daß es besonders schwierige Eingabefälle gibt, deren korrekte Behandlung durch das Programm mehreren Programmiererinnen und Programmierern schwer fällt, während andere besonders leicht fallen. Solche Abhängigkeiten lassen sich statistisch nicht befriedigend erfassen. Ihre Relevanz ist auch nur sehr schwierig abzuschätzen; es ist aber problematisch, sie zu ignorieren.

Auf solche Einwände könnte man entgegnen, daß es für die Toleranzverfahren gar nicht notwendig sei, die Designfehler zu modellieren; es genüge vielmehr, die Fehlfunktionen zu erfassen. Auf den ersten Blick erscheint dies richtig. Aber bei der Beschränkung auf die Modellierung von Fehlfunktionen hat man sich eine neue Schwierigkeit eingehandelt:

Littlewood[66] weist darauf hin, daß eine Modellierung von Programmfehlern zunächst einmal so genau wie möglich sein sollte. Wo man den erhöhten Aufwand, den eine praktische Benutzung sehr detaillierter Modelle zur Folge hätte, nicht rechtfertigen könne, müsse man dann im Nachhinein dieses Modell verein-

8.15 Statistische Programmodellierung

fachen. Man dürfe aber nicht von vornherein ein zu einfaches Modell entwerfen: *My firm contention is that such approximation should take place at a late stage, in the mathematical analysis, and never in the fundamental assumptions. A model can **never** transcend its foundations.* Wenn Vereinfachungen explizit vorgenommen werden, so sind sie leichter als solche erkennbar, und das Bewußtsein, daß man Vereinfachungen vornimmt, kann dabei helfen, die Zuverlässigkeit der Ergebnisse besser einzuschätzen.

Bei der Betrachtung von Designfehlern könnten wir versuchen, die Zuverlässigkeit des Systems mit mehreren Zufallsvariablen zu modellieren:

- Die erste beschreibt, welche Eingaben das Programm erhält,

- die zweite, ob in einem Programmodul ein Programmierfehler vorliegt oder nicht.

- Im Prinzip könnte dann auf deterministische Weise bestimmt werden, ob für einen gegebenen Eingabefall ein bestimmtes Programmodul ausgeführt werden muß. Dies allerdings würde eine statistische Analyse erschweren, denn diese müßte nun für jedes Programm einzeln erfolgen, und sie würde in ihren Exaktheitsanforderungen und im Aufwand einem formalen Beweis zumindest nahekommen. So müßte trotz aller Schwierigkeiten auch die Zuordnung, ob bei einer bestimmten Eingabe ein bestimmtes Programmodul zur Ausführung gelangen werde, durch eine Zufallsvariable modelliert werden.

Jeder dieser drei Zufallsvariablen müßte eine Verteilung zugeordnet werden.

Wenn nicht nur Designfehler, sondern Fehlfunktionen modelliert werden sollen, so müßte eine möglichst korrekte Modellierung zusätzlich zu diesen drei Zufallsvariablen wenigstens noch modellieren, ob und wie sich verschiedene Designfehler als Fehlfunktionen auswirken. Die Modellierung von Fehlfunktionen stellt also über die Modellierung von Designfehlern hinaus höhere Anforderungen. Ob die Modellierung des Auftretens von Fehlfunktionen deterministisch erfolgen kann, oder ob man hier eine weitere Zufallsvariable annehmen muß, deren Verteilung angegeben und begründet werden muß, wird stark von den verschiedenen Fehlerfällen abhängen, die man vorsieht.

Solche Schwierigkeiten werden vertuscht, wenn die Fehlfunktionen mit einer einzelnen Zufallsvariable, die einer relativ einfachen Verteilung gehorchen soll, modelliert werden. Es bestehen erhebliche Schwierigkeiten dabei, Fehlfunktionen und Designfehler zu modellieren. Zumindest sollten Modelle, die man benutzt, sorgfältig überprüft werden; eine einfache Übertragung der Modelle, die man für Hardwarefehler benutzt, auf Designfehler und Software-Fehlfunktionen scheint nicht geraten.

Zwar ist die Vorstellung, Redundanz müsse wie im Bereich der Hardware auch im Bereich der Software die Sicherheit steigern helfen, intuitiv plausibel. Aber mit der Anwendung von Softwareredundanzverfahren wird zuweilen eine Verringerung des Aufwandes für herkömmliche Validierungsverfahren begründet: theoretisch von Gmeiner und Voges und von Avižienis und Kelly, praktisch von Honeywell/Sperry[60]. Damit so etwas geschehen darf, muß gerade in sicherheitsrelevanten Bereichen eine glaubhafte quantitative Abschätzung der Leistungen der Redundanzverfahren Voraussetzung sein. Quantitative Modelle, die Softwaredundanz beschreiben, sind noch in ihren Kinderschuhen. Zu einfache Beziehungen werden aufgestellt, die Übernahme von Techniken aus der Modellierung der Hardwareredundanz erfolgt allzu leichtfertig.

8.16 Kombination üblicher Verfahren mit Redundanzverfahren

Methoden der Fehlertoleranz können auf zwei Weisen benutzt werden: Sie können die Zuverlässigkeit eines Systems erhöhen, wenn sie zusätzlich zu herkömmlichen Techniken angewendet werden. Aber sie können die Zuverlässigkeit eines auch Systems verringern, wenn mit ihrem Einsatz ein geringerer Aufwand an herkömmlichen Techniken begründet wird.

Die Schwierigkeit einer quantitativen Einschätzung der Wirksamkeit von Redundanzverfahren macht einen Ersatz herkömmlicher Validierungsprozesse durch solche neue Verfahren problematisch; die herkömmlichen Verfahren beruhen darauf, daß Menschen durch ein immer besseres Verständnis des Programms und der Aufgaben die Fehler erkennen; Redundanzverfahren machen ein tieferes Verständnis überflüssig. Diese neue und in ihrer Leistungsfähigkeit nicht leicht einzuschätzende Methode empfiehlt sich allerdings womöglich durch relativ geringe Einsatzkosten. So finden wir bei Saglietti und Ehrenberger[97]: *Software diversity is therefore an interesting means of achieving safe software systems that consist of programs, wich are so large that deterministic verification methods*

8.16 Kombination üblicher Verfahren mit Redundanzverfahren

cannot be applied. Saglietti und Ehrenberger beziehen sich auf das Back-to-back-Testing. Hier wird die Redundanz nur zur Entwicklungszeit benutzt, also in einer Phase, in der ein Ausfall noch nicht kritisch ist. Avižienis und Kelly wollen die Redundanzverfahren nicht nur während der Entwicklung, sondern auch in der Einsatzphase von Software benutzen; und Gmeiner und Voges schlagen dies für einen unfallkritischen Bereich wie ein Sicherheitssystem für Kernreaktoren vor.

Wenn der Versuchung nachgegeben wird, verständnisbasiertes Prüfen von Programmen zu vermindern, so hätte dies zur Folge, daß keines der redundanten Module so gut verstanden wird wie ein sorgfältig analysiertes Modul. Damit wird auch die Verantwortung geringer, die man den Menschen, die die Validierung vornehmen, zumuten kann. Wenn ihnen nicht Geld und Zeit genug gegeben wird, ein möglichst großes Vertrauen in ihre Programme zu entwickeln, so wird man von ihnen auch nicht verlangen können, für eine Fehlfunktion die größtmögliche Verantwortung zu übernehmen. Die Folge ist, daß sich eine Projektleiterin oder ein Projektleiter ein ebensogroßes Vertrauen für ihr System aus einer Anzahl von redundanten Modulen entwickeln muß wie eine andere, die ein einzelnes Modul entwickeln und verstehen und sich darauf verlassen muß. Dies ist nur möglich, wenn man nicht deterministisch argumentiert, sondern sich auf statistische Begründungen zurückzieht. Deren Anwendung ist jedoch im betrachteten Bereich problematisch.

Zusätzlich zu allen anderen Schwierigkeiten sind die Ausfallwahrscheinlichkeiten, die in kritischen Bereichen verlangt werden müssen, äußerst gering. In solchen Fällen kann ein kleiner Irrtum über einen Erwartungswert oder über das Ausmaß der statistischen Abhängigkeit zweier Zufallsvariablen katastrophale Folgen für das Ergebnis haben.

Die Größenordnung der zulässigen Ausfallwahrscheinlichkeit läßt eine intuitive Überprüfung der benutzen statistischen Modelle nicht zu, da wir mit Phänomenen, die mit solchen Wahrscheinlichkeiten auftreten, selten umgehen. Schon deshalb ist die Benutzung statistischer Modelle in diesen Fällen sehr problematisch.

Trotz der Schwierigkeiten bei der Modellierung kann man sich vorstellen, daß Redundanzverfahren bei der Erhöhung der Zuverlässigkeit von Programmen eine Rolle spielen. Auf einen bestimmten Nutzen bei der Anwendung von Redundanztechniken während des Entwurfs weisen zum Beispiel Schweizer und Kapp[100] hin. Sie machen deutlich, daß manche Unklarheiten und Mehrdeutigkeiten einer Spezifikation erkannt werden können, wenn zwei Entwicklungsteams sie benutzen und die Entwurfsansätze von dritter Stelle verglichen werden. Ansonsten kann man Redundanztechniken natürlich einfach zusätzlich zu anderen Verfahren einsetzen; dies würde allerdings bedeuten, daß man auf jedes der redundanten Module ebensoviel Aufmerksamkeit verwenden müßte, wie es sonst nur für ein einzelnes Modul möglich wäre, damit die notwendige Einsicht in die Funktionsweise des Gesamtsystems gewonnen werden kann. Man muß dafür sicherstellen, daß auch die zusätzlichen Module, die die Verwaltung des redundanten Betriebs mehrerer Module übernehmen, die Zuverlässigkeit des Systems nicht kompromittieren. Wenn man diese Bedingungen beachtet, könnte man manche Fehlfunktionen einzelner Module erkennen oder maskieren.

8.17 Resümee

Wir haben verschiedene Schwierigkeiten erörtert, die auftreten, wenn man beim Entwurf von Programmen mit höchsten Anforderungen vom Verständnis des Programms und der Vermeidung von Fehlern abgehen und sich statt dessen besonders um die Tolerierung von Fehlern kümmern will. Zwar sind die Ansätze intuitiv plausibel, doch die quantitative Abschätzung der Erhöhung der Zuverlässigkeit läßt sich nicht mit genügender Exaktheit durchführen. Modelle, die Softwarefehler, ihre Ursachen und ihre Wirkungen zu beschreiben gestatten, stecken noch in ihren Kinderschuhen, und bei statistischen Analysen besteht wiederum das Problem der Validierung der Validierungsmethode.

Redundanzverfahren können zur Entwicklungszeit sinnvoll sein, da sie es erleichtern, Fehler aufzuspüren. Aber solche Black-box-Testverfahren dürfen Whitebox-Verfahren nicht ersetzen. Redundanzverfahren erlauben es nicht, bei der Erarbeitung von Vertrauen in einer programmgestütztes System auf die – kostspielige – Erarbeitung von menschlicher Einsicht zu verzichten.

Teil III

Folgerungen

9 Fazit

In diesem Fazit sollen in einem zusammenfassenden Rückblick die einzelnen Ansätze zur Erhöhung der Unfallsicherheit noch einmal Revue passieren. Dabei wird speziell der Aspekt betrachtet, ob der Begriff der Verantwortung ein Licht auf die Leistungsfähigkeit der jeweiligen Methode werfen kann.

Im ersten Kapitel wird der in dieser Arbeit benutzte Begriff der individuellen Verantwortung betrachtet. Es werden zwei generelle Ansätze vorgestellt, die Unfallsicherheit eines technischen Systems zu erhöhen, nämlich der methodenzentrierte und der personale Ansatz; letzterer legt eine Anwendung des Verantwortungsbegriffs besonders nahe. Anhand des Leitbegriffs der Verantwortung werden diese beiden generellen Ansätze bewertet.

Das zweite Kapitel betrachtet die Grundbegriffe, die bei der Betrachtung unfallsicherer und ausfallsicherer programmgestützter Systeme üblich sind. Drei verschiedene Ansätze für die Aufstellung solcher Grundbegriffe werden angegeben: Laprie entwickelt auf einer relativ abstrakten Ebene eine Anzahl von Grundbegriffen, in denen die Unfallsicherheit als spezielle Form der Verläßlichkeit, ursprünglich einem Maß für die Zuverlässigkeit, aufgefaßt wird. Leveson geht konkreter, unsystematischer und praxisnäher vor und vertritt den Standpunkt, spezifische Techniken für die Erhöhung der Unfallsicherheit gegenüber solchen zur Erhöhung der Zuverlässigkeit seien wichtig. Verschiedene DIN-Normen versuchen, den Bogen von einer relativ abstrakten zu einer sehr konkreten Ebene mit Maßnahmenkatalogen für verschiedene Phasen bei der Entstehung und beim Einsatz von Programmen zu schlagen.

Von den im zweiten Kapitel referierten Ansätzen werden einige der Bedingungen, die gegeben sein müssen, damit ein technisches System als hinreichend unfallsicher gelten soll, zum Teil identifiziert. Dabei schält sich eine gemeinsame Ursache dafür heraus, daß diese Bedingungen sinnvoll sind: nämlich den Menschen, die den Einsatz des Systems verantworten sollen, die Übernahme der Verantwortung zu ermöglichen.

Der Großteil der Verfahren, die etwa von den im zweiten Kapitel referierten Ansätzen zur Risikominderung beim Einsatz von programmgestützten Systemen vorgeschlagen werden, strebt nur indirekt die Erhöhung der Unfallsicherheit, direkt aber die der Zuverlässigkeit an. Im zweiten Teil werden daher verschiedene solcher Verfahren in der Reihenfolge betrachtet, in der sie nach dem Wasserfallmodell der Entwicklung von Software Anwendung finden.

Im dritten Kapitel geht es um den Einsatz von Prototypen und Formalismen. Diese dienen der Überprüfung der Adäquatheit einer schriftlich vorliegenden Liste von Anforderungen für die tatsächlichen Anforderungen, und der Sicherung der inneren Konsistenz dieser Anforderungsliste. Es wird eine Diskussion zum Begriffspaar Formalismus/Intuition angesprochen, und zum Vergleich der Argumente der verschiedenen Seiten erweist sich der Verantwortungsbegriff als nützlich.

Das vierte Kapitel betrifft die Phasen des Enturfs und der Implementierung eines Programmsystems. Inspektionen, strukturierte Programmierung und das Vertrauen in besonders fähige Entwerferinnen und Entwerfer stehen hier im Mittelpunkt.

- Inspektionen sind ein personenzentriertes Konzept, das durch die Vielfalt verschiedener induzierter Effekte zuweilen als besonders leistungsfähig propagiert wird. Diese Effekte, die zu nicht geringem Teil durch organisatorische, also gewisse soziale Prozesse erklärbar sind, lassen sich mit dem Verantwortungskonzept gut begründen.

- Die strukturierte Programmierung und Knuths „Literate Programming" fördern die Durchschaubarkeit der entstehenden Programme, und ihr Erfolg legt Verständlichkeit dieser Programme beim Entwurf von Programmiersprachen als Ziel nahe; auch der Erfolg dieses Ansatzes läßt sich aus dem Verantwortungskonzept rechtfertigen.

- Auch der letzte dieser Ansätze kann durch das Verantwortungskonzept gerechtfertigt werden: Hier wird die Verantwortung für möglichst große Teile des Systems in möglichst wenigen Menschen gesammelt, und diesen wird die Wahrnehmung dieser Verantwortung erleichtert, indem ihnen durch eine spezielle Organisation die Möglichkeit geschaffen wird, den relevanten Systemteil vollständig selbst sowohl zu entwerfen als auch im wesentlichen zu implementieren.

Im fünften, sechsten und siebten Kapitel geht es um die Validierung der entstandenen Programme. Das fünfte betrachtet den Wert, den formale Beweise für die Erhöhung der Zuverlässigkeit haben können, und referiert eine teils recht heftige

/ 9 Fazit

Kontroverse zu diesem Thema. Es wurde versucht, den verschiedenen Standpunkten in dieser Kontroverse Gerechtigkeit widerfahren zu lassen, indem die Argumente am Prinzip der Verantwortbarkeit der daraus ableitbaren Einsatzentscheidungen gemessen wurden. Das gleiche gilt für das sechste Kapitel, in dem das Testen untersucht wird. Drei Begriffe des Testens werden hier unterschieden: Ein Begriff vom Testen in Analogie zum physikalischen Experiment, einer vom Test als einem unvollkommenen Beweis, und einer als Mittel, nicht nur explizit angegebene, sondern auch implizit vorausgesetzte Anforderungen zu überprüfen. Auch hier ist der Verantwortungsbegriff für die Suche nach einer der Informatik adäquaten Auffassung vom Testen wesentlich.

Im siebten Kapitel werde statistische Validierungsverfahren von Programmen, und im achten Redundanzverfahren, die vornehmlich für die Einsatzphase gedacht sind, untersucht. Beiden gemein ist der statistische Grundansatz, der hier in einem Bereich benutzt werden soll, in dem die für die Benutzung des Instrumentariums notwendigen Bedingungen – etwa die mathematische Faßbarkeit der statistischen Abhängigkeiten von Ausfällen – nicht sicher gegeben ist. Wie zitiert, werden solche Ansätze daher oft als besonders problematisch angesehen, wenn sie zur Erhöhung der Unfallsicherheit in Systemen mit hohem Schadenspotential eingesetzt werden sollen. Auch dies läßt sich mit dem Begriff der individuellen Verantwortbarkeit einer Einsatzentscheidung begründen.

Diese Liste verdeutlicht, daß der Versuch, den Begriff der Verantwortung für die Informatik fruchtbar zumachen, für den speziellen Bereich der Beurteilung von Verfahren zur Erhöhung der Unfallsicherheit erfolgreich gewesen ist.

Man könnte dem ersten Teil dieses Fazits entgegenhalten, daß die natürliche Reihenfolge nicht von dem Begriff der Verantwortbarkeit zu den konkreten Verfahren verläuft, mit denen die Unfallsicherheit eines Systems eingeschätzt werden soll, sondern umgekehrt von den technischen Möglichkeiten zur Verantwortbarkeit einer Handlungsentscheidung. Wer also den Stand der Technik beachtet, der arbeitet damit auch verantwortungsvoll, wer pfuscht ist verantwortungslos.

Dieser Standpunkt ist falsch. Er hat etwas für sich, weil er keine neue Instanz – die Verantwortbarkeit – in die Technik einführen muß, sondern diese aus der Technik ableitet. Ein ähnliches Schema findet sich in der Begriffsbestimmung des Grenzrisikos in der erörterten DIN-Norm. An jener Stelle wurde jedoch auch beschrieben, warum dieses Schema der Rechtfertigung eines Begriffs nicht befriedigend sein kann, wenn der festzulegende Begriff den Menschen näher steht als der, mit dessen Hilfe er festgelegt werden soll: Wenn Verantwortbarkeit erst aus dem Stand der Technik begründet wird, dann ist es nicht möglich, zu entscheiden, ob bei einem gegebenen Stand der Technik eine gegebene Anwendung verantwortbar ist. Es ist also nicht vermeidbar, Kriterien der Verantwortbarkeit zu entwickeln, die primär von ihren konkreten methodischen Umsetzungen unabhängig sind, wenn sie auch sekundär in diese umgesetzt werden müssen.

In dieser Arbeit ist versucht worden, das für die Bewertung von Verfahren zur Erhöhung der Unfallsicherheit von Programmen relevante Konzept von Verantwortung zu umreißen und daraus Konsequenzen zu ziehen. Es ist offensichtlich, daß dieser Ansatz viel weiter verfeinert werden kann. Einerseits sollte das Verantwortungskonzept selbst Gegenstand der Diskussion werden: Ist der hier beschriebene Begriff der für den beschriebenen Bereich relevante? Kann er beispielsweise genauer festgelegt und damit fruchtbarer gemacht werden? Etwa, indem implizit gebliebene Züge des Begriffs, etwa individuell-psychische, soziale und juristische, explizit werden? Andererseits wäre es interessant, einen solcherart ausgefeilten Verantwortungsbegriff in den verschiedensten Gebieten des Softwareentwurfs fruchtbar zu machen, etwa als Bewertungsmaßstab, wie es in dieser Arbeit versucht wurde, oder als Entwurfsleitlinie.

Wenn dies gelingt, dann kann das ein Schritt in die Richtung auf ein menschengerechteres Bild vom Softwareentwurf sein. Dieser Ansatz legt es nahe, daß sich der einzelne Mensch antrainiert, die möglichen Auswirkungen des Einsatzes seiner Programme abzuschätzen und zu bewerten. Eine konsequente Verfolgung dieses Ansatzes kann auch dazu führen, daß einige der Werte, an denen diese Bewertungen ausgerichtet werden, möglichst explizit und damit leichter diskutierbar werden, und so aufgefaßt kann die Forderung nach einem verantwortungsbewußten Entwurf und Einsatz von Programmen gleichzeitig die Forderung nach einer der Auswirkungen ihres Tuns stärker bewußten Informatikerschaft sein. Und wenn dies optimistische Szenario auch nicht realistisch ist, dann empfehlen sich doch Arbeiten wie diese, die einen Schritt hin auf diese Utopie machen wollen, vielleicht durch ein Körnchen Naivität.

Teil IV

Anhang

Literaturverzeichnis

[1] A. A. Abdel-Ghaly, P. Y. Chan, und B. Littlewood. Evaluation of competing software reliability predictions. *IEEE Transactions of Software Engineering*, SE-12(9):950–967, Sep.1986.

[2] W. R. Adrion, M. A. Branstad, und J. C. Cherniavsky. Validation, verification and testing of computer software. *Computing Surveys*, 14(2):159–192, Juni 1982.

[3] A. Avižienis. The n-version approach to fault-tolerant software. *IEEE Transactions on Software Engineering*, 11(12):1491–1501, Dez.1985.

[4] A. Avižienis und J. P. J. Kelly. Fault tolerance by design diversity: Concepts and experiments. *Computer*, Seiten 67–80, Aug.1984.

[5] F. T. Baker. Chief programmer team management of production programming. *IBM Systems Journal*, 1:56–73, 1972.

[6] V. R. Basili und H. D. Mills. Understanding and documenting programs. *IEEE Transactions on Software Engineering*, 8(3):270–283, Mai 1982.

[7] F. Belli und W. Görke (Hrsg.). *Fehlertolerierende Rechensysteme*. Informatik-Fachberichte 147:GI/ITG/GMA-Fachtagung Bremerhaven, Sep.1987.

[8] B. W. Boehm, T. E. Gray, und T. Seewaldt. Prototyping versus specifying: A multiproject experiment. *IEEE Transactions on Software Engineering*, 10(3):290–303, Mai 1984.

[9] S. Bologna und D. M. Rao. Testing strategies and testing environment for reactor safety system software. *IFAC Safecomp:Sarlat*, Seiten 179–183, 1986.

[10] F. P. Brooks. *The Mythical Man-Month*. Addison-Wesley:Reading/Mass., 1975.

[11] F. P. Brooks. No silver bullet. *Computer*, Seiten 10–19, Apr.1987.

[12] L. Chen und A. Avižienis. N-version programming: A fault-tolerance approach to reliability of software operation. *FTCS-8:Toulouse*, Seiten 3–9, 1978.

[13] R. C. Cheung. A user-oriented software reliability model. *IEEE Transactions on Software Engineering*, 6(2):118–125, März 1980.

[14] D. Christodoulakis und G. Pantziou. Another software reliability model. In Belli und Görke [7], Seiten 298–303.

[15] L. A. Clarke, A. Podgurski, D. J. Richardson, und S.J. Zeil. A comparison of data flow path selection criteria. *8th Int. Conf. on Software Engineering:London*, Seiten 244–251, 1985.

[16] F. Cristian. Exception handling and software fault tolerance. *IEEE Transactions on Computers*, C-31(6):531–540, Juni 1982.

[17] P. A. Currit, M. Dyer, und H. D. Mills. Certifying the reliability of software. *IEEE Transactions on Software Engineering*, SE-12(1):3–11, Jan.1986.

[18] W.-P. de Roever. Foundations of computer science: Leaving the ivory tower. *EATCS Bulletin*, Seiten 455–492, Juni 1991.

[19] R. A. DeMillo, R. J. Lipton, und A. J. Perlis. Social processes and proofs of theorems and programs. *Communications of the ACM*, 22(5):271–280, Mai 1979.

[20] E. W. Dijkstra. Programming considered as human activity. *Proc. IFIP-Congress 1965:New York*, Seiten 213–217, Mai 1965.

[21] E. W. Dijkstra. The humble programmer. *Communications of the ACM*, 15(10):859–866, Okt.1972.

[22] T. Downs und P. Garrone. Some new models of software testing with performance comparisons. *IEEE Transactions on Reliability*, 40(3):322–328, Aug.1991.

[23] C. Dunlop und R. Kling (Hrsg.). *Computerization and Controversy*. Academic Press:San Diego, 1991.

[24] D. E. Eckhardt, A. K. Caglayan, J. C. Knight, L. D. Lee, D. F. McAllister, M. A. Vouk, und J. P. J. Kelly. An experimental evaluation of software

redundancy as a strategy for improving reliability. *IEEE Transactions on Software Engineering*, 17(7):692–702, Juli 1991.

[25] D. E. Eckhardt und L. D. Lee. A theoretical basis for the analysis of multiversion software subject to coincident errors. *IEEE Transactions on Software Engineering*, 11(12):1511–1517, Dez.1985.

[26] M. E. Fagan. Design and code inspections to reduce errors in program development. *IBM Systems Journal*, 3:182–211, 1976.

[27] M. E. Fagan. Advances in software inspections. *IEEE Transactions on Software Engineering*, SE-12(7):744–751, Juli 1986.

[28] J. H. Fetzer. Program verification: The very idea. *Communications of the ACM*, 31(9):1048–1063, Sep.1988.

[29] C. Floyd. Outline of a paradigm change in software engineering. *Software Engineering Notes*, 13(2):25–38, Apr.1988.

[30] C. Floyd. On the relevance of formal methods to software development. *Proc. TAPSOFT/Formal Methods and Software Development:Berlin*, 2:1–11, März 1985.

[31] L. D. Fosdick und L. J. Osterweil. Data flow analysis in software reliability. *Computing Surveys*, 8(3):305–330, Sep.1976.

[32] P. G. Frankl und E. J. Weyuker. An applicable family of data flow testing criteria. *IEEE Transactions on Software Engineering*, 14(10):1483–1498, Okt.1988.

[33] W. Freiberger (Hrsg.). *Statistical Computer Performance Evaluation*. Academic Press:New York/London, 1972.

[34] K. Frühauf, J. Ludewig, und H. Sandmayr. *Software–Prüfung*. Verlag der Fachvereine:Zürich und Teubner:Stuttgart, 1991.

[35] J. R. Garman. The "bug" heard 'round the world. *Software Engineering Notes*, 6(5):3–10, Okt.1981.

[36] M. Geller. Test data as an aid in proving program correctness. *Communications of the ACM*, 21(5):368–375, Mai 1978.

[37] S.L. Gerhart und L. Yelowitz. Observations of fallibility in applications of modern programming methodologies. *IEEE Transactions on Software Engineering*, 2(3):195–207, Sep.1976.

[38] L. Gmeiner und U. Voges. Software diversity in reactor protection systems: An experiment. *IFAC Safecomp:Stuttgart*, Seiten 75–79, 1979.

[39] J. B. Goodenough und S.L. Gerhart. Toward a theory of test data selection. *Int. Conf. on Reliable Software:Los Angeles*, Seiten 493–510, Apr.1975.

[40] J. S. Gourlay. A mathematical framework for the investigation of testing. *IEEE Transactions on Software Engineering*, 9(6):686–709, Nov.1983.

[41] A. Hall. Seven myths of formal methods. *IEEE Software*, Seiten 11–19, Sep.1990.

[42] C. A. R. Hoare. An axiomatic basis for computer programming. *Communications of the ACM*, 12(10):576–583, Okt.1969.

[43] C.A.R. Hoare. The emperor's old clothes. *Communications of the ACM*, 24(2):75–83, Feb.1981.

[44] W. Hofmann. *Zuverlässigkeit von Meß-, Steuer-, Regel- und Sicherheitssystemen*. Thiemig:Muenchen, 1968.

[45] W. E. Howden. Algebraic program testing. *Acta Informatica*, 10:53–66, 1978.

[46] W. E. Howden. Functional program testing. *IEEE Transactions on Software Engineering*, 6(2):162–169, März 1980.

[47] W. E. Howden. Reliability of the path analysis testing strategie. *IEEE Transactions on Software Engineering*, 2(3):208–215, Sep.1976.

[48] A. Iannino und J. D. Musa. Software reliability. *Advances in Computers*, 30:85–170, 1990.

[49] P. Jalote und R. H. Campbell. Atomic actions for fault-tolerance using csp. *IEEE Transactions on Software Engineering*, SE-12(1):59–68, Jan.1986.

[50] Z. Jelinski und P. Moranda. Software reliability research. In Freiberger [33], Seiten 465–484.

[51] G. Kaplan. The x-29: Is it coming or going? *IEEE Spectrum*, Seiten 54–60, Juni 1985.

[52] P. A. Keiller, B. Littlewood, D. R. Miller, und A. Sofer. Comparison of software reliability predictions. *FTCS-13:Milano*, Seiten 128–134, Juni 1983.

[53] J. C. Knight und N. G. Leveson. An experimental evaluation of the assumption of independence in multiversion programming. *IEEE Transactions on Software Engineering*, SE-12(1):96–109, Jan.1986.

[54] D. E. Knuth. Literate programming. *The Computer Journal*, 27(1):97–111, 1984.

[55] J.-C. Laprie. Dependable computing and fault tolerance: Concepts and terminology. *Proc. 15th Intl. IEEE Symposion on Fault Tolerant Computing (FTCS-15):Ann Arbor/Michigan*, Seiten 2–11, Juni 1985.

[56] J.-C. Laprie. Dependability evaluation of software systems in operation. *IEEE Transactions on Software Engineering*, 10(6):701–714, Nov.1984.

[57] J.-C. Laprie. The dependability approach to critical computer systems. *Proc. 1st European Software Engineering Conference:Strasbourg*, Seiten 233–243, Sep.1987.

[58] H. Lenk. Über Verantwortungsbegriffe und das Verantwortungsproblem in der Technik. In Lenk und Ropohl [59], Seiten 112–148.

[59] H. Lenk und G. Ropohl (Hrsg.). *Technik und Ethik*. Reclam:Stuttgart, 1987.

[60] N. G. Leveson. A scary tale—sperry avionics module testing bites the dust? *Software Engineering Notes*, 12(2):23–25, Apr.1987.

[61] N. G. Leveson. Software safety in computer-controlled systems. *Computer*, Seiten 48–55, Feb.1984.

[62] N. G. Leveson. Software safety: Why, what and how. *Computing Surveys*, 18(2):125–163, Juni 1986.

[63] N. G. Leveson. The challenge of building process-control software. *IEEE Software*, Seiten 55–62, Nov.1990.

[64] N. G. Leveson und P. R. Harvey. Analyzing software safety. *IEEE Transactions on Software Engineering*, 9(5):569–579, Sep.1983.

[65] N. G. Leveson, S.S.Cha, J. C. Knight, und T. J. Shimeall. The use of self checks and voting in software error detection: An empirical study. *IEEE Transactions on Software Engineering*, 16(4):432–443, Apr.1990.

[66] B. Littlewood. What makes a reliable program—few bugs, or small failure rate? *AFIPS Conference Proceedings/National Computer Conference*, 19:707–713, 1980.

[67] B. Littlewood. Software reliability model for modular program structure. *IEEE Transactions on Reliability*, 28(3):241–246, Aug.1979.

[68] B. Littlewood. Stochastic reliability-growth: A model for fault-removal in computer-programs and hardware-designs. *IEEE Transactions on Reliability*, 30(4):313–320, Okt.1981.

[69] B. Littlewood. Theories of software reliability: How good are they and how can they be improved? *IEEE Transactions on Software Engineering*, 6(5):489–500, Sep.1980.

[70] B. Littlewood und P. A. Keiller. Adaptive software reliability modelling. *FTCS-14:Kissimmee*, Seiten 108–113, Juni 1984.

[71] B. Littlewood und D. R. Miller. A conceptual model of multi-version software. *FTCS-17:Pittsburgh*, Seiten 150–155, Juli 1987.

[72] B. Littlewood und D. R. Miller. A conceptual model of the effect of diverse methodologies on coincident failures in multi-version software. In Belli und Görke [7], Seiten 263–272.

[73] B. Littlewood und J. L. Verrall. A bayesian reliability model with a stochastically monotone failure rate. *IEEE Transactions on Reliability*, 23(1):108–114, Juni 1974.

[74] R. L. London. A view of program verification. *Int. Conf. on Reliable Software:Los Angeles*, Seiten 534–545, Apr.1975.

[75] L. Mathiassen und A. Munk-Madsen. Formalization in systems development. *Proc. TAPSOFT*, 2:101–116, März 1985. Formal Methods and Software Development:Berlin.

[76] Meyers kleines Lexikon Philosophie. Bibliographisches Institut:Mannheim/Wien/Zürich, 1987.

[77] H. D. Mills. How to write correct programs and know it. *Int. Conf. on Reliable Software:Los Angeles*, Seiten 363–370, Apr.1975.

[78] H. D. Mills, M. Dyer, und R. C. Linger. Cleanroom software engineering. *IEEE Software*, Seiten 19–24, Sep.1987.

[79] L. E. Moser und P. M. Melliar-Smith. Formal verification of safety-critical systems. *Software – Practice and Experience*, 20(8):799–821, Aug.1990.

[80] J. D. Musa. A theory of software reliability and its application. *IEEE Transcactions on Software Engineering*, 1(3):312–327, Sep.1975.

[81] P. Naur. Proof of algorithms by general snapshots. *BIT*, 6:310–316, 1966.

[82] P. Naur. Programming by action clusters. *BIT*, 9:250–258, 1969.

[83] P. Naur. Formalization in program development. *BIT Bd.22*, Seiten 437–453, 1982.

[84] P. Naur. Intuition in software development. *Proc. TAPSOFT*, 2:60–79, März 1985. Formal Methods and Software Development:Berlin.

[85] P. G. Neumann. Letter from the editor. *Software Engineering Notes*, 6(1):1–2, Jan.1981.

[86] D. L. Parnas. The use of precise specifications in the development of software. *IFIP Congress Proceedings*, Seiten 861–867, 1977.

[87] D. L. Parnas. On the criteria to be used in decomposing systems into modules. *Communications of the ACM*, 15(12):1053–1058, Dez.1972.

[88] D. L. Parnas und P. C. Clements. A rational design process: How and why to fake it. *Proc. TAPSOFT/Formal Methods and Software Development:Berlin*, Seiten 81–100, März 1985.

[89] D. L. Parnas, P. C. Clements, und D. M. Weiss. The modular structure of complex systems. *Proc. 7th Intl. Conf. Sowftare Engineering: Orlando/Florida*, Seiten 408–417, 1984.

[90] D. L. Parnas, A. J. van Schouwen, und S.P. Kwan. Evaluation of safety-critical software. *Communications of the ACM*, 33(6):636–648, Juni 1990.

[91] D. L. Parnas und D. M. Weiss. Active design reviews: Principles and practices. *8th Int. Conf. on Software Engineering:London*, Seiten 132–136, Aug.1985.

[92] O. H. Peters und A. Meyna (Hrsg.). *Handbuch der Sicherheitstechnik*. Carl Hanser Verlag:München/Wien, 1985. 2 Bände.

[93] C. V. Ramamoorthy und F. B. Bastani. Software reliability—status and perspectives. *IEEE Transactions on Software Engineering*, 8(4):354–371, Juli 1982.

[94] B. Randell. System structure for fault tolerance. *IEEE Transactions in Software Engineering*, 1(2):220–232, Juni 1975.

[95] W. P. Rodgers. *Introduction to System Safety Engineering*. John Wiley and Sons Inc.:New York, 1971.

[96] J. C. Rouquet und P. J. Traverse. Safe and reliable computing on board the airbus and atr aircraft. *IFAC Safecomp:Sarlat*, Seiten 93–97, 1986.

[97] F. Saglietti und W. Ehrenberger. Software diversity—some considerations about its benefits and its limitations. *IFAC Safecomp:Sarlat*, Seiten 27–34, 1986.

[98] G. J. Schick und R. W. Wolverton. An analysis of competing software reliability models. *IEEE Transactions on Software Engineering*, 4(2):104–119, März 1978.

[99] G. Schischkoff (Hrsg.). *Philosophisches Wörterbuch*. Alfred Kröner Verlag:Stuttgart, 1991.

[100] G. Schweizer und K. Kapp. Sicherheit von Automatisierungssystemen. In Peters und Meyna [92], Seiten 59–80. 2 Bände.

[101] R. W. Selby, V. R. Basili, und F. T. Baker. Cleanroom software development: An empirical evaluation. *IEEE Transactions on Software Engineering*, 13(9):1027–1037, Sep.1987.

[102] T. J. Shimeall und N. G. Leveson. An empirical comparison of software fault tolerance and fault elimination. *IEEE Transactions on Software Engineering*, 17(2):173–182, Feb.1991.

[103] M. L. Shooman. Probabilistic models for software reliability prediction. In Freiberger [33], Seiten 485–502.

[104] J. R. Sklaroff. Redundancy management rechnique for space shuttle computers. *IBM Journal of Research and Development*, Seiten 20–28, Jan.1976.

[105] B. C. Smith. Limits of correctness in computers. In Dunlop und Kling [23], Seiten 632–646.

[106] G. S. Sonnenberg. Historisches zur Sicherheitstechnik. In Peters und Meyna [92], Seiten 1–23. 2 Bände.

[107] A. N. Sukert. Empirical validation of three software error prediction models. *Transactions on Reliability*, 28(3):199–205, Aug.1979.

[108] W. Swartout und R. Balzer. On the inevitable intertwining of spezification and implementation. *Communications of the ACM*, 25(7):438–440, Juli 1982.

[109] W. N. Toy. Fault-tolerant computing. *Advances in Computers*, 26:201–279, 1987.

[110] G. M. Weinberg und D. P. Freedman. Reviews, walkthroughs, and inspections. *IEEE Transactions on Software Engineering*, 10(1):68–72, Jan.1984.

[111] E. J. Weyuker. On testing non-testable programs. *The Computer Journal*, 25(4):465–470, 1982.

[112] E. J. Weyuker. The complexity of data flow criteria for test data selection. *Information Processing Letters*, 19:103–109, 1984.

[113] E. J. Weyuker. Axiomatizing software test data adequacy. *IEEE Transactions on Software Engineering*, SE-12(12):1128–1138, Dez.1986.

[114] E. J. Weyuker. In defense of coverage criteria. *11th Int. Conf. on Software Engineering:Pittsburgh*, Seite 361, Mai 1989.

[115] J. M. Wing. A specifier's introduction to formal methods. *Computer*, Seiten 8–24, Sep.1990.

[116] N. Wirth. Program development by stepwise refinement. *Communications of the ACM*, 14(4):221–227, Apr.1971.

[117] W. C. Zimmerli. Wandelt sich die Verantwortung mit dem technischen Wandel? In Lenk und Ropohl [59], Seiten 92–111.

Index

Abdel-Ghaly et al., 161, 166, 168, 172
Adrion et al., 147, 148
Analysetechniken
  mathematisch, 16
Ansatz
  methodisch, 6, 19
  personal, 6, 15, 18
    Ansprüche, 18
    Mangel, 19
  wertzentriert, 6, 7
Archivarin, 115
Ausfall
  Definition, 29
  problematische Definition, 30
Ausfallphänomene
  Definitionen, 28
Avižienis, 177, 188, 189, 204, 205

Baker, 112–116
Balzer, 87
Basili, 131, 135, 136
Bastani, 162
Beweis, 121
  als Deduktion, 122
  als Überzeugungsversuch, 108
  als Verständnisgarantie, 131
  als Vertrauensspender, 131
  automatischer, 136
  Autorität durch Syntax, 124
  DeMillo et al., 134
  Dijkstras Begriff, 129
  drei Begriffe, 121
  durch Autorität der Mathematik, 127
  einfache Programme Voraussetzung, 128
  für Dokumentation, 128
  liefert nur subjektive Sicherheit, 108
  nach Hoare, 122
  nach Hoare syntaktisch, 123
  nicht absolut rechtfertigbar, 129
  sichert nicht Korrektheit, 104
  soziale Basis, 134
  und Maschine, 125
  und Unfallsicherheit, 135
  und Zuverlässigkeit, 122
  Verständnis als Voraussetzung, 128
Beweisdarstellung
  als Urkunde des Verständnisses, 131
Boehm et al., 89
Bologna, 139, 155
Brooks, 112–120

Campbell, 187
Cha, 198
Checklisten, 68, 71, 95
Chen, 188, 189
Cheung, 159, 160
Christodoulakis, 162
Clarke et al., 147, 149
Clements, 67, 109
Codiererin, 94, 95
Cristian, 186
Currit et al., 175

de Roever, 81, 83, 85

DeMillo, 134, 135, 143
Designfehler
    Problem der Modellierung, 203
Dienst
    Definition, 28
Dijkstra, 101–103, 105, 108, 109, 129–132, 135, 139
DIN V 19250, 51, 58–60, 65, 70, 71
DIN V VDE 0801, 58, 59, 61, 69, 70, 72
DIN VDE 31000 Teil 2, 48, 52, 56, 64, 72
Downs, 163, 169–172, 174

Eckhardt, 184, 191–196, 202
Eckhardt et al., 198
Ehrenberger, 184, 204, 205
Entwerferin, 94
Expert/innen
    spezielle Verantwortung, 12
Exzenterpressenbeispiel, 56

Fagan, 93–99
Fehlerbaumanalyse, 20
Fehlerursache
    Definition, 29
Fehlerzustand
    Definition, 29
Fetzer, 125–128, 140, 141
Floyd, 80–83, 85, 87–90
Folgenabsehbarkeit, 14
formale Beweise
    Anwendbarkeit, 135
Fosdick, 147, 149
Frankl, 147, 149
Freedman, 93
Frühauf et al., 94, 97–99

Garman, 201

Garrone, 163, 169–172, 174
Gefahrenzustand
    Definition, 44
Geller, 147, 148
Gerhart, 131, 132, 147, 148, 154, 155
Gesinnungsmoral, 14
Gesundheit
    versus Ökonomie, 8
Gmeiner, 177, 204, 205
Goodenough, 147, 148
Gourlay, 147, 148
Grenzrisiko
    DIN-Definition, 49

Haftbarkeit, 13
Hall, 80, 81
Harvey, 47
Hauptprogrammiererin, 114, 115
Hoare, 112, 113, 116, 117, 122–128, 133–135
Hofmann, 6–10, 19, 20, 22–25, 32, 33
Howden, 147–149, 152, 153, 157

Iannino, 159
Implementierung
    und Spezifikation, 87
Inspektion
    Bild beim Management, 96
    durch Kooperation, 108
    Effizienz, 99
    Leistungen, 94
    Phasen, 95
    statt Tests, 94
    und Unfallsicherheit, 100
    Voraussetzungen, 99
Inspektionen, 93

Intuition, 82
    bei Naur, 79

Jalote, 187
Jelinski, 159, 161, 162, 165–168, 173, 174

Kaplan, 179
Kapp, 205
katastrophaler Ausfall
    Definition, 34
Keiller, 173
Keiller et al., 168
Kelly, 177, 188, 204, 205
Kernalization
    Definition, 42
Knight, 189–192, 198, 199
Knuth, 101, 106–109
Korrektheit
    Definition, 46
    und Unfallsicherheit, 46

Laprie, 27–39, 64, 65, 159, 160
Lee, 184, 191–194, 196, 202
Lenk, 13, 14, 17–19
Leveson, 27, 38–48, 59, 60, 64, 65, 189–192, 198–201
Lipton, 134, 135, 143
Littlewood, 159–163, 167–169, 173, 174, 192–194, 196, 197, 202
London, 131

Managerin, 114, 115
Maßnahmen
    abstufbar, 70
    substituierbar, 70
Maßnahmenkatalog, 54
Mathematisierung
    Bedingungen, 23
    Leistungen, 23
Mathiassen, 80–82, 85
Melliar-Smith, 132–136
Meyers, 10
Miller, 192–194, 196–198
Mills, 101, 104, 105, 108–110, 113, 131, 135, 136
Mills et al., 81, 84, 85, 94
Moderatorin, 94
Moranda, 159, 161, 162, 165–168, 173, 174
Moser, 132–136
Munk-Madsen, 80–82, 85
Musa, 159, 161, 162, 165, 166

N-Versionen-Programmierung, 188
Naur, 78, 79, 82, 85, 101–103, 108, 122
Nebenprogrammiererin, 114
Neumann, 201

Ökonomie
    versus Gesundheit, 8
Osterweil, 147, 149

Pantziou, 162
Parnas, 67, 78, 79, 81–83, 93, 94, 97, 99, 101, 103–105, 108, 109
Parnas et al., 101, 105, 106, 108, 109, 164
Perlis, 134, 135, 143
Programmausfälle
    spezielle Ursachen, 46
Programmkomplexität
    Folgen, 46
Projektmanager
    Verantwortung, 16

Prototyp, 83, 88, 89, 91, 111
  versus Spezifikation, 90

Ramamoorthy, 162
Randell, 186
Rao, 139, 155
Redundanz, 177
  Definition, 178
  Grundidee, 177
  in der Entwicklungsphase, 178
  in Hardware, 178
  Probleme, 204
  Ziele, 177
Reviews, 93
Risiko, 48
  Begriff in Sicherheitsdefinition
    überflüssig, 51
  Definition, 44
  DIN-Definition, 49
  Monetarisierung, 8
Risikograph, 53
  Aussagekraft, 55
Risikoparameter
  Aufzählung, 52
Rodgers, 6–10, 16–25
Rouquet, 201

Saglietti, 184, 204, 205
Schaden
  DIN-Definition, 49
Schick, 159
Schischkoff, 10
Schreiberin, 115
Schutzfunktion
  Problem der Isolierung, 56
Schweizer, 205
Selbstbestimmung, 10
  bedingt durch Durchschaubarkeit, 11
  Bedingung von Verantwortung, 11
  Dilemma, 11
  Verzicht, 11
Selby et al., 175
Shimeall, 198, 200
Shooman, 161, 163, 165
Sicherheit
  DIN-Definition, 49
  Probleme, 49
Sicherheitsanalyse
  Prüfbarkeit, 18
  qualitativ, 20
    für Programme, 25
    Prüfung, 21
    Voraussetzungen, 21
  qualitativ versus quantitativ, 20
  quantitativ, 20
    für Programme, 24
    Personenabhängigkeit, 22
    Voraussetzungen, 21
Sicherheitsingenieur
  Befähigung, 16
  Qualifikation, 18
  überhöhte Ansprüche, 19
Sicherheitstechnik, 5
  Einflüsse, 5
  für Gesundheit, 7
  für Ökonomie, 7
Sklaroff, 178, 179
Smith, 127
Sonnenberg, 5–7
Spezifikation, 29, 31, 34, 40, 61, 67, 89, 102, 111, 152, 155, 185, 194

Index

adäquat als Bedingung der Unfallsicherheit, 34
Adäquatheit, 31, 39, 41, 77, 111, 127, 132
    Beurteilung, 39
    Prüfung durch Modelle, 40
Adäquatheit als Problem, 39
Adäquatheit als Voraussetzung, 30
Adäquatheitsglaube, 31
als Gesprächsgrundlage, 67
Auseinandersetzung mit Anforderung, 81
Definition, 29, 66
Eindeutigkeit, 84
Einvernehmlichkeit, 29
Erstellung, 81
Fehlererkennung, 140
formal, 78, 80, 82, 90
    Eindeutigkeit und Abstraktheit, 79
    für formale Beweise, 128
    schlechter als Prototypen, 83
    Sichtweisen, 78
formale, 127
Formalität
    Leistung, 86
für Self checks, 199
Hoares Interesse, 112
kein Kausalprinzip, 145
Lenkung der Aufmerksamkeit, 89
Mehrfachbenutzung, 206
Rolle der Formalität, 83
schlecht verstandene als Fehlerquelle, 198
und Implementierung, 87
und Modell, 40
versus Prototyp, 90
Wirklichkeitsglaube, 31
Zielsetzungen, 67
Spezifikationsfehler
    Vermeidung, 77
Sprachexpertin, 115
Sprengkopfbeispiel, 17
statistische Modellierung systematischer Fehler
    Probleme, 59
Sukert, 166, 172
Swartout, 87
System
    Definition, 43

Technik
    einfache, 15
Technikerin, 115
Teilrisiko, 59
    Definition, 52
Test, 139
    als Beweisergänzung, 139
    als Induktion
        Voraussetzungen, 143
    als mangelhafter Beweis, 139, 147, 148
    Back-to-back-, 201, 205
    Definition, 151
    Black- statt White-box-, 206
    Black-box-
        Definition, 150
    der Ablaufumgebung, 155
    für die Prüfung statistischer Hypothesen, 147
    funktional, 152
        Voraussetzung, 158
    gemäß naiver Physik, 140
    orakellos, 155

Problem relevanter Parameter, 33
sichert stichprobenartig, 147
Untrüglichkeit, 154
von Laien ausführbar, 140
Vorzüge gegen Beweis, 140, 153
White-box-
    Definition, 150
Zuweisung von Verantwortung, 158
Testerin, 94, 115
Testkriterium, 139, 149
    Adäquatheit, 150
    durch Inspektionen zu untersuchen, 158
    Erfüllbarkeit, 149
    funktional, 152
        Definition, 150
    Ideal, 149
    indirekte Auswirkungen, 152
    Stärke, 149
    strukturell, 151
        Definition, 150
    Ziele, 150
Toy, 180
Traverse, 201
Trennbarkeit, 61

Unfallsicherheit, 24, 27
    analog der Zuverlässigkeit, 34
    besondere Aufmerksamkeit, 27
    Definition, 27, 34, 44
    Methoden zur Erhöhung, 77
    spezielle Aspekte, 41
    spezielles Problem, 41
    und Beweis, 135
    und formale Beweise, 123
    Problem, 137
    und Formalismen, 86
    und Inspektionen, 100
    und Korrektheit, 77
    und Zuverlässigkeit, 42
    von Programmen
        Bedingungen, 45
    von Software, 44
Unfallsicherheit von Programmen und Korrektheit, 46
Unfallsicherheitsbegriff
    Bedingungen der Anwendung, 34, 35
Unfallursachen
    Auflistung, 53

Verantwortung
    Abschiebung bei Risikomonetarisierung, 8
    allgemein versus gegen Arbeitgeber, 9
    Definition, 10
    für technische Systeme, 11
    gemäß Verursacherprinzip, 13
    individuell, 12
    kollektiv, 13
    Sammlung wichtig, 17
    spezifische wichtig, 17
    und Selbstbestimmung, 10
    und Tests, 140
    und Verstehbarkeit, 15
    Verteilung, 12
    von Expert/innen, 12
    Zuweisung problematisch, 157
Verantwortungsbegriff
    Reichweite, 18
Verantwortungsbewußtsein
    Folgen, 17

Verantwortungsfähigkeit
    als Qualifikation, 18
Verantwortungsmoral, 14
Verfügbarkeit, 28
    Definition, 32
Verläßlichkeit, 27, 28
    Definition, 28
    durch Methodenkombination, 35
    moralische Basis, 28
    Quantifizierung, 33
    und Quantifizierung, 32
Verläßlichkeit von Programmen
    spezielle Probleme, 36
Verrall, 159, 161, 167–169, 173, 174
Voges, 177, 204, 205
von Neumann, 194

Wartbarkeit
    Definition, 32
Weinberg, 93
Weiss, 93, 94, 97, 99, 109
Weyuker, 147, 149, 155
Wing, 81
Wirth, 101–103, 108, 109, 117
Wirths, 117
Wolverton, 159

Yelowitz, 131, 132, 154, 155

Zimmerli, 13, 14, 17–19
Zuverlässigkeit, 20, 22, 24, 27, 28, 37
    als Optimierungsproblem, 41
    bei Rechneranwendung, 27
    Definition, 27, 31, 32
    relevante Parameter, 33
    statistische, 159, 161, 163, 164
        Abschätzung, 161, 162
    Bewertung, 175
    Maß, 162
    Rechtfertigung, 175
    und Programmbeweise, 122
    und Redundanz, 204
    Unterschiede von Software und Hardware, 184
    von Menschen abhängig, 33
    von Programmen, 25, 181
    statistisch, 33
Zuverlässigkeit von Programmen
    durch Redundanz, 177
    nicht quantifiziert, 108
    und Einsicht, 107
Zuverlässigkeitstypen
    Auflistung, 9

Verläßliche Informationssysteme

Herausgegeben von Gerhard Weck und Patrick Horster

1993. X, 416 Seiten (DuD-Fachbeiträge, Band 16; herausgegeben von Karl Rihaczek, Paul Schmitz und Herbert Meister) Gebunden. ISBN 3-528-05344-5

Aus dem Inhalt: Proceedings der GI-Fachtagung über „Verläßliche Informationssysteme" der Fachgruppe 2.5.3 Verläßliche Informationssysteme, 11.–13. Mai 1993 in München.

Die Tagungsbeiträge sprechen ein weites Feld relevanter Fragen an, von der Prüfung der tatsächlich in einem gegebenen System erreichten technischen Sicherheit über die zweifelsfreie Erkennung der Identität eines Kommunikationspartners bis hin zur rechtlichen Relevanz elektronisch vermittelter Wissensäußerungen. Unter anderem werden folgende Themenbereiche behandelt: Zugriffskontrolle, Sicherheitsmodelle und Schutzprinzipien, Begriffe der Verläßlichkeit und Sicherheit – Definitionen, Zuverlässigkeit und Software-Verifikation, Evaluationserfahrungen – Nachweis der erreichten Sicherheit, Sicherheitsmaßnahmen und Risiko-Management, Europäisches Datenschutzrecht, Authentifikation, Kryptologie, Technische Realisierungen, Sicherheit in Datenbanksystemen und Computer-Netzwerken, Sicherheitsberatung von Anwendern durch das Bundesamt für Sicherheit in der Informationstechnik.

Über die Herausgeber: Autoren und Herausgeber dieses Bandes sind namhafte Fachvertreter zum Thema der Sicherheit von Informationssystemen.

Verlag Vieweg · Postfach 58 29 · 65048 Wiesbaden